나는 온 우주가 깃들어 있는 당신 마음에 절을 합니다.
빛과 사랑, 진리와 평화 그리고 지혜가 깃든 당신의 마음에 경의를 표합니다.

마하트마 간디(M.K.Gandhi)가
알버트 아인슈타인(Albert Einstein)에게 보낸 답장 편지

네팔 최고의 고찰 참구나라얀에서 바라본 까뜨만두 분저의 원경

봉건왕조의 상징인 구왕궁은 박물관으로 변해 일부 공개하고 있다.

고도 박따뿌르의
고색창연한 목조건축물

◀ 박따뿌르의 아침 급수시간.
박따뿌르의 중심지인 두르바르광장의
아침 급수시간에는 온통 아수라장을 이룬다.

샤흐왕조와
고르카스 용병의 고향인
고르카 시가지 바자르의 광경

빠딴 두르바르 광장에 있는 신문고 딸레쥬 종

네팔 최고의 금석문
리차비왕조 시대의
창구나라얀 비문

고르카 부대의 행진

박따뿌르 동북쪽 산기슭 창구마을에 리차비왕조 시대인 464년에 건립된
목조건물인 창구나라얀(Changu Narayan)사원은 지금도 건재하다.

네팔의 무게중심을 이루는 까트만두 중심 두르바르(Durbar) 광장. 축제에 참가하기 위해 모인 인파들

보카라 시내의
인드라축제 가장행렬

구룽족의 중요한 통과의례(Samskara)의 하나인
기제사(祈祭祀)광경

보카라 시내의
어느 결혼식에서의
악대들

말라왕조의 수도의 하나였던,
고도 박따뿌르의 고색창연한 두르바르 광장

신년축제의 첫 테이프를 끊는 구룽족과 따망족의 합동 축제

뽀카라 교외에 위치한
티베트난민촌에서
로사르 설날을 맞이하여
설날음식인 캅세[꽈배기]를
만들고 있는 필자

다샤인 축제를 맞아 사랑의 그림편지를 들고 온
드림팀 제자들

고도 박따뿌르의 새해맞이
비스켓 자트라 축제의 절정인
바이랍신을 태운 수레가
시내를 통과하자
열광하는 군중들

비스킷의 또 하나의 명물 물감 세례

신년맞이 행사장인 두리켈광장에 모여든
구룽족과 다망족의 군중들

휴식기간에 공터에
세워 놓은 라트 수레는
인증샷의 명소이다.
나도 한 컷.

V

축제를 맞이하여 세르빠 여인들이 춤을 추고 있다. (Photo by Ashess Shakya)

에카다쉬 축제에 참가한 비슈누 숭배자들이 신상을 메고 강가로 나가고 있다.
(Photo by Ashess Shakya)

까트만두의 마친드라나트 바할 사원에서의 필자

일단의 바훈(브라만) 카스트 소년 소녀들이
지나가는 행인들에게 행운의 끈 자나이를
손목에 매어주고 있다.
(Photo by Ashess Shakya)

두르바르 광장에서의 소를 앞세운 퍼레이드
(Photo by Ashess Shakya)

암소가면을 한 소년들이 행진을 하고 있다.

크리쉬나 잔마쉬따미 축제에 아이들이
크리쉬나 복장을 하고 축제를 즐기고 있다.

코믹한 가장 행렬이 지나가고 있다. (Photo by Ashess Shakya)

꾸마리, 가네쉬, 바이랍 신이 탈 가마에 아이들이 놀고 있다.

빠탄의 살아있는 여신
꾸마리에게서 축복의
'띠까'를 받는 필자

네팔의 살아있는
여신 꾸마리
(Art by Srijana Ray)

빠탄의 두르바르 광장에 있는 크리쉬나 만디르 사원 전경

두르바르광장의 중심 하누만 도카

파탄의
꾸마리여신의 집

성스러운 소인
난디(Nandi)

딸레쥬 여신 2018
(Art by Srijana Ray)

깐따 가르나(Ghanta Karna) 축제 퍼레이드(photo by Ashess Shakya)

▶ 다샤인 축제의 7일째 두르바르의 중심인
하누만 도까(Hanuman Dhoka)에서 벌어지는
풀파티퍼레이드 때 예포를 발사하는 의장대

까트만두 아손(Ason) 시장의
노천 물감가게

▶ 축제 경비에 나선
기마경찰대

사캬다와에서의 공연 악대들(photo by Ashess Shakya)

티베트불교의 가면춤인 '참'공연

룸비니에 스케치를 온 드림팀 인증샷

마야사당 앞의 용왕못

아기 싯다르타의 탄생을 지켜보았을, 용왕못가의 천년 보리수에는 오색의 깃발만 나부끼고 있다.

무스탕의, 사캬파 종파식의 스뚜빠

보우더나트 스뚜빠에서의 오체투지

세또 마친드라나트 축제가 시작되는 마친사원

힌두의 대 서사시 『마하바라따』를 지은
구루 브야스사당 입구에서
핍팔라[보리수] 나무 아래에서
드림팀 아이들이 스케치를 하고 있다.

Happy Dashain! Kim sir
(Art by Srijana Ray)

다샤인행렬 두르바르 광장

뽀카라에서 마차뿌차레 산을 바라보며 아이들이 띠하르 대나무 그네[Ping]을 타고 있다.
이 놀이는 다샤인에서 띠하르까지 남녀노소 모두에게 인기 '짱'이다. (photo by Ashess Shakya)

힌두여인들의 신나는 댄스파티

드림팀이 야외 스케치에 나서기 전에
먼저 사라스와띠 여신에게 뿌쟈를 올린다.

브야스 사당 내부

부모들이 아이들에게 띠까를 찍어주며
축복하고 있다.

락쉬미 여신이 미친 듯이 좋아 한다는 말라화

설명악귀를 쫓는 내용의
가면축제 또테 행렬이
보카라 시내를 지나가고 있다.
(photo by Ashess Shakya)

보카라 시가지의 또테 행렬
(photo by Ashess Shakya)

마게 산끄란띠 행렬이
시내를 지나고 있다.

쿠스마 마을의 띠즈 페스티벌

◀ 비레탄띠 마을의
또테 축제 행렬의 주축 멤버들이
주로 내 제자들이어서 해마다 그들이
내 액운(厄運)을 쫓아내준다.

XV

구절양장 히말라야를 넘는 〈니번고도〉의 길

리차비 왕국의 중심지였던
고도 박따뿌르

2018년 5월 하순 〈니번고도〉를 주파하고
뽀달라궁 앞에서 기념촬영한 다국적 순례팀들

설산에 둘러싸여 있는, 고대 통상로 상의 요충지인,
저녁나절의 끼룽(Kirong)마을

공땅라모(4,520m)에서의 필자

XVI   네팔의 역사와 문화 산책: 다정 김규현의 히말라야의 꿈 2

A Dreamy Walk through History and Culture of Nepal

The Himalayan Dream of Teacher Kim

네팔의 역사와 문화 산책

다정 김규현의 히말라야의 꿈 2

지은이 茶汀 김규현(Kim Sir)

서울에서 태어나 성균관대학교(화공과 중퇴)와 해인불교전문강원, 베이징의 중앙미술대학, 라싸의 티베트대학에서 수인목판화와 탕카를 연구하고 1993년부터 '쌍어문 화두'를 들고 양자강, 황하, 갠지스, 인더스강과 티베트고원과 실크로드를 종주순례하면서 그 여행기를 신문 잡지에 연재하였다.

1997년 〈한국티베트문화연구소〉를 설립하여 우리 문화와 티베트 문화의 연결고리에 관련된 저술에 몰두하여 『티베트의 신비와 명상(2000년)』, 『티베트 역사산책(2003)』, 『티베트의 문화산책(2004)』, 『혜초 따라 5만리』(상·하), 『바람의 땅, 티베트』(상·하), 『실크로드 고전여행기 총서(5권)』, 『파미르의 역사문화 산책(2015)』 등을 출간하였다. 또한 KBS다큐 〈차마고도(6부작)〉, KBS역사기행 〈당번고도(2부작)〉, KBS역사스페셜〈혜초(2부작)〉, KBS다큐 〈티베트고원을 가다(6부작)〉, MBC다큐 〈샤먼로드〉 같은 다큐를 기획하여 리포터, 고문역을 맡아왔다. 근간에 『나마스테! 김 써르(Namaste! Kim Sir)』와 『네팔의 역사 문화산책』 그리고 『티베트와의 인연, 4반세기』가 출간 준비중에 있다. 그리고 3년 전 아내 이승실 여사가 먼 길을 떠난 뒤, 바로 네팔로 건너가 안나뿌르나 설산 기슭의 비레탄띠 휴먼스쿨에서 자원봉사를 하며 어려운 아이들을 돌보면서 살고 있다.

E-mail: suri116@daum.net/ kimkuhyun3@gmail.com

Face Book ID: biretanti /kimkuhyun

네팔의 역사와 문화 산책: 다정 김규현의 히말라야의 꿈 2

© 김규현, 2019

1판 1쇄 인쇄 __ 2019년 01월 01일
1판 1쇄 발행 __ 2019년 01월 01일

지은이 __ 김규현
펴낸이 __ 홍정표

펴낸곳 __ 글로벌콘텐츠
　　　　등록 __ 제 25100-2008-24호

공급처 __ (주)글로벌콘텐츠출판그룹
　　　　주소 __ 서울특별시 강동구 풍성로 87-6 전화 __ 02-488-3280 팩스 __ 02-488-3281
　　　　홈페이지 __ www.gcbook.co.kr

값 25,000원
ISBN 979-11-5852-224-7 03910

A Dreamy Walk through History and Culture of Nepal
The Himalayan Dream of Teacher Kim

네팔의 역사와 문화 산책

다정 김규현의 히말라야의 꿈 2

다정 김규현 지음

글로벌콘텐츠

네팔에서 가장 자주 하고, 듣는 인사는 '나마스떼!'이다. 존칭어로
는 '나마스까르!'이다.

'내 안의 빛이 당신 안의 빛에게 경배를 드립니다.'라는 뜻이다.

그냥 오고 가는 일상적인 인사치고는, '빛을 주고받는다'는 의미는
영적인 뉘앙스까지 풍긴다. 네팔 사람들이 모두 그러한지는 모르겠
으나 하여간 서로 이런 심오한 뜻이 담긴 인사를 주고받는다니 네팔
리들을 새롭게 보아야 할 것 같다.

최근에 페이스북(Facebook)에 어떤 분이 재미있는 글을 올렸기에,
허락 없이 좀 패러디를 하여 여기 옮겨놓는다.

"요즘 네팔에서 가장 인기 있는 신은 '한국비자(Korean Visa)'를 내주
는 신이다. 그들은 이렇게 필요에 따라 새로운 신을 만들어 내고는 지성
(至誠)으로 숭배한다.

'옴 나모 쉬바야(Shiva)~~~'"

네팔은 지상에 존재하는 신들의 천국이다. 천국은 하늘 위에 있어
야 하는데, 땅 위에 있다니 좀 거시기하지만, 그것은 사실이다. 네팔
에는 이름이 있는 신들이 3백이 넘는다. 그리고 이름 없는 신까지 합

치면 3천이 넘는다. 그래서 모든 사람들이 자신의 가슴 속에 여러 명의 신들을 동시에 함께 모셔도 무방할 만큼, 차례를 기다리는 대기 신들이 무궁무진하다.

물론 다른 사람 속의 신은 내 가슴속의 신과 같을 수도 있고 다를 수도 있다. 그러므로 네팔의 이 국민적인 인사는 '그대가 어떤 신을 믿든지 나는 당신이 믿고 있는 신을 존중한다.'라는 뜻이 포함되어 있다. 상대방을 있는 그대로 존중하고 받아들인다는 말이 된다. 다툼의 원인을 제공하는 모든 경계선(境界線)을 안에서부터 스스로 허물어 버린 것이다. 이것이 네팔 사람들의 마음이란다.

3년이란 세월 동안 모아온 글과 사진 자료들을 항목별로 배열하는 작업을 끝내고 나서도 다시 수차에 걸친 수정작업을 거쳐 이제 나 자신과의 약속대로 한 권의 단행본『나마스떼 김 써르』원고를 마감하였다.

그리고는 출판을 위한 제반 사항을 마무리하기 위해 남몰래 귀국하여 여수 바닷가의 내 전용 집필실 계일정사(桂日精舍)에 처박혀 글을 쓰다가 가끔은 인터넷이 빵빵한 조용하고 시원한 여수시립돌산도서관을 왕복하며 마지막 교정작업에 매달렸다. 근데 웬걸 원고 분량이 너무 많았다. 아마도 정신 놓고 쓰다 보니, 아니 두드리다 보니 원고분량을 조절하지 못한 탓이었다.

그래서 이번에는 다시 줄이고 잘라내기 시작했다. 그러자면 원고량이 특히 많은 역사 편과 축제 편에서 대폭 줄여야 하는데, 그렇게 되니 또 다른 문제가 생겼다. 아니, 무슨 큰 문제라기보다 잘라낸 원고가 아까워서 휴지통에 버릴 수가 없었다. 버렸다가 복원시키기를 수차례 되풀이하였다.

왜냐하면 역사 부분은—사실 특히 네팔의 고대사는 근대 힌두왕국들의 고의적인 방기로 인해 거의 실종 상태인데—필자가 주섬주섬 자료를 모아 복원시키다시피 하였기에, 그렇게 모아 놓은 역사적 자료들이 너무 아까웠다.

더구나 지구촌 어느 곳보다 더 요란하고 장엄하기까지 한, 축제 부분 또한 그대로의 스케일을 유지한 채로 독자들에게 전해드리고 싶었다.

지구촌에는 별별 축제가 많을 것이다. 그러나 규모나 독특함 면에서는 네팔의 몇몇 축제는 장엄하기까지 할 정도로 대단하다. 한 예로 거리 퍼레이드 축제를 들어보자. 물론 다른 나라들도 거대한 마차나 수레를 만들어 수십 명에 올라타고 거리를 돌아다니는 축하 퍼레이드를 하지만, 그 속을 들여다보면 크고 튼튼한 차량 위에 장식을 하여 동력으로 움직인다. 그러나 네팔은 지금도 옛날 방식으로 그 거대한 나무바퀴가 달린 수레를 수천수만 명이 덤벼들어 무려 7일간이나 시내 구석구석으로 끌고 다니는 장관을 연출한다.

그래서 편집진과 여러 차례 의견조율 끝에 분권(分券) 쪽으로 가닥을 잡았다. 그래서 한 권이 아니라 두 권으로 늘어나면서 예정에 없던 이 책『네팔의 역사, 축제 산책』이 탄생하게 되었다.

강호제현의 질정을 바라면서, 이 책을 네팔의 산하와 문화를 사랑하는 모든 이들께 바친다.

2018년 8월 8일
여수 돌산도 계일정사(桂日精舍)에서
두 손 모으다

목 차

머리말 ·· 04

제1부 프롤로그 Prologue ·· 14

제2부 네팔의 역사 산책 A Dreamy Walk through History of Nepal

  1. 까트만두 분지의 고대 왕조들
    (Ancient Dynasties of the Kathmandu Basin) ································· 32
  2. 리차비 왕조(Licchavi Dynasty) ·· 37
  3. 타꾸리 왕조(Thakuri Dynasty) ··· 46
  4. 말라 왕조(Mala Dynasty) ·· 49
  5. 샤흐 왕조(Shah Dynasty ··· 53
  6. 왕정제도의 폐지와 의회민주주의 정착(The Abolition of the Royal System
    and the Settlement of Parliamentary Democracy) ······················· 57
  7. 용맹스런 용병, 고르카스(Valiant mercenaries, Gorkhas) ··········· 64
  8. 또 다른 역사의 축(軸), '달릿(Dalit)' 카스트
    (Another Axis of History, the Dalit Caste) ······························ 74

제3부 축제들의 나라 Country of Festivals

  1. 축제장으로 들어가기에 앞서서(Prior to Entering the Festival) ··············· 88

  2. 새해맞이 축제들(New Year's Eve Festivals) ···························· 105
    1) 네와리족의 새해맞이 '나야 바르샤(New Year' Greetings of the Newari
      Tribe, Naya(Naba) Barsha) ··· 105
    2) 박따뿌르의 새해맞이, 비스켓 자트라(New Year's Greetings of the
      Bhaktapur, Bisket Jatra) ··· 108
    3) 산악민족들의 새해맞이 로샤르
      (New Year's Greetings of Mountain Peoples, Loshar) ················ 117

3. 힌두교의 축제들(Hinduism Festivals) 122

   1) 샤얀니 에까다쉬(Shayani Ekadashi) 122

   2) 세또 마친드라나트 라트(Seto Machindranath Rath) 125

   3) 나가 뿌쟈 빤차미(Naga Puja Panchami) 133

   4) 자나이 뿌르니마(Janai Purnima) 136

   5) 가이자트라(Gai Jatra) 140

   6) 바이랍 꾸마리 자트라(Bhairav Kumari Jatra) 150

   7) 크리쉬나 잔마쉬타미(Krishna Janmashtami) 151

   8) 인드라 자트라(Indra Jatra) 161

   9) 살아있는 여신 꾸마리 축제(Living Goddess, Kumari Festival) 165

   10) 간따까르나 차뚜르다시(GhantaKarna Chaturdasi) 175

   11) 스리 람 나와미(Shree Ram Nawami) 177

   12) 고데 자트라(Ghode Jatra) 180

   13) 마하 쉬바 라트리(Maha Shiva Ratri) 183

   14) 씨따 비바하 빤차미(Sita Vivaha Panchami) 186

   15) 차이떼 다샤인(Chaite Dasain) 189

4. 불교 축제들(Buddhist Festivals) 190

   1) 구루 린뽀체 축제, 둠지(Guru Linpoche Festival, Dumji) 190

   2) 고따마 붓다의 생일잔치, 붓다 자얀띠

      (Birthday feast of Gotama Buddha, Buddha Jayanti) 193

   3) 무스탕왕국의 가면춤 축제, 띠치

      (Masked Dance Festival in the Kingdom of Mustang, Teechi) 201

   4) 네와리의 우안거 축제, 군라(Newari rainy festival, Gunlā) 202

   5) 탱보체 사원의 가면춤 축제, 마니림두(Mask Dance Festival of

      Tyangboche temple, Mani Rimdu) 206

5. 가족 축제들(Family Festivals) 207

   1) 네팔 최대의 명절, 다샤인(Nepal's Biggest Holiday, Dashain) 207

목차

2) 빛의 축제, 띠하르(Festival of Light, Tihar) 221

3) 아버지의 날, 고르까나 아운시(Father's Day, Gokarna Aunsi) 234

6. 교육관련 축제들(Educational Festivals)... 236

1) 스승의 은혜, 구루 뿌르니마(Grace of the Teacher, Guru Purnima)... 236

2) 학문의 여신에게 바치는 헌사, 바산따 뿌쟈 빤차미(A Dedication to the Goddess of Learning, Basanta Puja Panchami)......................... 243

7. 농경문화 축제들(Agricultural Festivals)... 247

1) 농경축제, 딴센 자트라(Agricultural Festival, Tansen Jatra)............. 247

2) 붉은 기우제, 라또 마친드라나트 자트라(The Rain Calling Ceremony, Rato Machhindranath Rath Jatra) 248

3) 추수감사제, 요마리 뿐히(Thanksgiving Ceremony, Yomari Punhi)... 261

8. 페미닌 축제들(Feminine Festivals).. 263

1) 어머니의 날, 마따 띠르타 아운시(Mother's Day, Mata Tirtha Aunshi)... 263

2) 힌두여인들만의 축제, 띠즈(Festival of Hindu Women only, Teej) 265

9. 목욕 축제들(Bath Festivals) 270

1) 마게 마기 산끄란띠(Maghe Maghi Sankranti)................................. 270

2) 색채의 향연, 파군 뿌르니마
(A Feast of Color, Fagun Purnima: Holi Festival) 272

3) 해맞이 뿌쟈, 차하트(Sunrise Puja, Chhath) 274

10. 뽀카라의 축제들(The Festivals of Pokara) 278

1) 귀신 쫓는 따무 드히(Exorcising Ghost, Tamu Dhee) 278

2) 호랑이 사냥축제, 바그 자트라(Tiger Hunting Festival, Bagh Jatra) .. 284

제4부 히말라야를 넘는 〈니번고도(尼蕃古道)〉
The Ancient road from Nepal to Tibet beyond Himalayas

1. 네팔공주의 혼례길을 따라서
   (Along the Princess's wedding route in Nepal)............................. 288
2. 브리꾸띠 공주의 아버지는 누구인가?
   (Who is the Father of Princess Brikuti?) 299
3. 가자, 공땅라모를 넘어 라싸로…
   (Let's go over Gongtang Lamo to Lassa…) 305
4. 『대당천축사출명(大唐天竺使出铭)』의 발견 (Discovery of The Stone
   Inscription of Royal Tang China Ambassador Going to India) 314
5. 천축으로의 직행로 〈왕현책로(王玄策路)〉
   (The Direct Road to India, Wanghyunche Road) 319
6. 해동의 구법승들의 천축로(天竺路)
   (Old Korean Buddhist Pilgrim's Road to India)................................ 326

1. 네팔이나 인도 그리고 티베트에서 사용하는 데바나가리(Devanagari)[1] 와 산스크리트(Sanskrit: Sṃskṛtā)[2] 그리고 티베트어를 음사할 때 그동안 된소리를 피하기 위해 편의상 어떤 원칙을 세우지 못한 것이 사실이었다. 본서에서는 이를 바로 잡기로 하였다. 특히 파열음(破裂音, plosive) 계열에서 문제가 되던, Pa(빠)와 Pha(파), Ta(따)와 Tha(타) 그리고 Ka(까)와 Kha(카)를 구분하여 사용하였다. 이는 "원음에 가깝게 적어야 한다." 외래어 표기법을 지키고자 함이다.

2. 이 원칙을 지키기 위해 무엇보다 고심한 부분은 오랫동안 익숙하게 사용하던 단어들은 바꾸기가 쉽지 않았다는 점이다. 예를 들면 네팔(Nepal), 카트만두(Kathmandu), 포카라(Pokhra), 스투파(Stupa), 브리쿠티(Bhrikuti), 카일라스(Kailas) 그리고 나마스테(Namaste) 같은 경우는 위의 원칙에 의하면 '네빨', '까트만두', '뽀카라', '스뚜빠', '브리꾸띠', '까일라스', '나마스떼'로 읽어야 마땅하다. 실제로 네팔인들의 발음을 유심히 들어보면 분명히 그렇게 발음하고 있다. 그래서 고심을 할 수밖에 없었지만 마음을 굳혀 모든 단어를 원칙대로 적기로 했다. 단 '네팔'만은 예외로 하고….

---

1) 네팔의 달력은 보름날을 기준하여 한 달을 30일로 계산하여 '흑분(黑半(分)'과 '백분(白半(分)'으로 나누는데, 흑분은 달이 이지러지기 시작하는 16일부터 30일까지를 말하며[下弦] 백분은 달이 차기 시작하는 1일부터 15일까지이다[上弦]. 그래서 앞의 15일을 '크리쉬나 빡샤(Krishna Paksa: Dark fortnight)', 뒤의 15일을 '슈클라 빡샤(Shukla Paksha: Bright fortnight)'라 부르는 것부터 헷갈림이 시작된다.

2) 일명 범어라고 부르는 인도의 고전어로, 힌두교·대승불교·자이나교 경전의 기본 언어이다. 현재도 인도의 공용어 중 하나로, 학교에서 읽고 쓰는 법을 가르치고 있고 일부 브라만 카스트는 산스크리트를 모국어로 쓰고 있다.

3. 네팔의 달력은 힌두력 '비크람(Vikram Sambat(B.S.))[3]이라 부르는 데, 올해(2018)가 2075년으로 서기보다 57.6년 앞서 간다. 또한 네팔에서는 양력 4월 중순에 한 해가 시작된다. 더구나 숫자 자체도 세계 공용인 아라비아숫자를 사용하는 게 아니라, 인도와 같은 데바나가리 문자로 쓰여 있다. 예를 들자면, 우리의 1자를 네팔에서는 9자로 쓰고 있기에, 헷갈리기 십상이다. 또한 날짜 변경선도 1시간씩의 시차가 아니라 45분제를 채택하고 있다. 총체적으로 뭐 하나 우리와 코드가 맞는 게 없을 정도로 네팔은 국수주의적 나라이다. 단지 영어를 우리보다 잘한다는 점 이외에는….

4. 기 출판된 티베트나 실크로드 관련 필자의 졸저에서 쓰인 용어 중에서 정정할 것들이 보이는 대로 다시 바로 잡았다. 예를 들면 타르초 → 다르촉/ 곤파 → 곰빠/ 타라 → 따라/ 타시 → 따시/ 코라 → 꼬라/ 파코라 → 바꼬르/ 투모 → 뚬모/ 랑콤 → 롱곰/ 아리 → 응아리/ 라사 → 라싸/ 탄트라 → 딴트라 등이 그러하다. 그리고 '파(派)'와 '빠(Pa)'를 구별하여, 전자는 '종파'를, 후자는 '사람'을 뜻한다는 사실을 강조했다. 그러니까 '까귀파'는 '까귀종파'를, '까귀빠'는 '까귀종파의 사람'이 된다. 그러므로 '밀라래파'가 아닌 '밀라래빠' 같이 통일하여 사용했으면 하는 바람이다.

---

3) 비끄람력: 네팔의 공용 달력이고, 북인도에서도 널리 쓰인다. 기원전 56년, 우자인의 비끄람마디탸(Vikramāditya) 왕이 샤캬족을 상대로 이긴 때를 기원으로 한다.

제1부

프롤로그

Prologue

제1부
프롤로그

(1)

"우리는 100송이의 꽃이다."라는 네팔의 국가(國歌)의 가사에서도 나타나 있듯이 네팔은 다민족 다문화 국가이다. 약 100여 개 민족[1]이 각자 다양한 문화와 풍습을 각기 인정하고 살아가고 있기 때문에 다양함은 보편타당한 질서로 인식되고 있다. 지구촌에서 다양함으로 치면 인도를 첫손으로 꼽지만, 네팔도 그 방면에서는 한 가닥 하는 나라에 속한다. 아니 어찌 보면 인도를 능가할 정도로 복잡다단하다.

네팔 문화의 독특함을 이야기하자면 여러 각도에서 접근할 수가 있겠지만, 실생활에서 비중이 큰 책력체계도 그중의 하나일 것이다. 이방인들에게 네팔의 '달력읽기'는 아주 어렵다. 달력을 만드는 목

---

1) 네와리족(Newars)과 바훈(브라만)과 체트리족(쿠샤트리아)이 메이저 민족이라면, 그 외 키라츠족(Kirats), 라이족(Rai), 림부스족(Limbs), 따망족(Tamangs), 마가르족(Magars), 구룽족(Gurungs), 세르빠족(Sherpas), 타룬(Tharus)족, 다라이(Darai)족, 쿰할(Kumhal)족, 마즈히(Majhi), 수누와(Sunuwars), 따카리(Takhari), 체팡(Chepangs) 등등이 있다. 또한 직업적인 특성에 따른 분류로는, 재단사(tailor)인 다마이(Damai), 구두장(cobbler)인 사르끼(Sarki), 대장장이(Blacksmith)인 까미(Kami), 금세공인(Goldsmiths)인 수나르(Sunar) 등이 있다.

적이 모든 나라의, 그리고 모든
사람들이 '시간의 수레바퀴'를
공유해서 서로 같이 쓰자고 만
든 것인데, 네팔의 달력은 오
직 이방인들은 아랑곳하지 않
고 오직 네팔 사람만 사용하게
만들어 놓았다.

태음력에 의한 네팔달력 2018

우선 달력에 쓰인 숫자모양
이 다르고, 년도가 다르고 월
별이 다르고 시간까지(날짜 변
경선) 다르기 때문이다. 이웃 나라들, 즉 지구촌과 보조를 맞추려는
배려가 전혀 없는 것이다.

네팔의 공식달력은 '비크람 력(Vikram Sambat(B.S.)'[2]이라 부르
는데, 올해(2018)가 2075년으로 서기보다 57.6년 앞서 간다. 비크람
은 B.C 57.6년경 살았던, 북인도의 우자인(Ujjain)[3]왕이었다는데, 당
시 적대관계의 있던 '사캬(Sakya)'[4]족의 침입을 물리쳤다고 하여 그
를 기념하여 기준년도로 삼아 지금과 같은 책력체계를 만들어 현재

---

2) 비크람력: 네팔의 공용 달력이고, 북인도에서도 널리 쓰인다. 기원전 56년, 우자인의
비크람마디탸(Vikramāditya)왕이 샤카족을 상대로 이긴 때를 기원으로 한다. 또한
네팔에서는 양력 4월 중순에 한 해가 시작되고 날짜 변경선도 1시간 시차가 아니라
45분제를 채택하고 있어서 뭐하나 우리나라와는 맞는 게 없다.

3) 인도 중부 마디아프라데시주의 중심도시로 시프라강 바로 동쪽에 위치한다. 이곳은
힌두교의 일곱 성지의 하나로 12년마다 쿰바멜라 축제가 열리는 곳이다.

4) 그러나 필자가 여러 경로로 추적해본 결과 이런 설명은 설득력이 많이 부족하다. 첫
째 비크람이란 인물이나 사캬족과의 영웅적인 전투라는 것이 역사적으로 전거가 매
우 애매모호하기 때문이다. 인도의 고대 역사에서 비슷한 이름을 가진 종족은 '샤캬
(Shakya)' VS '사캬스(Śākyas)'인데, 사실 이 이름들은 같은 민족의 다른 호칭일 뿐
이다.

거리 마다 즐비한 크고 작은 힌두 사원들

오직 네팔에서만 사용하고 있다.[5]

물론 한 나라가 독자적인 년호를 만들어서 사용하는 것은 애국적인 자긍심으로 치더라도, 문제는 태음력만을 일방적으로 사용한다는 데 있다. 말하자면 우리처럼 태음력을 쓰되 태양력에 병기하는 방식이 아니다. 네팔의 달력체계는 보름날을 기준하여 한 달을 30일로 계산하여 '흑분'과 '백분'[6]으로 나눈다. 그렇기에 한 예를 들자면 제13일도 흑분 13일과 백분 13일이 있다.

그러므로 누구하고 약속을 잡을 때, 오늘, 내일, 모레[7]까지는 쉽다. 그러나 며칠 후로 잡아야 할 약속부터는 좀 복잡해진다. 우선 상대방과 같이 달력이나 모바일 폰 캘린더 등을 꺼내들고 두 달력을 비

---

5) 하필이면 사캬족을 물리쳤다는 근거 없는 년도를 기념하여 네팔의 독자적인 연호의 기준점으로 삼았다는 것은 설득력이 떨어질 정도가 아니라 억지에 불과하다. 독자적인 봉건제 왕조로써의 네팔의 역사는 한참 후대에 시작되었다는 사족은 달 필요조차 없을 것이다.

6) 앞의 15일을 '크리쉬나 빡샤(Chrishna Paksha: 黑分: 下弦: Dark fortnight)', 뒤의 15일을 '슈클라 빡샤(Shukla Paksha: 白分: 上弦: Bright fortnight)'라 부른다는 것도 그러하다.

7) 오늘[아저], 내일[볼리], 모레["뻐르시 몇 시?"]까지는 쉽다.

길거리의 아침 짜이 장수들

교·번역해 가면서 날짜를 잡고 시간을 정해야 한다.

또한 글에 날짜를 쓸 때나 축제일을 검색할 때도 역시 그렇다. 예를 들면 바이샤카(Baishak)달의 보름날에 오는 불탄일(佛誕日)을 우리 달력에 표시하는 최선의 방법은 'Apr/Jun'뿐인 것이다.

또한 시차변경선도 세계 공용인 1시간 시차(時差)가 아니라 '45분 제'[8]를 채택하고 있어서 이웃-인도 중국과 일직선상에 있으면서도 15분 차이가 나게 만들었다. 필자도 처음에는 아마도 네팔의 상징으로 꼽히는 에베레스트산을 기준으로 했을 것이라고, 좋게 생각했으나 실은 가우리상카(Gaurisangka, 7,714m)[9]를 기준한 것이라고 한

---

8) 45분차가 나는 시간대는 전 세계에서 오직 3나라이다. 호주의 Eucla (+8:45), 뉴질랜드의 Chatham (+12:45), 네팔 (+5:45), 이렇게 세 곳이 있다.

9) 랑땅 히말 지역에 위치한 산으로 한 때 에베레스트의 이름으로 거론되던 산이다.

박따뿌르의 아침 급수시간.
박따뿌르의 중심지인 두르바르광장의 아침 급수시간에는 온통 아수라장을 이룬다.

다. 또한 쉬는 날도 다르다. 네팔의 휴일은 일주일에 한 번 토요일에
쉬고 일요일부터 일을 시작한다. 그러니까 종합해보자면 달력에 쓰
인 숫자, 년도, 월별, 날짜, 시까지 맞는 게 거의 없는 것이다. 네팔인
의 평균 영어수준은 우리보다 뛰어난 것은 사실이다. 영국 식민지시
대 이후의 풍속이겠지만, 처음 네팔에 온 이방인들은 네팔인들이 영
어를 잘 하는 것과 도처에 널려 있는 개인 환전소에서 달러를 아주
쉽게 바꿀 수 있는 것만 보고서 네팔이 아주 개방적인 나라로 착각하

게 된다. 그러나 머무는 날이 길어질수록 이처럼 국수적이고 폐쇄적인 나라는 지구촌에 없을 정도라는 것을 실감하게 될 것이다.[10]

그렇기에 현재 전 세계로 인력을 수출하여 돈을 벌어들이고 또한 히말라야를 팔아 막대한 외화를 벌어들이는, 관광대국을 지향하는 네팔이란 나라가, 점차로 좁아져가는 지구촌과는 반대 방향으로 가는 것이 아닌가? 하는 생각을 지울 수 없게 만든다.[11] 또한 그것은 문화적으로 앞선

힌두의 가장 중요한 파괴의 신 로드시바는 모든 힌두인들에게는 두려움의 대상이면서 또 가장 중요한 경배의 대상이기도 하다.

인도와 중국 틈바구니에 끼어 있는 네팔의 민족적 자긍심을 지켜가기 위해 아직도 〈물루끼 아인〉조항의 망령에서 헤어나지 못하고 있는 것처럼 보인다. 외국인에게 차별대우를 하는 것은 자신들의 자긍심을 높이는 것과는 별개이기 때문이니까….

(2)

이렇게 네팔이란 나라의 별다름을, 긍정적이든 부정적이든 지적해 보자면 접근하는 방법은 여러 가지일 수 있다. 우선 위에서 네팔의 책력체계를 지적해 보았으나 더 중요한 차별화는 뭐니 뭐니 해도 네팔이

---

10) 국적, 비자, 환율, 환전, 은행송금 등에서는 거의 살인적인 외국인차별정책을 사용하고 있다.

11) 네팔이 독자적인 연호가 필요하다면 차라리 네팔의 실질적인 국부인 쁘리티비 나라연 샤흐(Prithivi Narayan Shah, 1723~1775)을 기념으로 삼는 것이 어떨까 제안해보고 싶다.

삶과 죽음의 중간 정거장인 빠슈빠뜨나트 사원. 시신을 화장하는 연기가 늘 자욱하다.

'힌두교가 국교인 나라'라는 데서부터 시작한다.

본래 힌두교의 본고향 인도에서도 국교로 지정하지 않았지만, 그러나 네팔은 스스로 비슈누신의 화신인 국왕이 다스리는 세계 유일의 힌두교 왕국이었다. 여기서 과거형으로 서술한 이유는 "지금은 아니다"란 뜻이다. 과거 네팔의 역대 봉건 왕조들은 민중들에게 가장 인기가 많은 비슈누(Vishnu)신을 팔아 "우리의 국왕은 비슈누의 화신(化身: Avathara)이기에 무조건 신처럼 경배를 해야만 된다."라고 강요하여 국민들을 세뇌시켜서 통치하기 쉽게 하였다.[12] 그러나 네팔 왕정이 무너진 뒤 새 정부에 의해 국교가 폐지되고 난 뒤로도 힌두교

---

12) 여기서 티베트불교에서 달라이라마를 관음보살의 화신으로 인식하게 만든 것과 상통한다. 정치와 종교의 악수체제가 배경에 깔려 있다고 보여진다.

의 위세는, 적어도 이방인들이 피부로 느끼기에는 여전하다.

이런 네팔을 이해하기 위해서는 우선 힌두교에 대한 이해를 넓히지 않으면 안 되는데, 이게 그리 쉽지가 않다. 우선 무슨 신들이 그렇게 많은지! 그 많은 신들의 이름과 캐릭터를 이해하는 것은 정말 만만치 않다.

또한 무리 교리도 뭐가 그리 복잡다단한지! 우선 힌두의 전 단계인 브라만교적 요소인 『베다』나 『우파니샤드』 같은 고난도의 철학서는 말할 것도 없고 아마도 후에 힌두 판테온으로 편입된 원주민의 토착적인 샤머니즘적 요소와 딴뜨릭적인 요소 그리고 에로틱한 조각들이나 요니(Yoni)나 링감(Linggam) 같은 성기숭배 풍속까지 실로 다양한 요소가 모두 힌두이즘 안에 담겨져 있기 때문이다. 그렇기에 이런 혼합된 요소들이 오랜 세월을 걸치면서 형성된 네팔민족의 풍속들은 종교적 의례는 말할 것도 없고 서민생활 깊숙이 뿌리내린 관혼상제 같은 관습도 실로 복잡다단하기 이루 말할 수 없다.

(3)

우선 힌두를 여는 가장 중요한 첫 번째 키워드는 기본적으로 다신교라는 것과 특정한 교조(敎祖)가 없고, 또한 직업적인 교단도 없다는 것이다. 오직 있다면 간단한 파벌 또는 종파가 존재하지만[13] 그러나 힌두교의 경우 종파라고 해도 막연한 것이어서 다른 종교처럼 조직화된 교단이라고 부를 만한 것은 실제로 없다. 이는 힌두 사원은 인도나 네팔 각지에 무수히 존재하고 있으나 독립적이며 횡적 종적인

13) 메이저급의 종파는 비슈누교와 시바교의 두 그룹으로 나뉘지만, 중세 이후에는 이슬람신비주의(수피즘)가 침투해, 16세기 무렵부터는 힌두교에 이슬람교와 융합된 종교개혁의 기운이 생성되어 시크교 등이 성립되었다. 영국의 식민지가 된 뒤 이후에는 서양 사상과 문물과의 접촉을 계기로 새로운 종파가 생겨나고 있다.

축제에 열광하는 네와리들

교단 조직도 없다는 의미이고 이는 세상의 모든 종교가 세속화되고
대형화되고 물질지상주의로 빠져서 타락일로를 걷는 지구촌에서 오
직 힌두교만이 순수성을 유지할 수 있는 이유이기도 하다.

이 대목은 힌두교를 이해하는 데 매우 중요하다. 물론 우주의 기본
질서, 이른바 '창조와 유지와 파괴'를 관장하는 최고의 삼신(三神, 三
神一體說)은 존재하지만, 먼 옛날부터 각 종파마다, 드넓은 인도대
륙의 각 지방마다, 필요에 의해서 신들을 창조해 왔기에 현재로서 얼
마나 많은 신들이 존재하는지 통계조차도 불가능하다.

그런 이론적 배경은 화신(化神, Avatara)제도에서 비롯되었는데,
한 예를 들면 최고 삼신 중의 한 명인 유지의 신, 비슈누(Visunu)[14]는

---

14) 네 개의 팔을 가지고 있으며, 세계의 악을 몰아내고 정의를 회복하기 위하여 지상

다양한 인격과 형상으로, 심지어는 동물의 형태로, 세상에 출현하여 뭇 중생들 앞에 놓인 까르마(Karma)를 조율하는 역할을 담당해 왔다. 이런 역할극은 비슈누뿐만 아니라 파괴의 신, 쉬바(Shiva)[15]나 창조의 신 브라만[16]도 역시 마찬가지였다. 바로 이런 탄력성이 역사적으로 보면 드넓은 인도대륙의 각 지방이나 여러 부족 그리고 여러 출신 계급 카스트(Caste)를 하나로 묶는 탄탄한 힌두의 네트워크의 기본근간이 되었다.

그러니까 더 요약해 보자면, 힌두문화의 가장 큰 특징은 흔히 우리들이 사용하는 시쳇말처럼 "소나 개나 신이 될 수가 있다"는 것이다.

에 부활했다는(權化思想) 신이다. 가장 많을 때는 22종이나 되는 권화(權化)가 있었는데, 이 가운데는 고대의 신·성선(聖仙)·영웅으로부터 석가까지도 포함한다. 9번째 화신이 석가(釋迦)라고 한다. 역사 및 신화상의 위대한 존재들을 총 망라하여 비슈누파(派)의 사상이 되고 있다. 보통은 10종의 권화를 말하는데, 그 중에서 가장 중요한 영웅신은 크리쉬나이며 뒤에 비슈누신의 화신이 된다. 비슈누파는 학문적 성격이 강하며, 비교적 사회의 상층부에 속한다. 비슈누는 인간과 동물의 모습으로 지상에 출현하는 것으로 신앙되고 있다. 비슈누의 10권화(權化) 중 라마와 크리쉬나는 2대 서사시의 영웅이며, 이에 따라 비슈누파는 라마파와 크리쉬나파로 나뉘었다. 시바파는 사회 하층부에 세력이 있으며, 수행자의 고행, 주술, 열광적인 제의(祭儀)가 특색이다.

15) 비슈누 폭풍의 신, 파괴의 신이다. 10개의 팔과 4개의 얼굴을 가졌으며, 눈은 셋이고, 용(龍)의 독(毒)을 마셨기 때문에 검푸른 목을 하고 있다. 머리에 달을 이고, 호랑이 가죽을 걸치고 다니는데, 황소 등에 올라타 신비(神妃)인 우마와 함께 히말라야 산중에 살며, 창, 활, 도끼와 날이 세 개 달린 창 등의 무기를 가지고 있다. 사람을 죽음으로 몰아가기도 하고 열병을 가져오기도 하는 무서운 신이지만, 춤과 음악을 즐기며 이를 관장하고, 고행자에게는 은혜를 베풀며 생식(生殖)을 지배하는 신으로 보기도 한다. 시바신의 장남은 코끼리의 머리를 하고 있다.
후대에 시바는 위대한 요가 수행자(요기)요, 풍요의 신 등으로 불리지만, 인더스 계곡의 유물 중에는 동물들에게 둘러싸여 다리를 꼬고 명상에 잠겨 있는 모습이 발견되며 이것이 시바 신의 원형이라고 추측된다. 베다에는 시바 신이 없었으나 후에 시바 신과 동일화된 폭풍의 신인 루드라가 등장하여 산에 거주하며 검은색의 두려운 존재로서 시바 신과 유사한 속성을 가지고 있음을 보여준다.

16) 브라만신은 네 개의 머리와 네 개의 손에 물항아리, 활, 작은 막대기, 베다 경전을 들고 백조를 탄 모습으로 나타난다.

특히 이 대목이 기독교나 이슬람교 같은 유일신 쪽에서 본다면, 이해가 도저히 안 되는 교리이며, 또한 이로써 벌어지는 모든 갈등의 시작이다. 신이 인간을 창조해야지? 어찌 인간이 신을 창조하느냐? 인 것이다.[17]

힌두의 특성 중의 돋보이는 것이 또 있다. 힌두교도는 소속된 사회의 특정한 신을 믿도록 강요받지 않지만, 대체로 최소한 세 가지 이상의 신을 믿는 것이 일반적이다. 먼저 출신 가문의 전통적인 '가정신(Kula-evata)' 그 다음으로는 출신마을의 '촌락신(Grama-demata)'을, 그리고 가문과 소속 사회를 떠나서 별도로 인연에 따라 선택하는 자신만의 '자기신(Ista-devata)'이 바로 그것이다. 물론 이 세 신이 동일하지 않아도 소속 집단의 일원으로 살아가는 데는 전혀 문제가 없다. 유일신적인 풍토에서는 역시 용납되지 않는 일종의 '종교의 자유'인 것이다.

한 예를 들면 우리 학교에 다니는, 드림팀에 소속된 몇몇 내 직계 제자들은 아침에는 집에서 모시는 사원공간에 향과 꽃 등으로 간단하게 뿌쟈를 올리고 학교에 와서는 학교 안에 모셔져 있는 예술과 학문의 신 사라스와띠 여신에게 경배를 하고 저녁에는 동네에 있는 간이 기독교 개척교회에 가서 네팔식의 예배를 드린다. 그리고 가끔은 근교에 있는 불교 사원에 가서 역시 네팔식의 뿌쟈를 올린다. 이런 행위 모두가 하등 이상할 게 없는 것이 바로 힌두이즘인 것이다.

위의 실례에서 보듯 힌두이즘은 대립하는 모든 사상과 종교에 대하여 대결하고 배척하기보다는 포용, 동화, 흡수의 과정을 겪어 가며 힌두의 판테온 안으로 편입시켰다. 좋은 예로써 불교를 들 수 있다. 당시 신분제도의 모순과 피비린내 진동하는 희생제의(犧牲祭儀)에 저항했던 한 혁명적인 이단아를 오히려 "비슈누의 9번째 아바타"로

---

17) 그 외에도 힌두나 불교의 윤회사상 또한 기독교의 부활사상과 정면으로 배치된다.

여행자의 거리 타멜의
노천 골동품 상점

받아들여 수용한 대목은 힌두이즘이 범상치 않은 종교임을 드러내는 일이다.

네팔인들의 종교생활은 매우 소박하고 간단하고 또한 경제적 부담도 없다. '십일조 헌금'이니 '보시금'이니 하는 각종 명목으로 돈을 빼앗기지 않아도 되기 때문이다. 단지 그들은 아침마다 강이나 저수지 또는 집안에서 목욕재계하고 집안에 차려진 신단이나 또는 가장 가까운 사원에 가서 종을 두드린 후 신상(神像)에 예배한 뒤 돌아와서 간단한 아침식사를 하는 것으로 하루를 시작한다. 물론 힌두교도로서 일생 동안 치러야 할 통과의례, 즉 '삼스카라(Samskara)'는 적지 않다. 대략 약 40가지가 된다고 하는데, 특히 탄생제의, 성인이 되어 힌두사회의 일원이 되는 입문제의, 결혼제의, 그리고 장례제의와 조상을 모시는 제사제의는 무척 중요하게 여긴다. 반드시 지켜야 할 불문율인 것이다. 만약 그것을 소홀히 하면 소속된 사회로부터 따돌림을 받기 때문에 힘에 겨워도 감당할 수밖에 없다. 이는 세상의 모든 종교가 세속화되고 대형화되고 물질지상주의로 빠져가며 타락해 가는 현대사회에서도 오직 힌두교만이 변혁의 바람을 피해서 전통적인 순수성을 유지할 수 있는 이유로 꼽히기도 한다.

봉건왕조의 상징인 구왕궁은 박물관으로 변해 일부 공개하고 있다.

(4)

　이런 전통적 힌두교사회의 시대적인 변화에 대한 흥미로운 사족을
붙이고자 한다. 필자가 하숙집처럼 3년을 지낸, 트레커들을 상대로
롯지와 식당을 하고 있는 마음씨 좋고 부지런한 주인 내외는 따카리
(Takhali)족이다. 그런데 이들은 평소에는 힌두교도로서의 의무를
충실히 이행한다.

　그런데 돌아가신 모친의 제삿날에는 해마다 근처 사원의 라마승
3~8인을 초빙하여 하루 또는 이틀 꼬박 성대하게 제사를 지낸다. 이

때 친척이나 이웃들도 약간의 돈과 여러 가지 먹거리 음식을 한 소쿠리를 가져와 같이 제사를 지내고 음식을 나누어 먹는다. 우리식으로 보면 음복(飮福)행사이다.

나도 한솥밥을 먹는 가족의 일원이기에 지난 3년 동안 꼬박 이 제사에 참가했다. 이때 비상용으로 준비해둔 공항 면세점에서 사가지고 온 이국적인 과자와 약간의 달러나 또는 한국돈을 복채로 꺼내 놓기 마련인데, 그 이유는 네팔 돈을 내놓을 때보다 반응이 더 좋기 때문이다. 죽은 망자가 무슨 외국 돈과 과자를 더 좋아하겠냐마는, 아마도 주인양반의 다국적 인맥을 과시하는 '가오다시'용으로 유용한가보다 생각하고 있다.

여기서 흥미로운 현상은 그 제사의 용어와 형식이 힌두와 불교가 혼합된 스타일이라는 점이다. 그들은 그런 행사를 힌두식으로 '뿌쟈(Puja)'라고 부르고 축복받은 음식을 '프라사드(Prasad)'라고 부른다.

그러나 실제적인 의례는 불교식으로 한다. 더 세분하면 티베트불교식이다. 이런 예는 제사의 경우뿐만 아니라 따카리족, 구릉족, 따망족, 세르빠족 등의 산악민족들의 대부분의 통과의례인 '삼스까라(Samskara)'에 해당된다. 티베트불교가 힌두사회에 뿌리를 내린 한 실례이다.

마지막으로 네팔의 차별성은 국기에서 피크를 이룬다. 왜냐면 네팔의 국기는 전 세계에서 유일하게 사각형이 아니고 두 개의 삼각형으로 이루어져 있다. 붉은색 바탕은 국화인 랄리구라스(학명, Rhododendron)와 용맹함으로 상징하며, 파란색 테두리는 평화와 조화를 상징한다고 한다. 또한 각 삼각형 안의 태양과 달은 영원을 기원하는 의미를 포함하고 있으며, 남쪽 지방의 무더운 날씨와 히말라야의 차가운 날씨를 의미하기도 한다.

네팔의 역사 산책

A Dreamy Walk through History of Nepal

1. 까트만두 분지의 고대 왕조들
2. 리차비(Licchavi) 왕조
3. 타꾸리(Thakuri) 왕조
4. 말라(Mala) 왕조
5. 샤흐(Shah) 왕조
6. 왕정제도의 폐지와 의회민주주의 정착
7. 용맹스런 용병, 고르카스(Gorkhas)
8. 또 다른 역사의 축(軸), '달릿(Dalit)' 카스트

제2부
네팔의 역사 산책

1. 까트만두 분지의 고대 왕조들

(1)

세계의 대부분의 국가들은 자신들의 나라를 연 조상이 하늘에서 내려왔다든가, 알에서 태어났다든가 하는, 허황한 신화를 만들어서 신비스럽게 미화시키기를 좋아한다. 그러나 그런 황당한 것들이 너무 비학문적이라는 나라들은 석기시대-청동기-철기로 이어지는 고고학 버전으로 한 나라의 개국을 선포하는 경우도 종종 보인다.

그러나 일부 힌두권 나라들은 대 서사시 버전으로 개국의 영웅들을 소개하는 인상적인 방법을 취하고 있는데, 오늘의 주 무대인 네팔 같은 나라가 그런 부류에 속한다.

원시 농경사회에서 봉건군주제 단계로 변화하기 전에 네팔은 서사시 버전으로 들어가 『마하바라따(Mahabharata)』나 『라마야나(Ramayana)』 같은 영웅서사시의 주인공들이 활약하는 신화시대를 그들의 역사책 서두에 장식하고 있다.

바로 비랏나가르(Biratnagar)의 비랏(Birat), 자나크뿌르(Janakpur)

네팔 최고의 고찰 창구나라얀에서 바라본 까트만두 분지의 원경

의 자나크(Janak)를 비롯한 여러 부족들[1]의 영웅들이 그들인데, 시
대별로 구분하면 '진실의 시대[Tya Yuga]', '은의 시대[Treta Yuga]',
'동의 시대[Dwapar Yuga]', '철의 시대[Kali Yuga]'에 들어서 인류
최초의 왕인 마누(Manu)가 네팔을 다스렸다는 것이다. 전형적인 힌
두 신화에서 보이는 이야기들이다. 물론 이런 신화시대에 대한 서술
은 역사적 증거자료가 없고 단지 전설과 연대기와 민담을 토대로 하
였기 때문에 '전설의 시대'라고 부르는데, 그 뒤에 오는 '역사적인 시
대[Dwapar age]' 이야기도 우리식의 눈으로 보면 신화의 한 페이지
에 지나지 않는다.[2]

---

1) Kanwa, Biswamitra, Agastya, Valmiki, Yajnavalkya and others.

2) Prachanda Dev At the end of the Dwapar Yuga, the king of Gaud (Bengal) came
to Nepal to worship Swayambhu and Guheswari and became a monk. The last

필자나 독자나 이런 신화에 대한 열거는 지루할뿐더러 별 의미가 없기에 우선 건너뛰어 우리에게 익숙한 편년체적 왕통사(王統史) 쪽으로 눈을 돌려보자.

(2)

네팔 까트만두 분지에 처음으로 등장한 역사적 근거가 있는 부족은 고빠라(Gopala)이다. 여기서 '고빠'는 '소치는 목동'이란 뜻이지만, 그들 스스로는 '네빠(Nepa)'라고 불렀기에 그 후로 왕조들도 '네빨'이라 부르게 되었다는 것이다. 여기서 '네'는 부족의 이름이고 나라 자체는 '네빨'이라 부르게 되었는데, 후에는 그 안에 사는 사람은 '네와리(Newar)'라고 불렀다.

이와 같은 '네팔'이란 현재의 나라이름의 어원에 대하여는 여러 버전이 보인다. 우선 네와리어로는 '네'는 중앙을, '팔'은 땅을 뜻하기에 네팔은 '중앙의 땅'이란 뜻으로 풀이되기도 하고, 림부(Limbu) 방언에는 '네'는 '평평하다'란 뜻이어서 '네팔'은 '평평한 땅'이라는 뜻도 포함되어 있고 또 실제로 까트만두 분지는 평평하기에 네팔이라 부르게 되었다고 한다.

또한 '티베트-버마'계 언어로는 '네'는 가축을 뜻하고 '빠'는 사람을 뜻하기에 가축이 먹기 좋은 풀이 잘 자라고, 또한 사람들의 주된 직업이 가축을 기르기에 '목축하는 사람들이 사는 땅'이라는 뜻으로 '네빨'이라 부르게 되었다고 한다.

『바가바다 뿌라나』 같은 고대 힌두문헌에도 크리쉬나가 어린 시절 목동[Gopis]과 목녀[Gopinies] 틈에서 자라난다는 구절이 보이는 것

---

king of Kushadhoj's dynasty died childless. So, Prachanda Dev's son Shakti Dev came from Gaud and made one of his relatives Gunakama Dev, the king of Nepal.

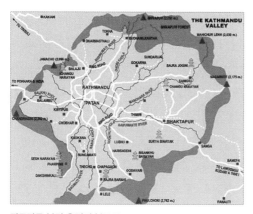

까트만두 분지 유적지 분포도

을 보면 네팔 고대사회
에서의 소치는 사람들
의 위상이 어떠했는지
를 짐작하게 만든다.

아무튼 그들 '고빨 반
사(Gopal Bansa)'부족
들, 즉 '소치는 부족들'
은 현재의 까트만두 분
지의 젖줄인 바그마띠
(Bagmati)강과 비슈누

마띠(Bishnumati)강이 합류하는 유역을 중심으로 모여 살면서 목
축과 농경을 겸하는 사회를 이루어 점차로 집단화의 과정을 거쳐 가
며 봉건군주제로 나아갔는데 당시 부족장은 부락 전체에서 다방면
에서 유일한 만능의 조력자였기에 스스로 '네팔'이라 칭하며 구심점
이 되어 주변 부족들과 연합체를 이루며 살아왔다. 말하자면 처음으
로 신화적인 구름에서 벗어나 연합체적 부족장에서 초기 봉건제적
인 왕 중간 단계를 거치며 약 612년간을 조용하게 분지에다 뿌리를
내리고 살았다.

그러다가 처음으로 봉건제적인 왕조가 출현하게 되었다. '물소'라
는 뜻의 마히스빨(Mahispal) 또는 아히르(Ahir) 가문인데 3대에 걸
쳐 111년을 이어왔다.

(3)

그 다음으로는 끼라띠스(Kiratis) 왕조가 문을 열었다. 그들은 현
재의 고르까나(Gokarna)를 중심으로 모여 살다가 까트만두 분지
로 세력을 뻗어서 물소 왕조의 부완싱흐(Bhuwansingh)를 무찌르고

〈빠슈빠띠 뿌라나(Pashupati Purana)〉, 〈네팔 마하트마야(Nepal Mahatmaya)〉, 〈스깐다 뿌라나(Skanda Purana)〉 등에 새로운 패자로 올라섰다. 그 왕이 바로 『마하바라따』 전투에서 활약한 요땀바(Yotamba Haang) 또는 야람바(Yalambar)이다. 이때가 대략 BC 7세기부터 BC 8세기 정도로 추정된다.

이들은 여러 부류의 연대기와 빠슈빠띠 뿌라나(Pashupati Purana), 네팔 마하틈야(Nepal Mahatmya), 스깐다 뿌라나(Skanda Purana) 등에 이야기 거리를 남기고 29대 가스띠(Gasti)왕까지, 무려 1,225년간(BC800~AD300)을 분지에 군림하였다.

확실한 기록은 없지만, 이 시대에 불교가 처음 까트만두 분지로 전래되었다고 전하고 있다. 일설에는 끼라띠스 제28대 왕 시절, 사꺄 붓다가 친히 애제자 아난다(Ananda)와 함께 이 유역을 방문하고 현재의 빠탄에서 잠시 머물렀다고 한다. 그래서 이를 기념하여 기원전 2세기경 아소까 대왕이 빠탄을 방문하여 4기의 아소까탑을 세웠다고 하는데, 현재 빠탄 입구 뿔촉(Pulchok)에 있는 그 반원형 복발식 스뚜빠는 아직도 건재하다. 붓다의 탄생지로 4대 성지 중 유일하게 네팔 땅 안에 들어와 있는 룸비니(Lumbini)에 아소까 필라(Asoka pillar)를 세울 때와 같은 시기라고 전하고 있다.

(4)

그 다음은 서쪽 지방에서 일어나 힘을 키운 솜(Som)부족이 니미샤(Nimisha)왕이 까트만두 분지로 쳐들어와 끼라띠스 왕조의 마지막 왕인 가스띠(Gasti)를 몇 번의 공격 끝에 무너뜨리고 솜 왕조를 세운다. 그리고는 현 고다와리(Godawari)에 도읍을 정하고 제5대왕 바스꺼르(Bhasker verma)까지 100년 동안 존속하였으나 밀려들어오는 외래부족인 리차비들의 파상공세를 이겨내지 못하고 문을 닫게 되었다.

2. 리차비(Licchavi) 왕조

이 부족은 원래 네팔 토종부족이 아니고 멀리 인도 바이샬리 (Vaisalia)[3]에서 이주한 부족인데, 필자는 티베트로 시집간 브리꾸띠 공주를 쫓아 암슈바르마왕을 검색하다가 이 사실을 확인하고는 매우 놀라움을 금할 수 없었다.

리차비족의 고향, 바이샬리는 불자들이나 사회학에 관심 있는 분들에게는 아주 친근한 곳이다. 왜냐하면 사캬모니 붓다가 제세 시에 오래 머물렀던, 그리고 가장 사랑하였던 마을이었기 때문이다. 또한 애제자 아난다(Ananda)의 고향이기에 기념비적인 불교 유적지가 많이 산재해 있는 곳이고, 아직도 아소까 석주가 원형 그대로 남아 있고, 가장 믿을 만한 붓다의 진신사리 스뚜빠를 아소까대왕이 직접 전 세계로 분배한 곳이기에 더욱 그러하다. 더욱이 붓다께서 열반에 드셨을 때 다비식이라든가 하는 뒤처리를 도맡아 한 부족이 바로 리차비족이었다.

그런데 그들이 고향에서 홀연히 사라졌다가 까트만두 분지까지 올라와 왕조를 열어 찬란한 문화를 이룩하였다니 당연히 놀람이 클 수밖에 없었다.

당시 중인도의 정세는 속칭 '고대 16국'이라는 병립체제가 무너지면서 강력한 중앙집권제도를 확립한 마가다(Maghda) 왕국에

---

3) 바이샬리(Vaishali), 베살리(Vesali: 팔리어), 비사리(毘舍離)는 리차비족과 밧지 동맹의 수도였다. 고타마 붓다의 시대에는 매우 큰 부유하고 번영하며 사람들로 붐비며 음식이 풍요한 도시였다. 그곳에는 7,707가지의 놀이터와 그만큼의 연꽃 연못이 있었다. 고급 창부 암바팔리는 그녀의 미모로 유명하였고 도시를 부유하게 하는데 크게 도움을 주었다. 도시는 세 개의 벽이 있었는데 각각의 담에는 문들과 감시탑이 있었다. 붓다고사는 베살리가 넓었기 때문에 그렇게 불렸다고 한다.

게 흡수되어 가던 과도기였는데, 그때 바이샬리는 아쟈트사트루(Ajatsatru)[4]왕에 의해 합병되고 말았다. 그래서 그 뒤 수프스빠(Supuspa)가 이끄는 나머지 부족민들이 서기 300년 경 고향을 떠나 까트만두 분지로 대거 이주하면서 끼라띠스 왕조를 무너뜨렸을 것이다. 아마도 인도 본토에서도 질 높은 문화를 구가하던 리차비족들을 상대하기에는 까트만두 분지의 로컬 왕조였던 끼라띠스 부족으로서는 역부족이었으리라….

이어 300년에 자이 데바(Jay D.I)왕은 리차비식을 현지에 맞게 개정한 법률을 만들어 새 왕국을 통치하는 기준으로 삼았다. 그 뒤 왕위는 만나데바(Manadeva I., 464~505)에게 넘겨졌다. 그는 박따뿌르를 중심으로 실질적으로 봉건 왕조의 뿌리를 내렸는데, 역대 네팔 왕조 처음으로 북쪽으로는 히말라야에, 서쪽으로는 칼링간다키(Kaligandaki)강을 건너, 동쪽으로는 코시(Koshi)에 이르도록 영토를 확장하였다.

그리고는 차바힐(Chabahil), 보우더나트(Boudhnath), 스와얌부나트(Swayambhunath)에 몇 개의 사원과 스뚜빠와 기념비를 세웠는데, 그 중 하나가 현존하는 네팔 최고의 건축물인 창구나라얀(Changu Narayan) 힌두템플인데 현재도 박따뿌르 서북쪽 교외에 건재하다. 더구나 그 마당에는 네팔 최고의 금석문인 『창구나라얀 명문(C. N. inscription)』이 천 년의 비바람 속에서 리차비 시대의 상황을 후세에게 알려주고 있다.

그러나 그의 유업을 이을 아들인 시바데바 1세(Sivadeva I)는 별

---

4) Ajatashatru(492~460 BCE) was a king of the Haryanka dynasty of Magadha in North India. He was the son of King Bimbisara and was a contemporary of both Mahavira and Gautama Buddha. He forcefully took over the kingdom of Magadha from his father and imprisoned him. He fought a war against Vajji, ruled by the Lichchhavis, and conquered the republic of Vaishali.

박따뿌르 동북쪽 산기슭 창구마을에 리차비왕조 시대인 464년에 건립된 목조건물인 창구나라얀
(Changu Narayan)사원은 지금도 건재하다.

치적을 남기지 못하고 왕위를 왕족인 리차비족인 아닌 암슈바르마
(Amshuvarma: 鴦輸伐摩, 595~621)에게 넘겨주었다. 바로 브리꾸
띠의 아버지로 알려진 그 인물인데, 왕조를 반석에 올려놓은 그는 기
념비적인 스뚜빠와 불교 사원들을 건설하기 시작하였다.

그러나 1345년 이슬람으로 동화된 뱅갈의 술탄 샴스 위딘(Shams-
uddin)이 분지로 쳐들어와 단지 3일간 머무르면서 라차비 왕조가 건
설한 찬란한 도시들을 약탈하고 모든 사원들과 궁궐들을 모두 불태
웠다. 정말로 아까운 것은 히말라야 남쪽에서 가장 아름답고 웅장하
다던, 브리꾸띠의 아버지인 암슈바르마(Amshuvarma, 595~621)왕
의 회심작인 7층짜리 궁전인 까이라쉬꾸따(Kailashkuta)[5] 궁전도

5) 특히 7세기 당시 히말라야 남쪽에서 가장 유명하고 웅장한 까일라쉬꾸뜨 바하만

네팔 최고의 (464년)금석문 리차비왕조 시대의
창구나라얀 비문(Changu Narayan)

그때 소실되었다는 사실이다.

그러나 당시 창구 나라얀 사원만은 분지의 중심지에서 좀 떨어진 언덕에 있어서 무자비한 약탈 방화범인 뱅갈의 술탄이 이를 발견하지 못했기에 화를 면하게 되어서 현제 네팔 최고의 문화재로 남아 있게 된 것이다. 인연일지 천운일지….

왕족이 아닌 그가 왕위에 오르는 상황을 다시 복기를 해보자. 그의 혈통은 리차비 왕조의 시바데바 1세(Sivadeva I)의 왕비의 오빠의 아들이었다. 우리 족보로 치자면, 처조카인 셈이니, 물론 리차비족도, 왕족도 아닌 별볼일 없는 신분이었다. 이 왕의 자료를 검색하는 내내 "Amshuverma was the Licchavi King of Thakuri dynasty"처럼 리차비 혈통인 다른 왕과 다르게 네팔계 혈통인 타꾸리(Thakuri) 왕조를 강조하

(Kailashkut Bhawan)궁전을 건설했다는 것을 그의 무엇보다 앞서는 업적으로 꼽히는데, 뛰어난 건축적 역량과 공학적 기술로 만들어진 이 궁전은 까트만두 근교 하디가운(Hadigaun)이란 곳에 지었는데, 3개의 정원과 7층 구조로 이루어져서 동시에 3천명이 입궐할 수 있을 정도로 넓었고 내부는 돌로써 장식을 하였으며 수조를 이용한 정원을 구비한 아름다운 궁궐이었다고 한다.

이 궁전은 640년 이곳을 방문한, 당 나라의 사신 왕현책(王玄策: Wang Huen Che)에 의하여 궁전의 모형디자인이 그려져 당 조정에 보고되기도 할 정도로 유명하였다. 이 사실은 당시 당나라와 네팔의 사이가 매우 긴밀했다는 것을 입증하는 사례의 하나라고 볼 수 있다.

는 것을 보면 그의 혈통이 고향은 붕가마띠 (Bungamati)[6] 출신의 타꾸리 계이었음은 분명하다. 일설에는 사위로 되어 있기도 하지만, 어느 것이나 리차비왕족이 아닌 것만은 확실하다.

브리꾸띠 공주의 부친으로 알려진 암슈바르마왕의 초상화

그러나 그는 혈통의 제약을 뛰어넘어 뛰어난 재능과 성실함으로 왕과 왕비의 신임을 얻어 왕자가 없었던 고모부에게 입양되어 후계자수업을 받아가며 리차비식의 문화와 법률 등을 배웠다. 그리고는 마침내 왕국의 수상격인 마하사만따(Maha samanta)에 올라 9년간 자리를 지키다가 자연스럽게 왕위를 계승한 것으로 보인다. 그리고 명문은 암슈바르마의 재위는 621년에 끝이 나고 우다야데바(Udayadeva)왕자에게 왕좌가 전해졌다고 하는데, 이 신왕에 대해서는 그의 친생 아들인지 여부에 대해서는 보충설명이 없어서 좀 애매하기는 하다.

또한 암슈바르마에 대한 또 다른 명문인 『똘라쉬히또이에 명문(Tulashhitoie Inscription A. V.)』에 따르면, 일부 연대가 차이가 나는 것이 있고 무엇보다 사망연대가 616년으로 기록되어 있다. 또한 그가 시바데바(Shivdev I)왕의 처조카가 아니라 시바데바왕의 딸과 결혼관계에 있다는 기록도 보인다. 그렇다면 사위로서 왕위를 물려받은 셈이어서 오히려 설득력이 높아진다.

---

6) Bungamati, Newar Bunga, lies in Lalitpur Metropolitan Region in Lalitpur District, Nepal. Bungamati is a Newar village on a spur of land overlooking the Bagmati River. The first stele of the Licchavi king Amshuverma was found in Bungamati and dated to 605. It contains the earliest mention of the Kailashkut Bhawan palace. The stele further shows that Bungamati had already been a famous village for agriculture, livestock, and fishing.

이렇게 왕좌에 오른 암슈바르마의 27년간의 치적은 다방면에서 우뚝하다. 우선 그는 용감한 왕으로 수많은 전투를 승리로 이끌어 영토를 확장하였고 외교력을 발휘하여 그의 누이동생 보가데비(Bhoga Devi)를 인도의 왕 슈르센(Sur Sen)에게 출가를 시켰고, 그의 딸을 북쪽의 티베트의 영웅인 송짼감뽀에게 시집보내는 정략적인 결혼정책으로 주변 강대국으로부터의 네팔 왕국의 안전을 확보하는 외교정책을 펴서 성공을 거두었을 뿐더러, 두 나라를 잇는 교통로를 개척하여 민간 차원의 상거래를 가능하도록 배려하여 큰 소득을 얻을 수 있도록 하였다.

문화적으로도 위대한 학자나 배운 사람을 존중하여 당시 세계 최고의 학문의 요람이었던 나란다(Nalanda)대학의 저명한 문법학자인 찬드라베르만(Chandraverma)을 초빙하여 산스크리트 문법책을 편찬하여 '샤브다 비댜(Shabda Vidya)'라는 이름으로 온 나라 안에 널리 사용토록 하였다.

암슈바르마왕은 또한 농업과 목축업 생산 그리고 산업적 소득을 동시에 중요시하여 모든 국민들이 관계시설을 이용하여 밭을 일구어 소득을 얻도록 노력을 아끼지 않았다. 또한 나라에서 벌리는 개발에서 얻는 소득원에 대하여는 물세, 땅세, 방위세, 호화세 등을 부과하여 나라 재정을 튼튼히 하였다. 종교적으로 자신은 쉬바교(Shivism)를 신봉했지만, 모든 종교와 종파도 관용적으로 대했다.

특히 7세기 당시 히말라야 남쪽에서 가장 유명하고 웅장한 까일라쉬꾸뜨 바하만(Kailashkut Bhawan)[7] 궁전을 건설한 것은 그의 무엇보다 앞서는 업적으로 꼽힌다. 뛰어난 건축적 역량과 공학적 기술로

---

7) The picture portrays the artists imagination of the Kailashkut Bhawan, a famous palace known to history but of which nothing remains today. The picture shows Amshuvarma hosting foreign guests while Hiuen Tsang sits in a corner noting the goings-on.

고도 박따뿌르의 고색창연한 목조건축물

만들어진 이 궁전은 까트만두 근교 하디가운(Hadigaun)이란 곳에 지었는데, 3개의 정원과 7층 구조로 이루어져서 동시에 3천 명이 입궐할 수 있을 정도로 넓었고, 내부는 돌로써 장식을 하였으며, 수조를 이용한 정원을 구비한 아름다운 궁궐이었다고 한다.

이 궁전은 640년 이곳을 방문한 당나라의 사신 왕현책(王玄策: Wang Huen Che)에 의하여 궁전의 모형디자인이 그려져 당 조정에 보고되기도 할 정도로 유명하였다. 이 사실은 당시 당나라와 네팔의 사이가 매우 긴밀했다는 것을 입증하는 사례의 하나라고 볼 수 있다.

또한 7세기에 인도로 건너가서 오랫동안 나란다에서 수학한 현장법사는 암슈바르마 왕을 직접 만났을 가능성은 없지만, 주위들은 정보에 의해서 "많은 성취와 영광을 누리는 왕"이라고 평을 하고 있다.

암슈바르마의 토번 왕국과 관계개선과 브리꾸띠 공주의 정략결혼 이후 네팔과 티베트 간의 다방면에 걸친 활발한 교류가 이루어졌는데, 현재 네팔에서는 이 모든 것을 뭉쳐서, 앞장에서 이야기한 것처럼, 브리꾸띠 공주를 라싸까지 호위를 한 '무역의 신' 빔셴(Bimshen)의 역할이라고 상징적으로 표현하고 있다.

하여간 그 이후 네팔의 건축가나 장인들이 티베트로 가서 건물과 탑을 지음으로써 네팔의 예술과 건축이 세기를 넘어 티베트와 중국으로 전파되기에 이르렀는데, 라싸에 있는 조캉(Jokhang) 사원의 경우가 그 실례이다.

과거나 현재나 티베트불교권의 최대 사원인 이 조캉 사원은 브리꾸띠 공주가 네팔로부터 가져간 불상을 모시기 위해 네팔식 사원을 모델로 해서 설계된 것이기에, 정문의 방향도 네팔을 바라보는 남쪽으로 향하게 설계되었다. 그래서 꽈빠됴(kwa-pa-dyo: Akshobhya) 불상을 정문의 반대편에서 오른쪽 날개의 중앙에 배치하였다고 한다. 그러나 현재 티베트나 중국에서는 그것을 부정하고 문성공주가 당나라에서 불상을 모시기 위해 지은 사원이라고 호도를 하고 있다.

이렇게 네팔 역사상 가장 빛나는 황금 시기를 이룩하고 결출한 치적을 쌓은 암슈베르마는 사후에 빠슈빠띠 바타락(Pashupati Bhattarak)라는 호칭을 얻었는데, 이는 산스크리트어로 '고상한 군주'라는 뜻이라고 한다.

참, 급한 대로 사족하나 달자면, 모든 왕들의 이름 뒤에 꼬리표처럼 따라다니는 '데바(Deva: D.)'는 원래 왕이란 의미보다는 신을 뜻하는 용어인데, 모든 왕들은 스스로를 힌두신의 아바타라(Avatara: 化身)로 즐겨 불리기를 좋아했던지 그런 꼬리표를 달고 다닌 것 같다. 아마도 우매한 백성들을 통치하기 편해서 였으리라…. 데바에 상응되는 '데비(Devi)'는 여신을 뜻한다. '브리꾸띠 데비(Brikhuti D.)' 같은 경우가 바로 그런 예이다.

마지막으로 유명한 리차비의 왕으로서 자야 대바(Jaya D. II)가 있는데, 그는 『빠슈빠띠 명문(Pashupati inscription)』을 남겼다. 여기에는 리차비 왕조의 계보와 기타 여러 기록들—사회, 정치, 여러 종류의 세금, 예술, 건축, 교역, 상업—등에 대한 것들이 새겨져 있다.

나렌드라 데바(Narendra D.)왕은 브리꾸띠 공주의 오라버니로 알려진 왕으로 특히 인도와 티베트와 혈연관계를 맺어 외교관계에 힘을 쏟았다. 이렇게 630년 동안 까트만두를 다스리던 리차비 왕조는 마지막 왕 쟈야카마 데바(Jayakama D.)대에 이르러 분지의 패자의 바통을 타꾸리 왕조에게 넘겨주게 되었다.

리차비 왕조의 황금기는 마나데바 1세(Mana D. I, 464~505)에서 암슈바르마(Amshuvarma, 595~621)에 이르는 150여 년간으로 계산되는데, 이때 까트만두 분지는 최고의 번성기를 맞게 되지만, 현대 네팔의 역사는 당시의 역사를 별로 자랑스러워하지 않고, 다만 근세 고르카(Gorkha)에 근거를 둔 샤흐(Shah) 왕조의 역사만 부각시키고 있다.

3. 타꾸리(Thakuri) 왕조

(1)

리차비를 이어 까트만두의 종주권을 차지한 왕조는 타꾸리 (Thakuri) 일명 라지뿌트(Rajput)이다. 뉴와콧(Nuwakot)에 근거지를 두고 있는 타꾸리족의 라그하바 데바(Raghava Deva)왕은 879년에 이미 노쇠해져 있는 리차비의 근거지를 토벌하고는 그 해를 네팔력의 원년으로 삼는 책력체계를 만들어 시행하였다.

이어서 바스카라 데바(Bhaskara D.)는 새로운 법률[Nuwakot-Thakuri rule]을 만들어 시행하였고 나바바할(Navabahal)과 헤르마바르나(Hemavarna Vihara) 사원을 건설하였다. 그 4명의 왕들이 큰 족적 없이 지나간 뒤 샹카라 데바(Shankara D., 1067~1080)가 뒤를 이었다. 그는 이 왕조에서 누구보다 화려한 왕으로 그는 샨테스바라 마하데바(Shantesvara Mahadeva)와 마노하라 바가바티 (Manohara Bhagavati) 같은 유명한 신상(神像)의 이미지를 고안해 내었다.

구나까마 데바(Gunakama Deva, 949~994)왕이 출현하여 드디어 목조건물로 까스타만다빠(Kasthamandapa)라는 궁전을 짓고 깐띠뿌르(Kantipur)라고 부르게 하였다. 후의 까트만두의 전신으로 천년도읍지의 주춧돌을 놓은 셈이다.

또한 그는 '인드라 자트라(Indra Jatra)' 페스티벌을 시작하여 백성들에게 즐길 거리를 제공하여 공동체의 일원으로서 결집력을 높이고 궁전마당에 '딸레쥬의 종(Taleju Bell)'[8]이란 큰 대종을 매달아

---

8) Facing the Royal Palace is a huge, ancient bell, hanging between two stout pillars,

빠딴 두르바르 광장에 있는 신문고 딸레쥬 종

놓아 누구든지 억울한 사연을 호소할 수 있는 길을 열어 놓았다. 일
종의 신문고(申聞鼓)를 설치한 셈인데, 그 후로는 네팔에서는 현재
도 인드라 축제기간만은 모든 언론의 자유가 보장되고 있다고 한다.

erected by King Vishnu Malla in 1736. Petitioners could ring the bell to alert
the king to their grievances. It's said the bell tolled ominously during the 2015
earthquake. Behind the bell pavilion is a small ornamental water feature.

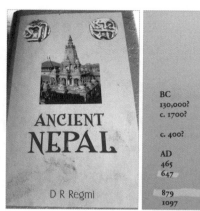

	Key events
BC	
130,000?	Hand-axe man in Dang and Satpati
c. 1700?	Beginning of Indo-Aryan movement into the Indian subcontinent
c. 400?	Birth of the Buddha at Lumbini
AD	
465	Changu Narayan inscription of King Manadeva
647	Nepalese troops assist Chinese envoy in punitive expedition against an Indian state
879	Beginning of Nepal Era
1097	Nanyadeva of Karnataka takes control of Mithila

어렵사리 구한 네팔고대사 표지   고의로 실종시킨 고대사 항목들

또한 그는 까트만두 근교에 빠슈빠띠나트(Pashupatinath)를 세웠고 '크리쉬나 자트라(Krishna Jatra)'를 기획했다고 한다.

다음의 타꾸리의 왕좌는 락쉬미까마(Laxmikama, 1024~1040)에게 넘어갔는데, 그는 락쉬미 비하라(Laksmi Vihara)를 지어서 처녀신 꾸마리(Kumari)를 숭배하는 전통을 조장하였다. 그리고 그의 아들인 비쟈야까마 데바(Vijayakama D.)가 왕위에 올라 나가(Naga)와 바수끼(Vasuki)를 숭배하는 전통을 세웠으나, 그것을 끝으로 타쿠리 왕조는 막을 내리고 역사의 뒤안길로 들어갔다. 그러나 그들이 장려하고 싶었던 신앙적 상징들은 나가빤차미(Nagapanchami) 축제로 승화되어 대를 이어 내려오며, 지금도 뱀의 형상으로 모든 네팔 전통가옥들의 문 앞에서 모든 악령들을 몰아내고 있다.

4. 말라(Mala) 왕조

타꾸리(Thakuri) 왕조 말기 네팔 전역은 정치적으로 오랜 암흑기로 접어들게 되었는데, 이때 말라 왕조(Malla Dynasty, 1201~1769)가 까트만두 분지의 새로운 주인으로 등장하게 된다. '말라'라는 뜻은 산스크리트어로는 '레슬링 선수(wrestlers)'라는 다소 엉뚱한 의미라는데, 말라 왕조는 1,200년경부터 560년간 네팔을 통치하면서 놀라우리만큼 수많은 사원과 건축학적으로 뛰어난 웅장한 건물과 아름다운 광장이 펼쳐져 있는 그림 같은 왕궁을 건설하였다.

첫 번째 말라왕은 아리 말라(Ari Malla, 1200~1216)로서 왕조의 주춧돌만 놓은 상황에서 12세기부터 아프간의 무슬림(Muslim) 세력이 델리에(Delhi's) 무슬림 왕국을 세우고, 네팔을 압박하여 네팔

말라 왕조의 도읍지 빠딴

서부의 일부 군소 왕국들은 이슬람으로 개종을 하지 않을 수가 없게 만들었다. 1312년에는 이슬람화된 카스(Khas)왕인 리프말라(Ripumalla)가 룸비니를 방문하여 그 자신의 연대기를 아소까 석주 위에다가 새겨 넣기도 하였다.

말라왕조 바스까르 말라왕(Bhaskar_Malla)의 초상

1260년 자야브힘 데바 말라(Jayabhim Ddeva Malla)는 80명의 장인들을 티베트로 보내서 사원을 짓게 하였는데, 그중 뛰어난 예술가인 아라니코(Araniko, 1245~1306)도 끼어 있었다. 그는 후일 원(元)제국의 쿠빌라이 칸(Khubirai Khan)에게 발탁되어 원나라로 들어가 고위관료에 올라갔다고 기록은 전하고 있다.

1255년에는 대지진이 분지를 강타했다. 당시 왕(Abhaya Malla)을 포함하여 전 주민 1/3에 해당되는 4만 명이 사망할 정도로 최악의 지진이었다고 한다. 물론 새로 등극한 왕을 비롯하여 온 나라가 사투를 벌리며 원상복구를 해놓자 이번에는 인도 동부의 뱅갈지방의 술탄 샴스 위 딘(Shams-ud-din)이 까트만두 분지로 쳐들어와 단지 3일간 머무르면서 온갖 약탈행위와 함께 분지를 온통 잿더미로 만들어놓고 돌아갔다. 그때 불 탄 건물 중에는 히말라야 남쪽에서 가장 아름답고 웅장하다고 하는 암슈바르마(Amshuvarma, 595~621)[9]

---

9) 암슈바르마의 27년간의 치적은 다방면에서 우뚝하다. 우선 그는 용감한 왕으로 수많은 전투를 승리로 이끌어 영토를 확장하였고 외교력을 발휘하여 그의 누이동생 보가데비(Bhoga Devi)를 인도의 왕 슈르센(Sur Sen)에게 출가를 시켰고 그의 딸을 북쪽의 티베트의 영웅인 송짼감뽀에게 시집보내는 정략적인 결혼정책으로 주변 강대국으로부터의 네팔 왕국의 안전을 확보하는 외교정책을 펴서 성공을 거두었을뿐더러 두 나라를 잇는 교통로를 개척하여 민간차원의 상거래를 가능하도록 배려하여 큰 소득을 얻을 수 있도록 하였다.

왕의 회심작인 7층짜리 궁전 까일라쉬꾸따(Kailashkuta)[10]도 포함되어 있었다.

이 궁전은 당시 당나라의 사신 왕현책의 손끝에 의해 설계도가 그려져 당나라 조정에 보고될 정도로 유명한 것이었기에 아쉬움이 더욱 남는다. 당시 유일하게 남은 사원이 바로 현존하는 네팔 최고의 건물인 나라얀 사원(Changu Narayan Temple)이다. 분지가 온통 화염 속에서 잿더미로 변해갈 때 이 사원은 당시 도읍지 중심지에서 좀 떨어진 언덕에 있어서 술탄이 이를 발견하지 못했다고 한다.

이렇듯 엄청난 대지진과 외국군의 약탈과 방화가 지나간 뒤 잿더미에서 다시 재기한 말라 왕조는 제3기에 해당되는 자야스티 말라(Jayasthiti Malla, 1382~1395)가 왕위에 올랐을 때 까트만두 왕국을 다시 결속하여 새로 법령을 제정하여 카스트제도도 부활시키는 등 말라 왕조의 새 기운을 불어넣었다. 그리고 그의 손자인 야크샤 말라(Yaksha malla, 1428~1482)가 바통을 이어 받아 네팔 역사상 가장 빛나는 황금기를 열었다.

그의 치세에 군사력은 분지를 벗어나 네팔 남부까지 뻗어나갔고, 수도 건설에 매진하여 지금도 박따뿌르에 남아 있는 가장 오래된 건물인 물촉(Mul Chok) 왕궁을 1455년에 완공하였다. 빠탄 중심부에도, 거의 오늘날의 배치도와 같이, 예술적인 건축물들이 즐비

---

10) 특히 7세기 당시 히말라야 남쪽에서 가장 유명하고 웅장한 카일라쉬쿠트 바하만(Kailashkut Bhawan)궁전을 건설했다는 것을 그의 무엇보다 앞서는 업적으로 꼽히는데, 뛰어난 건축적 역량과 공학적 기술로 만들어진 이 궁전은 까트만두 근교 하디가운(Hadigaun)이란 곳에 지었는데, 3개의 정원과 7층 구조로 이루어져서 동시에 3천명이 입궐할 수 있을 정도로 넓었고 내부는 돌로써 장식을 하였으며 수조를 이용한 정원을 구비한 아름다운 궁궐이었다고 한다.
이 궁전은 640년 이곳을 방문한, 당 나라의 사신 왕현책(王玄策: Wang Huen Che)에 의하여 궁전의 모형디자인이 그려져 당 조정에 보고되기도 할 정도로 유명하였다. 이 사실은 당시 당나라와 네팔의 사이가 매우 긴밀했다는 것을 입증하는 사례의 하나라고 볼 수 있다.

하게 자리를 잡았다. 그 외 외곽지대에는 바네빠(Banepa)와 파르핑(Pharping) 구역이 반쯤은 독립적으로 자리를 잡게 되었다.

이 당시 왕족들은 그들 개인적인 신앙으로 쉬바신의 배우자로서의 딸레쥬(Taleju Bhawani) 관습을 받아들여 왕국의 수호 여신으로 삼았다.[11] 또한 그의 통치기간 중에 사회와 도시는 잘 정비되고, 종교적 축제가 도입되고, 문학, 음악, 예술은 고무되었다. 이 황금기의 까트만두 유역엔 풍요가 흘러넘쳤으며, 오늘날 볼 수 있는 훌륭한 건축물 대다수가 이 시절에 설립된 것들이다.

그러나 그의 사후 아들들에 의해 왕국은 3개의 공국-깐띠뿌르 Kantipur=Kathmandu), 바드가온(Bhadgaon=Bhaktapur), 라릿뿌 (Lalitpur=Pathan)으로 분리되었다. 그러나 다시 계속된 재해와 심각한 지진으로 수천 명이 사망하고 연이은 서북쪽의 이민족의 침략을 받고 1311년엔 빠탄이 파괴되면서 말라 왕조는 중앙집권제로서의 통제력을 잃어가며 빠르게 분열되기 시작하여 전국은 약 46개의 군소 왕국이 난립하는 시기를 맞게 되었다.

---

11) 이때 '꾸마리 데비(Kumari Devi)'제도도 생겼다. 꾸마리는 두르가 여신의 어릴 때 이름으로 그녀는 로드쉬바의 부인이며 파괴의 여신 네팔식 화신 딸레쥬 바와니 (Talleju Bhawani)의 화신이다.

5. 샤흐(Shah) 왕조

(1)

말라 왕조 말기 온 나라가 분열에 분열을 거듭하고 있을 때에 서부 고르카(Gorkha, 또는 Gurkha) 지방에서 뿌리를 내리고 살던 한 고르카 왕이 중앙무대인 까트만두 분지를 정복할 야심을 품고 그간 단련시켰던 병사들에게 출정할 것을 명령하였다.

고르카 왕조의 역사는 드라브야 사흐(Dravya Shah)가 마가르(Magars)족의 거주 지방에 고르카 왕국을 설립한 시기인 1559년으로 되돌아간다. 이 시기에 까트만두계곡은 말라 왕조가 통치하고 있었지만, 17~18세기 초까지 고르카부족은 시시때때로 주변의 나라들을 먹어가면서 세력을 키워나갔다.

어릴 때부터 꿈을 키워 온 프리티비 나라연 샤흐가 고르카의 9대 왕에 오르자 그는 1769년 마침내 정복자의 길을 내디뎠다. 그리고는 일사천리로 까트만두 분지를 공격 포위하였다. 이에 이미 쇠잔한 상태에 있는 말라 왕조의 중심지인 3왕국은 두 손을 들어 항복을 하고 말았다. 이에 나라얀은 고르카 본국 외에 분지의 중심지인 까트만두에 새로운 왕국, 즉 샤흐(Shah) 왕조, 일명 고르카 왕조(Gorkha Dynasty)를 설립하였다.

그로부터 사흐 왕조는 최후의 왕인 제12대 갸넨드라(Gyanendra)[12] 가 2008년 퇴위할 때까지 네팔을 통치하였다.

---

12) 2008년 4월 10일, 새로운 헌법 제정을 위한 총선을 실시하여 선출된 제헌의회는 그해 5월 28일 마침내 240년간 이어 내려온 샤흐 왕조의 군주제를 폐지하고 만주연방공화제로 정치체제를 바꾸었다.

국수주의자인 나라얀은 왕국을 보호하고 교역에 유리한 위치를 확보하기 위해 힘을 기울이면서 외국인이나 선교사들이 네팔에 들어오지 못하도록 폐쇄정책을 실시하였다. 또한 용맹한 고르카의 무적 군대는 까트만두를 점령한 다음에도 계속 세력을 확장하여 티베트계의 민족이 세운 북부의 무스탕(Musthang), 시킴(Sikhim), 부탄(Buthan) 및 남부의 드넓은 평야지대인 떠라이(Terai)까지 공격하여 점령하였다.

이에 재미를 들인 고르카 군대는 히말라야를 넘어 티베트까지 넘보려고 출병을 하였으나 아쉽게나 막강한 청나라 팔기군(八旗軍)에게 쓴 맛을 보고서 5년마다 조공을 바치는 조건으로 슬그머니 대륙에의 꿈을 접고 물러나게 되었다.

19세기 초 네팔은 무역협약을 체결한 동인도회사와 갈등의 수위가 높아지다가 1814년 부투왈(Butawal)에서 발생한 영국경찰과의 무력충돌로 인해 '앵글로-네팔전쟁'이 벌어졌는데, 당시 네팔은 전략적으로 우세하였음에도 불구하고 패배하였고, 이에 '수가울리 조약(Treaty of Sugauli)'을 체결하였다. 이에 네팔은 시킴(Sikkim)과 떠라이(Terai) 지역을 다시 잃어버렸다. 그러나 떠라이 지역만은 1857년 인도 반란사건 진압의 협력 대가로 다시 돌려받아 현재에 이르렀으나, 가끔 인도와의 갈등이 벌어질 때마다 화약고 노릇을 하고 있다.

샤흐 왕조의 말기인 19세기 중반에 정 바하두르 라나(J. B. Rana) 장군은 쿠데타를 일으켜 '샤흐' 돌림자의 국왕을 꼭두각시로 만들고 라나 가문에서 104년 동안 실질적으로 세습통치를 하고 있는 상황이 계속되었다.

　네팔의 근·현대사는 국왕이 사는 궁전으로부터가 아니라 '라나'라는 군벌 가문으로부터 시작된다. 이 가문이 쿠데타로 집권한 세력이니만치 정상적인 정치가 집안이 아니라는 것은 우선 짐작될 것이다. 쿠데타의 주역은 정 바하두르 라나(Jung B. K. Rana)라는 인물이다. 그는 네팔 서부 출신으로 야심찬 젊은 체트리(Chhetri)인데, 군부 내에 일부 세력을 규합하여 1846년 9월 15일 쿠데타를 일으켜서 샤흐 왕조의 정권을 탈취하고는 자신이 스스로 수상직에 올랐다.

　그리고 자신의 직함을 군주급의 마하라자(Maharajah)로 추켜올렸다. 그것도 대대손손의 세습직이니 봉건제 국왕과 별 다름이 없는 막강한 직함이 아닐 수 없다. 그리고는 명색뿐인 샤흐 왕조의 국왕을 허수아비로 만들어놓고 막강한 권력을 휘둘렀다.

　그들은 외교적으로 네팔의 독립을 유지하기 위해 영국과 손을 잡고 비밀리에 타협점을 모색하여 1차로 1860년 네팔 내의 내정문제에 대한 보장을 영국으로부터 얻어내는 협정을 체결하였다. 그리고 제1차 세계대전 후인 1923년 다시 2차로 새로운 조약[Treaty of Friendship]을 체결해 완전한 독립을 보장 받았다.

　그러나 1948년 영국군이 인도에서 철수하자, 그들은 잠시 혼란에 빠졌지만, 결국 인도와 나란히 네팔의 독립을 얻어내고 주권을 지키는 성과를 얻는 제3차 협정을 영국으로부터 얻어냈다.

　라나 장군은 쿠데타에 성공하고 나서 영국을 제외한 외국에 대하여는 봉쇄령을 내렸으나 정작 자신은 1850년 유럽으로 산업시찰을 떠나서 느낀 바가 있었던지 유럽풍의 건축양식을 네팔로 들여와서 까트만두 곳곳에 그대로 재현해놓았다. 이방인들이 시내 곳곳에서 볼 수 있는, 특히 고색창연한 목조건물들이 즐비하게 들어서 있는 두르바르 광장 한가운데 서있는 하얀 유럽풍 건물이 바로 네팔의 영구적인 수상인 라나 장군의 모방작품들이다.

또한 라나 정권은 지독한 힌두이즘 우월주의자로써 1854년에 '물루끼 아인(Muluki Ain)'법을 만들어서 네팔에 있는 모든 사람들을 카스트제도에 따라 분류를 하였다. 이 법에서는 토착민과 타종교인들을 각각의 민족 또는 직업에 따라 바이샤, 수드라, 달릿의 계급으로 나눴는데, 대부분의 토착민들은 중인 계급인 바이샤로 분류를 하게 되고, 소수종교인 이슬람과 외국인들은 천민 계급인 수드라에 넣는다. 그러니까 현제의 네팔사회에 뿌리 깊이 박힌 외국인에 대한 차별정책이 이때부터 시행되었다고 보인다.

라나 정권에 대한 긍정적인 평가도 많다. 그 중 하나가 사띠(Sati) 혹은 숫띠(Suttee)라는 악명 높은 제도를 폐지한 것이다. 바로 남편이 먼저 죽으면 미망인 아내를 함께 화장시키는 힌두의 악습이니 당연히 고쳐야 할 '0순위' 제도이나, 그동안 역대 왕조들은 힌두의 그늘 뒤에서 침묵으로 일관하면서 시간만 끌어왔던 차에 라나 장군이 칼을 들어 악습을 과감히 잘라버린 것이다.

라나 정권의 다음 업적은 까트만두에 근대식 학교들을 설립하여 서구식 교육체계를 잡은 것도 긍정적인 평가를 받는다. 자고로 역대 위정자들은 민초들이 많이 배워서 똑똑해지는 것을 좋아하지 않았다. 마음대로 부려먹기 어려워질 테니까…. 그러나 라나 정권은 그것을 해낸 것이지만, '물루끼 아인'이란 악법을 만들어 카스트제도를 더욱 고착화시켜 역사를 후퇴시키기도 한 국수주의적 정권에서 벗어나지는 못하였다.

6. 왕정제도의 폐지와 의회민주주의 정착

(1)

이 무렵 전 세계는 격동기에 들어 있었다. 2차 대전 후 인도는 독립을 얻었고, 중국에서는 혁명이 일어나 청나라가 넘어갔고 새로운 사회주의 정부는 국민당 정부를 대만으로 쫓아내고 대륙의 주인이 되면서 용도가 없는 수백만의 인민군 병사를 일부는 조선반도로 또 일부는 티베트고원으로 밀어 넣었다.

이에 달라이 라마가 인도로 망명길에 오르자 수만 명의 티베트 난민들이 죽기 살기로 히말라야를 넘어 네팔로 들어왔다. 그렇게 되면서 네팔은 자연스럽게 아시아 두 강대국 간에 낀 완충지대가 되었다.

이러한 상황이 나라 안으로 점차로 퍼져나가자 라나 가문 내에서도 위기감을 느끼면서 내분이 생기고, 체제를 자유화하자는 쪽과 오히려 통제를 더욱 강력해져야 한다는 쪽으로 의견이 나누어졌다.

1950년 그런 배경으로 인도의 여당의 지원 아래 인도에서 민족주의 운동을 통해 훈련을 받은 네팔인들이 주축이 되어 '네팔의회당(Nepali Congress Party: NCP)'[13]을 만들어 그를 중심으로 1951년에 라나 체제를 무너뜨리는 데 성공했다. 한편 100여 년 동안 궁궐에서 갇혀 허수아비 노릇만 하던 트리부반(Tribuban) 국왕도 암암리

---

13) 네팔의 민주화를 주도하고 국왕 독재 시대에는 지하 활동을 해 왔으며, 1990년의 민주화 이후 자주 정권을 담당해 온 유력 정당 중 하나이다. 2013년 11월 19일에 제헌 의회 선거에서 196석을 획득하여 제1당으로 올라섰다. 이 선거를 이어 2014년 2월 10일 수실 코이랄라 당수가 총리에 취임하여 네팔 공산당(통합 마르크스-레닌주의)과의 연립 정권이 발족했다. 그 후 이 정당은 오늘 날까지 네팔의 여당의 주축으로 활동하고 있다.

에 측근세력을 모아 라나 가문을 몰아낼 기회를 엿보고 있었기에 두 진영은 의기투합하여 민주주의 이행을 약속하는 조건으로 트리부반을 국왕으로 추대하였다. 라나 가문으로서는 또 다른 의미의 역쿠데타를 당한 셈이었다.

1955년 트리부반 왕에 이어 새로 국왕에 오른 샤흐 왕조 제9대 마헨드라(Mahendra B. B. S. D)는 1959년 서구식 의회민주주의제도를 도입하는 헌법을 제정하고 총선거를 통해 내각을 출범시킴으로써 네팔은 표면상 국왕과 민선정부가 권력을 공유하는 입헌군주제로 전환되었다.

그러나 마헨드라왕은 갑자기 마음이 바뀌었는지 1960년 12월 민주주의는 네팔과는 어울리지 않는 외래사상체제로 간주하고 이를 배제하면서 기존의 방식대로 국왕에 의한 직접통치를 선언하였다. 동시에 헌법을 정지시키고 내각과 의회를 해산하였다. 뿐만 아니라 '네팔의회당(NC)'를 비롯한 모든 정당을 불법화하고, 독재에 대한 불평과 비판을 범죄 행위로 간주하는 등 언론출판의 자유도 완전히 억압하였다. 그리고 나서 국왕은 자신이 직접 수상과 내각을 구성하고 의회의 기능을 대신하는 '국가의회(National Panchayat)'를 신설하였다. 이 빤차야트 의회는 직접선거로 선출된 112명과 국왕이 임명하는 28명으로 구성되었다. 이 의회의 소집과 폐회 그리고 감독의 권한은 국왕에게 있었기 때문에 의회는 단지 명목상의 기구로 전락하였다. 말하자면 국왕이 의전상의 역할에서 벗어나 실질적 봉건주의 통치시절로 복귀하게 된 것이다. 이른바 1세기 동안 허수아비 노릇을 했던 샤흐 왕조의 권토중래(捲土重來)였다.

1972년 마헨드라왕의 서거에 의해 해외 유학파[14] 출신의 황태자 비렌드라(Birendra B. B. S. D.)가 왕위를 이어받았다. 비렌드라는 경제개발정책을 실시하고 선왕이 만든 '국가의회'는 그대로 유지하면서 나름대로 개혁에 착수하였으나 그러나 그의 노력이 모두 실패로 돌아가면서 1970년대 후반에는 위기를 맞이하게 되었다. 결국 1980년 5월, 비렌드라왕은 위기를 모면하기 위하여 의원직선제를 도입하고 '네팔의회당(NC)'을 비롯한 정당의 활동을 어느 정도 허용하는 정치제도 자유화라는 유화책을 제시하여 위기를 넘길 수 있었다. 그렇게 1990년 초반까지 30년 동안 네팔은 소강상태에 들어가 다시 절대봉건 왕정시대가 복귀한 것처럼 대부분의 왕족들과 귀족들은 다시 상당한 영향력과 부를 축척해 나갈 수 있었다. 떠도는 소문에 의하면 당시 외국원조의 상당 부분이 왕실과 내각의 개인계좌로 들어 갔다고도 하니 민초들의 삶이야 "이런들 어떠하고 저런들 어떠하리"였다.

(3)

그리하여 수백 년 이어 내려온 봉건주의 왕정과 라나 가문의 폭정 그리고 다시 시작된 왕정 아래서 개개인의 인권이 존중되는 세상을 위해서 투쟁해 왔던 일부 네팔인들은 잠깐이나마 맛 본 "까트만두의 봄"으로 비유되는, 그런 자유와 자존과 주권 등의 추억을 기억하며 지하로 숨어 들어가서 다시 시작된 왕정시대를 견디어낼 수밖에

---

14) 비렌드라의 학력은 호화롭다. 황태자 시절 영국의 이튼칼레지를 졸업하고 미국의 하버드와 일본의 도쿄대학에서 수학한 학구파이다.

다른 방법이 없었다.

왜냐하면 아직도 대부분의 우매한 민초들에게 국왕은 바로 비슈누(Vishnu)의 화신이요, 아바타라(Avatara)였으니까…. 또한 네팔의 민초들을 수백 년 동안 도탄에 빠트러 놓고도 호의호식에 떵떵거리며 사는 왕족들의 이름에는 아직도 데바(Deva)라는 호칭이 떠받들이 따라 다니고 있는 것을 당연시하고 있으니까….

정말 그들 왕족들이 가난한[15] 고빨(Gopal), 즉 목동들의 수호신인 비슈누의 화신들이었을까? 하는 화두는 결국 후대 역사가 판단할 문제일 것이다.

그렇게 다시 시작된 왕정치하에서 30년이 흘러간 후 1990년이 되자, 민주주의를 위한 시민운동이 시작되기에 충분한 동기와 혈기가 모아졌다. 이에 일부 정치가들 이외에도 수많은 시민들이 거리로 쏟아져 나와 절대왕정에 대항하여 민주주의를 요구하는 대열에 합류하였다. 이 과정에서 사망자가 속출하자 시위는 더욱 격렬해졌다. 결국 1990년 비렌드라(Birendra)왕은 민주화 세력들의 뜻을 받아들여 절대왕정을 포기하고 "왕은 군림하지만 통치하지는 않는 입헌군주제"를 도입하기로 하고 동년 11월에 입헌군주제와 양원제 그리고 복수정당제를 기반으로 하는 신헌법을 제정하겠다고 하였다.

---

15) 제9대 마헨드라 왕은 절대왕정 독재를 통해 네팔의 근대화를 이룩하겠다는 생각으로 의회를 해산하고 다당제를 금지하고 국왕이 모든 것을 관장하는 방식으로 통치를 하다가 거센 민주주의 세력의 반발을 불렀다. 민주주의를 요구하는 거센 시위가 끊이지 않았고 과격한 마오이스트들은 산간 지역을 점거하고 무장투쟁을 벌이는 등 나라는 극도의 혼란에 빠졌다.
이런 상황에서 비렌드라는 즉위하자마자 교육 정책에 관심을 쏟기 시작했고, 국민들을 위해 이곳저곳을 시찰하면서 문제점을 해결하려는 노력을 보였다. 그래서 지금도 비렌드라에 대한 평이 아주 좋은 편이다. 아버지가 남기고간 혼란과 숙제를 어느 정도 잘 풀어내기도 했지만, 1979년 까트만두에서 거센 민주화 시위가 일어나자 이듬해인 1980년 비렌드라는 네팔의 통치체제에 대해서 국민투표를 시행한다는 결단을 내리고 입헌군주제로 나가기로 한다.

1994년 11월, 조기 총선에서 '네팔공산당(UCPN)'이 '네팔의회당(NC)'을 누르긴 했으나 역시 과반수를 확보하지 못해 연합내각을 구성해야 했다. 완전한 성공은 아니어도 그 자체가 먼 길을 돌아서 힘들게 얻은 결과물이었다. 이는 한국에서 시작된 6월 항쟁의 여파가 동아시아 여러 나라로 뻗어나가 네팔까지 도달한 민주화 열풍도 많은 자극이 되었을 것이다.

그러나 '네팔공산당(UCPN)'은 소수 내각의 한계점을 타개하기 위해 과반수 의석 확보에 열을 올렸고, 이처럼 과열된 의석 확보 경쟁은 정치적인 혼돈의 시발점이 되었다. 더구나 1996년에 들어서면서, 새 정부의 불만을 품은 일부 마오이스트(Maoist: 毛黨)들의 이른바 '인민전쟁'이 폭발하면서 정계와 사회 전반에 큰 불안을 증폭시켰다.

(4)

이즈음 엄청난 전대미문의 비극이 네팔 왕궁에서 벌어졌다.

2001년 6월 1일 오후 9시경 국왕 비렌드라는 왕실에서 개최하는 연회장에 참석하였다. 여기에는 아이슈와라 왕비, 슈르티 공주, 나라잔 왕자 등 왕실 고위 인사가 참석했고, 분위기는 평소처럼 화기애애했다. 디펜드라 왕태자 또한 이 연회에 참석했으나, 그냥 술만 마시고 아무 얘기를 하지 않았다. 그러다가 왕비가 나가서 좀 쉬라고 타일렀고, 아들 디펜드라는 그냥 조용히 나갔다. 그리고 잠시 후 디펜드라는 총을 들고 들어와 별안간 천장을 향해 총을 쏘고 나서 아버지 비렌드라 국왕을 쏜 다음 주변에 있던 왕족들을 향해 총을 난사했다. 그 상태에서 디펜드라는 고모 2명과 여동생 슈르티 공주와 숙부 디렌드라를 난사해 죽였다. 그리고 나서 어머니 아이슈와라 왕비와 어린 동생 나라잔 왕자를 마저 쏘고는 괴성을 지르더니 그 자리에서 자살을 기도했다. 그러나 디펜드라는 즉시 죽지 않고 혼수상태에 빠졌다가 3일 후에 결국 사망하였다.

이에 남은 왕족이라고는 국왕의 아우인 갸렌드라(Gyarendra)뿐이었다. 이에 갸렌드라가 샤흐 왕조의 12대 왕으로 추대되었다.

그러나 권력이란 게 무엇인지 그는 시대의 흐름을 읽지 못하고 미련하게도 절대 권력에 대한 향수에서 벗어나지 못하고 줄초상 국장(國葬)을 끝내기도 전에 또다시 권력을 장악하는 수순을 밟아 나가는 좌충수를 두기 시작했다.

그러자 마오이스트들의 폭동은 더욱 과격해졌고, 따라서 정부가 9년 동안 9번이나 바뀌는 통에 사회 전반은 극심한 혼돈이 지속되었다. 그러다가 마침내 민주화 세력이 집결하여 마지막 결전을 벌리기로 하면서, 2006년 4월 까트만두에서 시작된 '번다(파업)투쟁'은 거리항쟁으로 이어졌고, 이에 갸렌드라 국왕은 19일 동안 야간통행금지 조치로 맞섰으나, 대부분의 정당까지 마오이스트에게 힘을 합치는 바람에 결국 갸넨드라 왕도 시대의 흐름을 거역할 수 없다는 것을 깨달았는지 백기를 들고 의회를 정상화시킨다는 성명을 발표하기에 이르렀다.

이에 네팔 과도정부와 마오이스트는 지난 10여 년간 1만 2,800명이 사망하고, 10만 명 이상의 실종자를 발생시킨 '인민전쟁'에 종지부를 찍는 평화협정(CPA)을 체결하였고, 이로써 마오이스트 측은 반군의 은거지에서 세상으로 나와 공식적으로 정치에 참여하는 기회를 얻게 되었다.

그리하여 2008년 4월 10일, 새로운 헌법제정을 위한 총선을 실시하여 선출된 제헌의회는 그 해 5월 28일 마침내 240년간 이어 내려온 샤흐 왕조의 군주제를 철폐하는 안을 가결하고, 다음으로 네팔의 정치체제를 '민주연방공화국'으로 하는 안건을 가결하였다. 그렇게 되어 오늘날의 네팔은 국가의 수반으로서 대통령, 정부의 수반으로서 총리가 있는, 보통 민주주의국가로 새로 탄생하게 되었다.

위에서 간략히 살펴본 대로 네팔의 근·현대사는 민주주의적 경험이 전혀 없는 상태의 나라에서, 또한 오랫동안 봉건주의 왕권정치에 물든 나라에서, 짧은 시간에 바람직한 민주주의로 나아가는 것이 얼마나 어려운가를 여실히 보여주고 있다.

일반 민초들과 많은 정당들의 압도적 지지로 민주연방공화국으로 새로 출범은 했으나, 아직 갈 길 먼 민주화운동은 여전히 상반되는 이익계층 간, 정당과 정파들 사이에 대립과 갈등을 넘어서지 못하는 양상을 보이고 있다. 이 때문에 옛 정권들이 소수 기득권층의 이익을 위해 외면했던 강력한 경제·사회 정책의 도입과 시행이 너무 늦어지고 있는 상태이다.

그간의 필자의 경험으로 네팔은 가난한 나라가 아니다. 단지 남아도는 자산을 활용하지 못해서 가난하게 보일 뿐이지 결코 가난할 수가 없는 나라이다. 정치가 안정되고 방향키만 잘 잡는다면 빠르게 행복의 나라로 순항할 수 있는 나라라고 믿어 의심치 않는다.

그럼에도 불구하고 2018년 현재 네팔은 아직도 불안과 혼란의 요소들이 많은 것은 사실이다. 한 해에 한 번씩 내각이 바뀌는 정치적 혼란을 비롯하여 극심한 관료들의 부패, 갈수록 심해지는 빈부격차, 많은 부족들 간의 심화되는 갈등, 아직도 남아 있는 신분제도, 방향키와 견인차 없는 경제발전과 교육제도 인도계 주민들이 대다수인 곡창지대 떠라이(Terai)의 자치권 요구 등등 정말 산처럼 쌓여 있는 난제들을 헤치고 네팔이란 좀 엉뚱한 데가 많은 나라가 자신들이 추구하는 '비스따레[천천히] 처세관'을 구현하면서 행복의 나라를 향해 돛을 달고 떠나갈 수 있을지? 온 세계는 주목하고 있다.

7. 용맹스런 용병, 고르카스(Gorkhas)

(1)

네팔의 마지막 왕조인 샤흐(Shah) 왕조의 본거지이고 고르카 용병의 고향으로 널리 알려진 고르카(Gorkha)시로 가는 길은 그리 어렵지 않았다. 까트만두 쪽에서 가자면 버스터미널(New Bus park)이나 까트만두 동남방 외곽의 중간 경유지 깔랑기(Kalangki)에서 직행을 타거나, 아니면 우선 자주 다니는 뽀카라행을 타고 아브 카이레니(Abu Khaireni)라는 경유지에서 내리면 된다. 그리고 갈림길에서 고르카로 가는 버스를 타면 된다. 물론 뽀카라 쪽에서 가자면 직행버스를 타고 반대로 가면 될 것이다.

이 조그만 도시가 세계적으로 유명세를 타는 이유는 두 가지이다. 이미 서두에서 말한 대로 그 하나는 샤흐 왕조의 본고향이라는 것이고, 또 다른 하나는 용감한 고르카 용병의 고향이기 때문이다.

하나 더 꼽자면, 소원을 잘 들어주기로 이름 높은 마나카마나(Manakhamana) 사원[16]도 네팔리들에겐 꽤나 유명한 순례지이다. 이 사원은 여신 바그와띠(Bagwati)를 모신 곳이다. 이곳은 고르카에 들어가기 전에 참배하는 것이 좋다. 그러나 나오다 들릴 생각이라면 시간 안배를 잘해야 한다. 무릇 나그네는 해 떨어지기 전에 그

---

16) The Manakamana Temple (Nepali: मनकमन मनदर) situated in the Gorkha district of Nepal is the sacred place of the Hindu Goddess Bhagwati, an incarnation of Parvati. [1] The name Manakamana originates from two words, "mana" meaning heart and "kamana" meaning wish. Venerated since the 17th century, it is believed that Goddess Manakamana grants the wishes of all those who make the pilgrimage to her shrine to worship her.

샤흐왕조와 고르카스 용병의 고향인 고르카 시가지 바자르의 광경

날 잠자리를 확보하는 것이 좋다. 그러기 위해서는 일찍 움직이고 일찍 잠자리에 들어야 한다. 소원을 빌러 사원으로 가기 위해서는 까트만두-뽀카라 국도변에서 긴 케이불카로강을 건너 올라가기 때문에 관광객들이 꽤나 붐벼서 고생스럽지만, 종착지에 도착해서 내려다보면 그만한 고생에 대한 보상을 받고도 남을 만큼 절경이다.

우선 힘들게 올라온 김에, 나도 간단한 뿌쟈(Juja) 접시나 하나 마련하여 바그와띠 여신에게 올려야겠는데, 그나저나 무슨 소원을 빌어야 하나?

역사적으로 '고르카' 또는 '고르칼리(Gorkhali)'라는 말은 넓게는 네팔인을, 좁게는 고르카 지방에 사는 사람을 일컫는 말로 쓰였으나 그 유래를 소급해 올라가면 역시 힌두적인 전설에 닿아 있다. 원래 '고르카'라는 이름은 중세 힌두의 전사이자 성인인 고라크나트(Goraknath)[17]라는 요기에서 비롯된 말이라고 한다. 시내 한가운데

---

17) Gorakhnath was an influential founder of the Nath Hindu monastic movement in India. [4] He is considered as one of the two notable disciples of Matsyendranath. His followers are found in India's Himalayan states, the western and central states and the Gangetic plains as well as in Nepal. These followers are called yogis, Gorakhnathi, Darshani or Kanphata.

고르카 지방의
마나까마나 사원 전경

그의 사당이 있으니 참배해보는 것도 좋다.

다음은 고르카를 발판삼아 네팔을 수세기 통치한 샤흐 왕조로
이야기로 돌려보자. 고르카 왕조의 역사는 드라브야 샤흐(Dravya
Shah)가 고르카에 조그만 왕국을 설립한 시기인 1559년으로 되돌
아간다. 이 시기에 까트만두계곡은 말라 왕조가 통치하고 있었지만,
17~18세기 초까지 고르카 부족은 시시때때로 주변의 나라들을 야
금야금 먹어가면서 세력을 키워나갔다.

말라 왕조 말기에 정국이 혼란스러울 때인 1769년 오랫동안 때를
기다리던 고르카의 9대 왕 프리티비 나라얀 샤(Prithivi Narayan
Shah, 1723~1775)는 출정의 나팔을 힘차게 불었다. 차례차례 주변
의 군소 왕국들을 무너뜨리고는 칼날을 말라 왕조의 거점인 까트만
두 분지를 겨누었다. 그러나 이미 노쇠한 말라 왕국은 변변한 저항
한 번 제대로 못해보고 백기를 들었다. 이에 나라얀은 본국 고르카
가 아닌 까트만두 분지에다 새로운 왕조를 세웠다. "새 술은 새 포대"
라는 식이었다.

이 왕조가 샤흐(Shah) 일명 고르카(Gorkha Dynasty) 왕조인데,
현대의 이르러 마지막 왕인 갸넨드라(Gyanendra)가 2008년 폐위

될 때까지 240년간을 네팔을 통치하였다. 이때 네팔의 영토는 지금과 같은 규모로 늘어났는데, 모두 용감한 고르카 군대의 공이었다. 그들은 네팔 전국을 통일한 다음에도 계속 세력을 확장시켜 나갔다.

고르카라는 곳을 전 세계에 부각시킨 영웅 프리티비 나라얀은 고르카 두바르(Dubar)에서 태어났다고 한다. 그래서인지 도처에 본고장 출신의 영웅인 나라얀의 동상을 비롯하여 그의 이름이 들어간 간판이 즐비하다.

(2)

고르카스 또는 구르카스(Gurkhas) 출신 용병 중에서 빅토리아 무공훈장 수훈자는 총 12명으로 알려져 있다. 모두 혁혁한 무공을 자랑하는 일당백의 용감한 전사들인데, 이 중 2명은 비록 고르카스 연대 소속이긴 했지만, 고르카족은 아니고 다른 부대에 있다가 보직 이동으로 온 영국 장교들이다. 그러나 용맹함은 고르카랑 비교해도 전혀 쳐지지 않았다는 이유로 용감하게 전사한 후에 추서 받았다고 한다.

고르카스 용병은 전 세계 최강의 용병부대로 손꼽히는 부대다. '고르카스 용병'이란 이 고르카 부족에서 선발된 용병대란 뜻을 담고 있으며, 이 부족은 2백여 년 전부터 '백병전의 1인자'라 불리며 1차, 2차 세계대전을 비롯해 각종 현대 국지전에서도 선봉에 서고 있는 용병들이다.

이들이 유명해진 것은 과거 1814~1816년까지 벌어졌던 영국과 네팔 간의 전쟁 당시 때부터였다. 당시 최신예무기를 믿고 진격했던 영국군은 '쿠크리(Khukri)'라 불리는 단검 하나를 들고 영국군 부대를 전멸시키는 전사들을 보고 큰 감명을 받아 이때부터 이들을 용병으로 채용하기로 작전을 변경하였다. 이후 영국의 식민지 쟁탈전의 최선봉에는 언제나 고르카스 용병대가 있었다.

그들은 세계 최고의 고산지대에서 살아가는 덕에 일반인이라면 정신도 못 차릴 고지대에서도 뛰어다닐 만큼 심폐량이 높으며, 그에 따라 신체능력도 당연히 뛰어나다. 그들은 선천적으로 호전성, 공격성, 용감함, 충성심, 자존심, 신체적 힘과 탄력을 갖춰 오랜 기간 불굴의 의지와 전투력으로 싸울 수 있는 기질이 있다고 알려져 있다.

이 부대는 전통적으로는 네팔 산간지방 사람들로 이루어져 있는데 처음에는 체트리족, 모가르족, 구룽족 들이 원조 고르카스였다. 그래서 초창기에는 바훈, 셰르파, 따망 부족들은 입대가 허용되지 않았다. 그러나 오늘날의 고르카스는 모든 네팔의 부족들로 구성되어 있다. 기존의 구룽, 모가르, 체트리 외에도 라이, 림부, 세르빠, 따망, 네와리 등도 속해 있다.

이들은 18세기 초 대영제국의 동인도회사에 맞서 싸우다가 오히려 영국 여왕에게 충성을 바치는 전사로 변신하였고, 현재는 누구든 돈만 준다면 어디 가서라도 싸울 수 있는 글자 그대로의 직업적인 용병이 되었다. 그런 배경에는 '고르카족 전사의 용맹성과 더불어 좋은 품성'에 감동 먹어 동인도회사와 네팔 간에 평화조약을 체결할 때 고르카족이 동인도회사 군대에 자원입대할 수 있도록 조치를 한 후로 가능해졌다. 그 한 예가 당시 영국군은 고르카스의 용맹함을 두려워하면서도 영국군에게 점심 먹을 시간이나 티타임(Break Times)에는 전투를 중지할 것을 통지하는 등의 그들의 매너에 감탄했다는 것이다.

또한 그들이 머리가 날아간 상태에서도 영국군을 향해 계속 칼을 휘둘렀다든지, 총알이 빗발치는 가운데 쿠크리 하나를 들고 적진을 누비고 다녔다는 이야기라든가, 전쟁 막바지에는 휴식시간에 영국군이나 고르카스가 서로 상대편의 부상자를 치료해주는 훈훈한 장면도 목격되기도 해서 이러한 양면의 면모로 해서, 비록 고르카스가 적이지만, 이미지가 나쁘지 않았기에 영국군의 필요에 따라 이들을

고르카마을의 무게중심을
이루는 두바르(Dubar)광장

영국군의 일원으로 받아들이는데 거부감이 없었다고 당시 기록들은
술회하고 있다.

말하자면 전통의 영국군에 '고르카스 연대'가 신설된 순간이다. 그
리하여 1947년 인도대륙이 영국으로부터 독립할 때 3자 합의로 고
르카스 연대는 영국과 인도 양쪽으로 나누어졌다. 이런 저런 계기로
말미암아 네팔은 고르카스 용병 덕분에 인도처럼 식민지가 되지 않
고 영국의 가장 오래된 아시아 동맹국이 된 것이다.

1803년 이래 네팔의 샤흐 왕조의 고르카 정부는 인도의 국경지대
를 노골적으로 침범하여 도발을 감행했다. 특히 인도 북부의 영국령
촌락을 약 200개나 병합하고 갠지즈강(江) 상류까지 침략할 기미를
보였다. 영국의 인도총독 민트 경(卿)은 이 지역은 영국에 귀속시켜
야 한다고 주장하였으나 네팔은 계속 권리를 주장하여 양도하지 않
았으므로, 새로 부임한 총독 모이라 경이 비상수단으로 현지에 경찰
서를 설치하고 강경한 태도로 임하였다.

당연히 고르카 측이 가만 있지 않고 1814년에 부투왈(Butawal)경
찰서를 습격하여 18명의 경찰관을 살해함으로써 영국과의 전쟁을
야기시켰다. 영국도 이에 선전포고를 하고 군대를 4개 부대로 편성하
여 네팔로 진격시켰다. 히말라야산맥의 험난한 지세를 이용한 고르

고르카 부대의 행진

카군은 험준한 성새(城塞)를 중심으로 완강히 저항함으로써 영국
군은 초전에 고전하였으나, 사트레지(Satlej)강 방면으로 진격한 사
령관 D. 옥털로니의 분전으로 요새를 차례로 격파하고 고르카군의
최후 거점인 마룬요새를 격파함으로써 전쟁을 승리로 이끌었다.

　패배를 인정한 샤흐정권은 영국과 '수가울리조약(Treaty of Sugauli)'
을 체결하고 그간 점령하였던 시킴과 떠라이 지역을 영국에게 반환
하였다. 그러나 비록 전쟁에서는 졌지만, 고르카스의 용맹함만은 영
국이 뼈저리게 느꼈던 모양인지 그 후 이들을 영국군의 일원으로 전
세계를 누비고 다니게 하였다. 이들을 용감한 전사로 재삼 인정해주
는 결정적 계기는 세포이 인도 용병대들의 반란을 진압할 때와 영
국-아프간과의 전쟁 때였다. 아프간과의 1차 전쟁(1839~1842) 당시

인도계를 주축으로 한 영국군이 전멸되다시피 한 경험을 교훈삼아 1878년에 벌어진 2차 전쟁에서는 산악전의 고수인 고르카스를 대거 파병하여 아프간의 수도를 점령할 수 있었다.

그리하여 제1차 세계대전에서는 20만이 넘는 고르카병이 참전하여 용맹을 떨쳤는데, 이들은 목숨을 아끼지 않고 많은 전설을 만들어 내었다. 물론 그들도 4만에 이르는 전사자를 내기는 했지만, 하여간 고르카스의 용맹성은 확고한 자리를 잡게 되었다. 고르카스의 이름을 다시 세계적으로 알린 건 역시 제2차 세계대전 때였다. 제1차 대전이나 영국-아프간 전쟁과는 다르게 제2차 세계대전에서는 신문취재에 의한 홍보나 선전이 유행했기에 고르카스가 아프리카에서는 독일 국방군을 상대로, 동남아시아에서는 일본군을 상대로 전투를 하여 혁혁한 전공을 세우는 것이 실시간으로 전 세계로 실황 중계되다시피하였기 때문이다.

그래서 전설 같은 이야기들이 떠돌게 되었다. 예를 들면 르포취재 형식으로, 독일 아프리카 군단 장병들의 증언을 따는 식으로, 고르카스가 밤마다 독일군의 진지를 기습해서 독일장병들의 목이나 귀를 베어갔다든가, 실제로 이들의 전과를 의심하는 영국 육군장교 앞에 적군에게서 따온(?) 귀를 한 바구니 보여주었다든가, 일본 육군은 정글전에 능해서 영국군이 정글에서 싸우기를 꺼려했는데, 고르카스가 오히려 정글을 누비며 일본군을 예의 그 구부러진 정글도 같은 꾸크리(Kukhuri) 칼로 사냥하고 다녔다는 식으로 선전하여 그들을 공포의 존재로 각인시키는 공보전을 펼친 결과였다.

(3)

이 고르카 용병이 되기 위해서는 몇 차례에 걸친 살인적인 선발 시험을 통과해야 한다. 영국군은 한 해 대략 200~300명의 대원을 선발하는데, 매년 응시자는 1만 5천~2만 명 정도이니 경쟁률이 1%도 안 되는 정말 어려운 시험이다. 특히 기초 체력테스트를 위해 25kg정도의 돌을 채운 대바구니를 등에 매고 머리에다 끈을 두르고 머리 힘으로 지탱하며 달리는 일명 '도르꼬 레이스(Dorko)'는 거의 살인적인 훈련인데, 가파른 산길 6km를 30분 이내에 달려야 기초체력 합격권에 든다고 한다. 네팔 청소년들에게 고르카 용병이 되는 것은 그들의 최고의 로망이기에 그들은 어릴 때부터 돌을 짊어지고 산길을 달리는 훈련을 한다.

그 외 필기시험도 만만치 않다. 그래서 이 용병시험을 위한 사설 학원들까지 생겨날 정도인데, 현재 까트만두에만 20여 개 학원이 성업 중이다. 왜냐하면 영어, 수학, 면접 등 다양한 준비를 해야 하기 때문인데, 이런 학원은 은퇴한 전직 고르카스 출신들이 운영하며 영국군의 선발전형에 맞춘 커리큘럼으로 교육을 한다. 이런 어려운 시험들을 모두 통과한 용병 후보생들은 영국 여왕에 대한 충성서약을 하고, 다음해 영국 본토로 가서 8개월 동안 정규군 훈련을 받고 대망의 꾸크리(Kukri) 정글도를 허리에 차고 부임지로 떠난다.

현 네팔의 일인당 국민소득은 4백 달러 근처이니 네팔에서 큰돈을 버는 것은 불가능하다. 그렇기에 오직 맨 몸 하나로 높은 연봉과 은퇴 후 연금 그리고 명예와 밝은 미래가 보장되는 고르카스 용병은 '꿈의 직업'이다. 오늘날 이들 고르카스가 전 세계에서 벌어들이는 외화는 네팔의 주요한 소득원으로 한 나라 전체가 벌어들이는 관광수입을 앞지를 정도로 비중이 크다.

물론 요즘은 영국에서 세계를 상대로 벌리고 있는 국지전이 많이 줄어든 만큼 고르카스 부대의 용도도 쇠퇴하고 있는 실정이다. 그러나 다른 나라에선 여전히 그 군사적 전투능력이나 전문 경비능력이 필요하기에 기꺼이 적지 않은 돈을 지불하면서 그들을 고용한다.

그 한 예로서 싱가포르 같은 경우이다. 올 초여름 남·북한이 동시에 세계 매스컴의 스폿을 한몸에 받은 사건이 있었다. 바로 김정일 위원장과 미국의 대통령이 싱가포르에서 정상회담을 했을 때이다. 그때 경호를 맡은 팀이 바로 싱가포르 경찰 소속의 고르카스 용병들이어서 한동안 화젯거리가 된 적이 있었다. 싱가포르 경찰도 영국 육군에 모병을 위탁하여 2천여 명 정도의 고르카스 부대를 편성하고 있다. 싱가포르의 고르카스도 영국군보다는 급여가 좀 낮긴 하지만, 네팔 기준으로는 아주 높은 편이라 인기가 많다.

또한 인도 육군도 자체적으로 고르카스를 모병하여 10만 명 규모의 고르카 부대를 편성하고 있다. 이쪽은 영국이나 싱가포르에 비해 연봉이 상대적으로 낮아서 경쟁률도 낮다. 고르카스 지망생들은 영국군 선발에 불합격하면 싱가포르, 다시 인도 등으로 밀려가며 도전하기 마련이다. 1990년대 후반 파키스탄과의 국경분쟁에 투입되어 파키스탄 산악부대와 맞장을 뜬 것으로 알려졌다.

이제까지는 네팔적 시각으로 보아서 용병제도의 긍정적인 면만 이야기했지만, 실은 이 용병제도가 존폐위기에 몰려 있다는 점도 이야기하지 않으면 안 될 것 같다.

과거 고르카스 용병의 장점은 싼 값에 뛰어나고 충성스러운 전사를 확보할 수 있다는 점이었는데, 국제 인권단체들의 노력으로 이제는 영국군과 거의 동등한 급료와 연금을 받고 있다고 한다. 더구나 현대 전쟁이라는 것이 단추 하나로 해결되는 상황이니만치 정글도나 휘두르면서 백병전을 벌리는 싸움은 물 건너간 지 이미 너무 오래라는 인식이 팽배해져 가는 추세라는 점도 영국 내에서 용병제 폐지론이 점차 거세지고 있는 배경이다.

2015년은 고르카스 용병 2백주년이다. 이제 그들 고르카스는 어떻게 될 것인가?

8. 또 다른 역사의 축(軸), '달릿(Dalit)' 카스트

(1)

네팔의 마지막 봉건 왕조인 샤흐(Shah) 왕조[18]의 말기에 쿠데타를 일으켜 정권을 탈취하여 100여 년간이나 전횡한 라나(Rana)[19]정부는 심각한 힌두이즘 우월주의자들이었다. 그래서인지 1854년 '물루끼 아인(Muluki Ain)'이란 조항을 만들어서 네팔에 있는 모든 사람들을 힌두교의 카스트[20]제도에 따라 분류를 하였다. 이 법에서는 토착민과 타종교인들을 각각의 민족 또는 직업에 따라 하층민으로 취급하여 바이샤, 수드라, 달릿 계급으로 분류를 하였다. 이에 대부분의 원주민들은 바이샤로 분류를 하고, 이슬람과 외국인들은 천민 계급인 수드라에 편입시켰다. 말하자면 현제의 네팔사회에 뿌리 깊이 박힌 카스트제도의 고착화에 이은 외국인에 대한 차별정책의 서막이었다.

물론 네팔에 카스트제도가 존재하기 시작한 것은 중세 리차비(Lichhavi, 400~750) 왕조 때부터였다. 리차비족은 원래 네팔 원주

---

18) 말라 왕조 말기 온 나라가 분열을 거듭하여 혼란스러울 때 서부 고르카(Gorkha) 지방에 뿌리를 내리고 살던 부족들이 1769년 까트만두 계곡으로 밀려 들어와 이미 쇠잔한 말라 왕조를 무너뜨리고 자신의 이름을 딴 샤흐(Shah) 왕조, 일명 고르카 왕조(Gorkha Dynasty)를 설립하여 최후의 왕인 제12대 갸넨드라(Gyanendra)가 2008년 퇴위할 때까지 네팔을 통치하였다.

19) 서부의 야심찬 젊은 체트리(Chhetri)로 군부 내에 일부 세력을 규합하여 1846년 9월 15일 쿠데타를 일으켜서 사흐 왕조의 정권을 탈취하고는 자신이 스스로 수상직에 올랐다. 그리고 자신의 직함을 세습제 마하라자(Maharajah)로 추켜올려 100여 년 동안 샤흐 왕조의 국왕을 허수아비로 만들어 놓고 막강한 권력을 휘둘렀다.

20) '카스트'라는 용어는 15세기 중반에 인종, 가문, 종족을 뜻하는 포르투갈어 '카스따(Casta)'에서 유래되었고 '동족결혼, 세습, 특수한 생활방식에 의해 특정되는 작은 그룹'을 뜻했다. 그러나 이 제도는 오히려 인도에서, 힌두교에 의해 꽃을 피우게 되었으니.

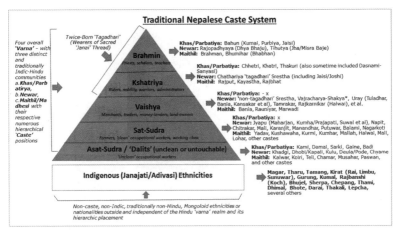

Traditional Nepalese Caste System

Four overall 'Varna' - with three distinct and traditionally Indic-Hindu communities a.**Khas/Parbatiya**, b.**Newar**, c.**Maithil/Madhesi** with their respective numerous hierarchical 'Caste' positions

Twice-Born 'Tagadhari' (Wearers of Sacred 'Janai' Thread)

Brahmin
Priests, scholars, teachers

Kshatriya
Rulers, nobility, warriors, administrators

Vaishya
Merchants, traders, money-lenders, land-owners

Sat-Sudra
Farmers, 'clean' occupational workers, working class

Asat-Sudra / 'Dalits' (unclean or untouchable)
'Unclean' occupational workers

Indigenous (Janajati/Adivasi) Ethnicities

Khas/Parbatiya: Bahun (Kumai, Purbiya, Jaisi)
Newar: Rajopadhyaya (Dhya BhaJu), Thutya (Jha/Misra Baje)
Maithil: Brahman, Bhumihar (Bhabhan)

Khas/Parbatiya: Chhetri, Khatri, Thakuri (also sometime included Dasnami-Sanyasi)
Newar: Chathariya 'tagadhari' Srestha (including Jaisi/Joshi)
Maithil: Rajput, Kayastha, Rajbhat

Khas/Parbatiya: - x
Newar: 'non-tagadhari' Srestha, Vajracharya-Shakya*, Uray (Tuladhar, Bania, Kansakar et al.), Tamrakar, Rajkarnikar (Halwai), et al.
Maithil: Bania, Rauniyar, Marwadi

Khas/Parbatiya: x
Newar: Jyapu (Maharjan, Kumha/Prajapati, Suwal et al), Napit, Chitrakar, Mali, Karanjit, Manandhar, Putuwar, Balami, Nagarkoti
Maithil: Yadav, Kushawaha, Kurmi, Kumhar, Mallah, Halwai, Mali, Lohar, other castes

Khas/Parbatiya: Kami, Damai, Sarki, Gaine, Badi
Newar: Khadgi, Dhobi/Kapali, Kulu, Deula/Pode, Chyame
Maithil: Kalwar, Koiri, Teli, Chamar, Musahar, Paswan, and other castes

Magar, Tharu, Tamang, Kirat (Rai, Limbu, Sunuwar), Gurung, Kumal, Rajbanshi (Koch), Bhujel, Sherpa, Chepang, Thami, Dhimal, Bhote, Darai, Thakali, Lepcha, several others

Non-caste, non-Indic, traditionally non-Hindu, Mongoloid ethnicities or nationalities outside and independent of the Hindu 'varna' realm and its hierarchic placement

아직도 여전한 네팔사회의 카스트제도의 분포도

민이 아니고 멀리 인도 바이샬리(Vaisalia)[21]에서 이주한 부족들로 서 까트만두 분지를 점령하고는 힌두적인 왕국을 건설하였다.

리차비족의 고향, 바이샬리는 불자들이나 사회학에 관심 있는 분들에게는 아주 친근한 곳이다. 왜냐하면 사캬모니 붓다가 재세 시에 오래 머물렀던, 그리고 가장 사랑하였던 마을이었다. 더욱이 붓다께서 열반에 드셨을 때 다비식이라든가 하는 뒤처리를 도맡아한 부족이 바로 리차비족이었다. 그런데 그들이 고향에서 홀연히 사라졌다가 까트만두 분지까지 올라와 원주민을 피지배 계급으로 하는 왕조를 세웠다. 그리고는 인도대륙의 문화를 네팔 현지에 맞게 현지화시켜 나갔는데, 아마 그런 상황에서 카스트제도가 네팔에 뿌리를 내리게 되었던 것으로 보인다. 우선 그들은 네팔 전체를 3개 지역—곡창지대이며 평야를 뜻하는 '떠라이(Terai)'와 산간 지역인 '빠하드

---

21) 당시 중인도의 정세는 속칭 '고대 16국'이라는 병립체제가 무너지면서 강력한 중앙 집권제도를 확립한 강대국으로 흡수되어 가던 혼란기였는데, 이때 바이샬리는 마가다(Maghda)왕국에게 병합되었다. 그래서 일단의 유민들은 300년 경 고향을 떠나 까트만두 분지로 대거 이주하기 시작하였다.

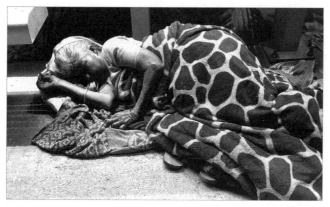
인구의 20%를 차지하고 있는 불가촉천민들의 문제는 네팔의 큰 문제거리이다.

(Pahad)' 그리고 고산지대인 '히말(Himal)'—로 나누고 다시 종교와
민족에 따라 카스트를 세분화시켜 나갔다.

초기 네팔의 카스트는 인도 본토의 그것과는 조금은 다르게 4개의
계급이 아니라, 상·하층민을 각각 2계급으로 나누었다. '물을 마음대
로 마실 수 있다'라는 뜻을 가진 '따가다리(Tagadhari)'와 하층민으
로는 떨어지지 않는 '마뜨왈리(Matwali)'라는 상층 계급과, 그들과
물을 같이 마실 수 없지만 정화의식이 필요 없는 '빠니 나 찰네(Pani
Na chalne)'와 반드시 정화의식을 해야 하는 불가촉천민인 '아추뜨
(Acchut)'로 나눴다. 딴 것도 아니고 물을 마시는 권리를 가지고 사람
을 차별했다니 지금 우리의 사고방식으로는 이해가 되지를 않지만,
하여간 당시는 그것은 통치자의 의중을 읽고서 앞장서서 완장을 찬
종교지도자들의 합작품이었던 셈이었다.

'따가다리'는 상위 계급으로 바훈(브라만), 타꾸리, 체뜨리(끄샤뜨
리아)를 포함하고 '마뜨왈리'는 티베트버마계(Tibeto-Burman)와
토착민족 인도 유럽(Indo-European) 민족들이다. 이른바 '물도 못
마시는' 계급에는 현재까지 이른바 3D직업으로 분류되는 일부 직업
을 가진 혈통에 속하는 불가촉천민들이 소속되어 있다. 여기 카스트

의 실체를 예리하게 지적해낸 구절이 있기에 이를 옮겨놓는다.

"카스트의 본질은 인간을 원천적으로 '생각하는 자=영혼이 있는 자'
와 단순히 '일만 하는 자=영혼이 없는 자'로 구분하고 있다는 점이다. 따
라서 카스트체계하에서 진정한 인간으로서의 가치를 지니는 존재는 영
혼을 가진 브라만 등 상층 계급에 국한된다. 하층 계급은 영혼이 없는 존
재로 여긴다."

널리 알려진 대로 원래 카스트제도는 아리안족이 인더스강을 건너
인도대륙으로 이주하면서 본래 그곳에 뿌리를 내리고 살던 여러 민
족들—니그로이드족, 문다족, 드라비다족—을 정복하면서 몇 가지
계급을 만들어 이들을 지배하기 쉽게 하였다. 물론 브라만 계급과 끄
샤뜨리아 계급들이 자기 밥그릇을 먼저 챙기기 위한 이유였을 것이
다. 이 중 맨 아래가 '수드라(Sudra)'인데, 다시 농업에 종사하는 계급
'정(淨) 수드라'와 토지소유권을 인정하지 않고 노동을 천직으로 하
는 직공노동자들인 '부정(不淨) 수드라'로 나누었다.
그렇다고 이 4계급만 만든 것이 아니다. 다시 '찬달라(Candala)'
가 있다. 힌두이즘의 '전가의 보도(傳家寶刀)'인 『마누법전』에 의하
면, "원주민 땅을 정복하면 우선 그곳에서 카스트제도를 확립하고,
정복한 원주민들을 찬달라로 삼아야 한다."라고 기록되어 있다고 한
다. 이들 중에 한 계급이 바로 만져서는 안 된다는 '불가촉천민'으로
서 같이 물을 마시거나 음식을 같이 먹으면 안 된다는 대상들이다.
그런데 실제로 인도와 네팔에서 보면 이놈의 카스트제도가 생각
이상으로 훨씬 복잡다단하다. 우리가 알고 있는 카스트는 다분히 피
부색깔과 연관이 있는 '바루나(Varṇa)'22)를 중심으로 한 것이고, 이

---

22) 바르나라는 말의 뜻은 원래 피부색에 의한 구분으로 보기도 한다. 살갗이 흰 아리

복잡하기 그지 없는 재래식 시장

와는 또 다른 '자띠(Jati)'[23]라는 관습이 이중삼중으로 카스트와 섞여 있기 때문에 한참을 설명을 들어도 헷갈리기 십상이다. 이를 말해주듯이 네팔에서는 카스트란 말 대신에 '자띠' 또는 '잣'이라는 말이 '계급'의 의미로 흔히 쓰이고 있다. 원래의 말뜻은 '태어난' 또는 '존재하게 된'이라고 하는데, 출생의 의해 신분이 결정되는 또 다른 카

아인과 살갗이 검은 고대 토착 인도인의 차별에서 카스트제도가 시작되었다는 대목으로 일반적으로는 계급이란 의미로 쓰인다. 각 4계급은 태고인(puruṣa)의 입·팔·넓적다리·발 등에서 창조된 이야기이다.

23) 출생에 의해 신분이 결정되는 것을 의미한다. 자티는 바르나의 변이로서 부차적인 지위로 인식되고 있다. 자티는 인도철학에서 일반적인 특징을 공유하는 사람들의 집단을 가리키는 개념으로 쓰이고, 사회학적으로는 힌두사회의 카스트 집단을 지칭하기도 한다.

날로 심해가는 교통체증과 공기공해

스트의 종류로 해석해도 좋을 것이다.

　또 하나 네팔에서의 카스트는 우리가 아는 브라만이나 끄샤뜨리
아로 부르는 게 아니라 '바훈'과 '체트리'란 용어를 쓴다. 참, 원래 원
주민들은 카스트에 속해 있지 않다. '물루끼 아인'의 배려 덕분이다.
단 네팔의 메이저 민족인 네와리족은 바훈에서부터 달릿에 이르기
까지 모든 카스트가 존재한다.

　이 카스트는 세습되는 것이기에 스스로 사는 환경과 직업을 바꿀
수는 없다. 물론 사랑에 눈이 멀어 계급이 다른 남녀가 결혼하는 경
우도 종종 생기기는 하지만, 그들의 자식들은 부모 중의 낮은 계급으
로 떨어져 많은 불이익을 받는다. 그래서 결혼은 대부분 같은 카스
트 안에서 이루어지는데, 힌두이즘에서의 결혼이란 남녀가 한평생
을 같이 살아야 한다는 서약이지만, 죽어서까지도 같이 가야 한다는

의미도 포함되어 있다. 그래서 신랑과 신부의 옷자락 끝을 잡아매고 일곱 걸음을 걷는데, 이것은 죽어서 내세에까지 같이 간다는 것을 상징한다고 한다.

(2)

다시 네팔의 이 '물루끼 아인'의 폐단 쪽으로 돌아가서 이야기를 이어가 보자. 정말 말도 안 되는 이 악법은, 단순히 모든 사람을 카스트로 분류만 해서 줄을 세운 것이 아니라 이들의 생활양식을 상세히 규정하였다. 그래서 이를 어길 경우에는 무거운 처벌이 가해졌다. 특히 부정(impurity)한 것과 불가촉(untachability)에 초점을 맞추어서 차별을 제도화시켰다.

이 법은 그 후 샤흐 왕조의 묵인 내지 부추김으로 100년 이상이나 지속되다가 1963년에 와서야 철폐되었고, 한편 세계 여러 나라 인권단체들이 벌떼처럼 덤벼들어 개선을 요청한 탓으로 드디어 최근 2011년에는 "카스트에 따른 인간차별은 범죄행위"라고 규정하는 법률적 후속 조치가 내려지기는 하였다. 그렇지만 사람들의 생각이나 사회적 관습이 법을 만들었다고 해서 하루아침에 바뀔 수는 없다. 특히 산악 지역이 많은 네팔에서는 천여 년 동안을 무엇보다 존중해 온 카스트에 대한 인식이나 실제적인 차별은 쉽게 사라지지 않고 있다.

이 대목에서 가장 심각한 사회적 이슈는 교육적 차별로 모아진다. 이 카스트로 인해 달릿은 네팔에서 인간의 기본권리 중 하나인 배울 권리를 제대로 누리지 못하고 있다. 이런 전근대적인 악습이 개선되기 위해서는 평등한 교육이 우선 선행되어야 한다는 인식이 확산되면서 최근에는 네팔 정부도 카스트 계급과 관계없이 교육적 불평등을 해소하기 위해 초등교육 보편화정책 시행, 초등학교 무상화 등 많은 노력을 기울이고 있다. 그러나 카스트제도의 후유증이 여전히 망령처럼 발목을 붙잡고 있어서인지 진도가 잘 나가지 않는다.

네팔 문교 당국은 달릿 카스트의 문맹률과 취학률 증가와 중도 탈락률을 낮추기 위해서 벌써 10번째로 5개년 계획(2002~2007)을 추진하여 달릿의 경제적, 교육적, 사회적 지위 향상을 추진하고 있으며 지역 자원을 활용하는 고용기회를 늘리면서 달릿들의 삶의 질을 높이고자 노력하여 '모두를 위한 교육(EFA)'이라는 세계 공통적인 목표에 도달하기 위해 달릿 장학금(Dalit Scholarship)과 같은 장학프로그램을 운영하는 등의 노력을 기울이고 있지만, 장학금이 전체 교육비용에 대비하여 너무나 작은 금액에 불과하여 결국엔 찢어지게 가난한 부모들의 주머니를 터는 수밖에 없기에 경제적 빈곤층인 하층 계급의 가난한 아이들은 학교 근처에도 갈 수가 없는 그런 악순환은 당분간 더 계속될 것 같아 보인다.

전국각지로 가는 버스터미널

2015년 지진으로 무너지기 전의 까트만두의 랜드마크였던 순다라탑

최근 2011년 실시한 네팔인구조사에 따르면 네팔 인구의 약 20%가 달릿 카스트로 집계되었다고 한다. 그런데 이들의 평균 수명이 40대 초반이라고 한다. 얼마나 삶의 무게가 무거우면, 요즘 같은 100세 시대에 고작 절반도 못살고 가야 하는 것인지….

이런 수치는 네팔의 평균 수명인 60대 후반에 훨씬 못 미치고, 그리고 글자를 익힌 달릿은 겨우 10%대로 역시 네팔 전체는 50%대에 훨씬 못 미친다. 물론 이 중에서도 여성들의 상황이 더욱 열악한 것은 강조하지 않아도 뻔한 일이다.

물론 카스트제도는 순기능도 많기에 수천 년 존속해 내려왔을 것이다. 아마도 힌두사회를 구성하는 각종 집단들과 그 구성원을 전문화시켜 총체적으로 하나의 유기적 사회를 효율적으로 구성하였을 것이다. 그러나 한편으로는 인간사회를 각 카스트 계층 간으로 고착화시켜 인간으로서의 기본적인 평등성을 심각하게 훼손하였다는 지탄을 받고 있는 것도 사실이다.

네팔의 문화에 익숙하지 않은 이방인으로서는 이 카스트제도는 무엇보다 이해하기 어려운 부분이다. 그런데도 보통의 네팔 사람들은 성만 들어도 그 카스트를 바로 알 수 있다고 한다. 심한 경우에는 얼굴만으로도 대략의 카스트를 짐작할 수 있다고 한다. 예를 들면 직업적인 특성에 따른 분류로도 카스트를 알 수 있다고 한다. 재단사(tailor)는 이름에 '다마이(Damai)'가 들어가고 구두장이(cobbler)는 '사르끼(Sarki)'가, 대장장이(Blacksmith)는 '까미(Kami)'가, 금세공인(Goldsmiths)은 '수나르(Sunar)'가 들어간다는 식이다.

무너진 뒤의 순다라탑의 잔해

(4)

원래 '물루끼 아인'에 의하면 외국인은 천민으로 취급받아야 한다. 그러나 요즘은 네팔에서 외국인을 천민으로 대하지는 않는다. 기본적으로 이 법이 만들어질 당시 네팔에 알려진 외국인이라고는 영국인이 대부분이었을 것이나, 그나마도 그 숫자가 매주 적어 카스트에서도 의미가 없었을 것이고, 또 지금의 네팔은 자본주의 국가로 전환된 지 오래여서 카스트와 상관없이 외국인은 환영하는 상황으로 변했다. 물론 돈이 있어 보이는 외국인일 때만 그렇다.

마하트마 간디는 일찍이 "달릿을 날개 없는 천사"[24]라고 불렀다. 그러나 대부분의 네팔 사람들은 자신들이 달릿 카스트에 속하지 않은 것을 고마워하면서, 겉으로는 깨인 척 이성적인 척하면서도 다른 한편으로는 여전히 같은 나라의 국민이며, 또한 이웃들인 달릿들은 "물이나 차나 음식을 같이 먹어서는 안 되는 사람들" 더구나 "절대 만지면 안 되는 사람들"이라고 인식하고 있다.

언제쯤이나 이들 날개 없는 천사들, 그들 자신들도 그렇지만, 다른 카스트에 속한 보통 네팔인들 머리 속에 뿌리 깊게 박혀 있는 '당연히 차별해도 좋다'란 인식이 변할 때가 올 것인가?

---

24) 간디가 지칭한 계급은 정확하게는 '하리쟌'이었지만, 50보 100보인 셈이어서 비유를 그렇게 들었다.

제3부

축제들의 나라

Country of Festivals

1. 축제장으로 들어가기에 앞서서
2. 새해맞이 축제들
3. 힌두교의 축제들
4. 불교 축제들
5. 가족 축제들
6. 교육관련 축제들
7. 농경문화 축제들
8. 페미닌 축제들
9. 목욕 축제들
10. 뽀카라의 축제들

제3부
축제들의 나라

1. 축제장으로 들어가기에 앞서서

(1)

'자트라'란 축제라는 뜻의 네팔어이다. 그러니까 '자트라의 나라'란 네팔을 상징하는 가장 대표적인 수식어이다. 천의 얼굴을 가진 네팔이란 나라의 문을 열고 들어가 그들의 민낯을 보려면 가장 효과적인 방법은 바로 그들의 '축제의 마당'으로 직접 들어가보는 것이다. 대체로 축제란 그곳의 종교, 문화, 예술, 민속 등이 모두 뭉뚱그려져 있기 때문에 그 속으로 들어가면 한 자리에서 모든 것을 경험해 볼 수 있기 때문이다.

그래서 나는 네팔 달력을 걸어놓고 가능한 정보망을 총 동원하여 그럴듯한 축제를 알아내고는 타이밍을 맞추어 그 현장으로 부지런히 쫓아다녔다. 물론 몇몇 축제의 경우 힌두교인이 아니면 출입이 금지된 곳도 있었지만, 대체로 내 발길은 자유롭게 헤집고 다닐 수 있었다. 그렇게 3년이 지나면서 이제는 웬만한 축제들은 거의 섭렵하는 수준이 되었지만, 아직도 미진함이 남는 것은 그만큼 힌두이즘이란

네팔의 국화(國花)인 랄리구라스를
상징적으로 디자인 한 국가문양

네팔의 중심지인 까트만두 분지 지도

벽이 이방인에게는 두터울 수밖에 없을 것이라고 스스로를 위안을 삼기로 했다. 그 축제는 내년에도 변함없이 벌어질 것이기에….

네팔의 축제는 힌두력에 의해 택일이 되는데, 이 달력체계가 우리에겐 이제는 익숙하지 않은 태음력(太陰歷)에 기초한 것으로 이웃나라 인도에서 건너온 것이지만, 네팔력은 다시 인도와 차별화되게 다시 개편되었다. 바로 '비크람 에라(Bikram Era)'[1]라는 년호 때문이다. 올해 2018년은 네팔력으로는 2075년이다.

(2)

네팔에서는 '자트라(Jatra)' 또는 '바르사(Bharsa)'라는 말이 아주 자주 쓰인다. 넓게는 모든 축제를 총칭하는 이름이지만, 좁게는 그냥 축하파티 성격의 훼테(Fete)와 거리를 행진하는 카니발(Canival)을 포괄하는 네팔의 메이저 민족인 네와리족의 놀이문화를 말한다. 이

1) 비크람 삼바트(Bikram Sambat)라고도 쓰고 그 외에도 네와리족이 쓰는 네와리력(Newar Era C.)이나 샤카족이 쓰는 샤카력(Sakya Era C.)이나 티베트족이나 세르빠족이 쓰는 티베트력 등도 사용한다.

10월 축제철이 돌아오면 힌두신들이 좋아하는 말라꽃이 지천으로 피어난다.

자트라는 그냥 즐기고 먹고 마시고 노는 것에서 끝나는 것이 아니라, 그 배경에 종교적, 역사적, 농경적, 문화적, 계절적, 전설적 요소 등이 섞여 있기 때문에 한눈에 그 성격을 파악하기는 쉽지 않다. 그러니까 몇 번 정도 축제를 참가한 알량한 경험이 있는, 나 같은 이방인으로 서는 네팔의 놀이문화는 아직도 이해 불감당일 수밖에 없다.

한 실례를 들어보자. 네팔에서 가장 큰 축제는 뭐니 뭐니 해도 다샤 인(Dashain)을 꼽는 것에 이의를 달 사람은 없다. 물론 이 축제의 성 격은 "아무개 신이 악마를 무찌르고 승리했다"는 지극히 단순한 신 화를 주제로 한 일종의 축하파티이기에 종교적인 범주로 분류된다.

그러나 오랫동안 모든 공동체 구성원들이 노래와 춤 그리고 공연 등에 참여하기에 민속적인 요소도 강하다. 또한 계절적으로 추수감 사절을 겸하기에 농경적 요소도 포함되어 있다. 이렇게 대부분의 축

부자용 짜빠리접시에 가득담긴 제사음식

구룽족의 중요한 통과의례(Samskara)의 하나인
기제사(祈祭祀)광경

나뭇잎으로 만든 제사용 접시 짜파라

제는 복합적인 캐릭터를 가지고 있기 마련이다. 이처럼 네팔의 자트
라는 오랜 세월 동안 전승되어 내려오면서 각각 특성화되고, 또한 풍
성해지면서 각 공동체의 구심점이 되어 네팔이란 나라를 하나로 묶
는 커다란 역할을 해 왔다.

　그런 면에서는 우리나라와 많이 비교가 된다. 이른바 현대화, 물질
화 과정에서 우리 것을 너무 많이 잃어버린 나라에서 온 이방인에게
는, 축제를 통한 다양한 민족들을 하나로 묶어주는 것이 있다는 것
이 그저 부러울 수밖에 없었다. 특히 어느 축제의 현장이라도 간단한
음악만 나오면 주객의 구분 없이 참여한 남녀노소가 모두 같이 일어
나 출 수 있는 '나라 춤'이 있다는 것은 더욱 그렇다. 네와리들은 걸음
마하기 전부터 할머니, 할아버지, 엄마, 아빠, 언니, 오빠, 누나가 함

네팔의 무게중심을 이루는 까트만두 중심 두르바르(Durbar) 광장. 축제에 참가하기 위해 모인 인파들

마을 소녀가 다리를
건너기 전에 기도를 하는
모습이 귀엽고 경건하다.

비레탄띠 마을의 여인들 축제에 모인 여인들

뽀카라 시내의 인드라축제 가장행렬

께 어울려 추는 속에서 자연스럽게 흉내를 내면서 성장하면서 가족
이나 혈족 그리고 마을 공동체의 크고 작은 축제 마당에 참여하여
자연스럽게 춤을 몸에 익힌다. 그리고 학교에 가서는 역시 남녀 친구
와 짝을 이루어 춤을 추면서 상황에 맞게 자기 나름대로의 안무를
한다. 때문에 누구에게나 춤은 그냥 '기본놀이'이다. 놀 줄 아는 문화
에서 생겨난 자연스런 현상인 것이다.

그러나 우리의 경우는 어떤가? 어려서부터 추어보지 않았기에 우
선 춤춘다는 자체가 쑥스럽고, 또 억지로 춘다고 해도, 세대별로 추
는 춤이 모두 다른, 바람직하지 현상으로 굳어져 버렸다. 심지어는 자
조적인 용어로 스스로 '막춤' 또는 '관광버스춤'이라고도 부른다. 물
론 요즘은 우리 것이 많이 대중화되어 가고는 있지만, 아직은 우리 춤
은 그냥 '무대용'이기에, 모든 사람들이 어울려 함께 놀 줄 아는, 풍토
가 부러울 수밖에 없다.

신년축제의 첫 테이프를 끊는 구룽족과 따망족의 합동 축제

(3)

　이렇게 '잘 노는 문화'가 정착하게 된 배경에는 우선 나라의 정책이
있다. 필자가 학교에 부임하였을 때, 방학 때도 아닌데 툭하면 학교
문을 닫는 것을 보고 궁금해서 물어보면 축제란다. 달력에 빨간 글씨
로 써 있는 중요한 국경일도 아닌데, 뭐 이상한 이름의 축제란다. 예
를 들면, '나가[뱀]', '까아그[까마귀]', '꾸꾸르[개]', '가이[소]' 같은

두르바르 광장에서의 축제광경

동물에서 '저나이[실]', '띠즈[눈물]', '요마리[음식]' 같은 것들이다.

　"좋다. 그건 너희들의 문화니까 그렇다 치고, 그래도 크게 중요하지 않은 축제는 아이들 수업을 계속하면서도 할 수 있지 않느냐?"라고 물어보면 대답은 한결같다. 옛날부터 축제 때는 선생들도 고향에

뽀카라 시내의 어느 결혼식에서의 악대들

가서 공동체 축제에 함께 참가해야 하기에 학교에 남아 있을 수가 없단다.

예를 들면 설날만도 9번씩이나 챙겨서 논다는 대목에서 나는 할 말을 잃었다. 내 부족의 설날은 당연히 놀아야 하고 이웃 부족의 설날도 함께 놀아주어야 예의라는 것이다. 그래서 나는 툭하면 외톨이가 되어 마치 집나간 주인을 기다리는 강아지처럼 텅 빈 운동장을 서성거렸다.

"우씨~ 무슨 놈의 나라가, 선생이란 사람들이, 맨날 지 노는 날 챙기느라고, 학생들을 공부시키지를 않고, 거의 1년의 반을 놀고 자빠졌나? 이러니까 지질히 가난하지…"면서 구시렁거리기 일쑤였다.

그러나 몇 년의 시간의 수레바퀴가 굴러가면서 내 인식도 점차로 바뀌게 되었고, 이제는 긍정적인 눈으로 이런 문화를 바라보게 되었다. '그들은 이런 놀이문화를 통해서 독특한 문화를 지켜내려 온 것

다샤인 축제를 맞아 사랑의 그림편지를 들고 온 드림팀 제자들

이 아니겠는가'라고….

그래서 현실에서의 불만과 스트레스를 날려 보내고 스트레스 없는 사회를 이룩한 것인지도 모르겠다. 뭐 좀 가난하면 어때? 행복하면 되는 것 아닌가?

이런 놀이문화의 정착에는 또 하나의 중요한 배경이 있다. 바로 힌두이즘이다. 앞에서 네팔은 '신이 아주 많다'고 규정한 바 있었다. 이를 역설적으로 풀이하면 네팔 사람들은 "놀기 위해서 신을 만들었다"라고도 할 수 있는 것이다. 사자성어로 풀이하면 '다다익선(多多益善)'이다. '신은 많을수록 좋다'라는 풍자이다.

왜냐하면 신한테는 뿌쟈(Puja: 祭祀)를 올려야 하는데, 신들의 숫자가 많아지니 따라서 뿌쟈도 많아지고, 그러자니 그냥 보통 것 말고 차별화된 이름과 성격의 특별한 뿌쟈성 축제가 필요하기에, 각 민족마다, 각 공동체마다 경쟁적으로 새로운 신과 기상천외한 발상의 축

⟨Land of Festival⟩ Sabita Pariyar-[Dashin Festival]_2017

제를 창안하게 된 것이 아닌가?

이때마다 공동체에 소속된 개개인은 너나 나나 모두 생업을 팽개치고 춤추고 노는 데 탐닉하게 되면서 자연스레 '노는 문화'가 만들어졌을 것이다. 놀아본 놈이 노는 방법을 안다는 말처럼, 이 나라는 함께 놀고 즐기는 대동축제를 통해서 하나로 뭉쳐서 굴러가게 된 것이다.

물론 지구촌에는 별별 축제도 많을 것이다. 그러나 네팔의 몇몇 축제는 그 규모나 독특한 면에서 한 마디로 상상을 초월한다. 한 예로 거리 퍼레이드 축제를 들어보자. 물론 다른 나라들도 모종의 거대한 수레를 만들어 수십 명에 올라타고 거리를 돌아다니는 카니발형 퍼레이드를 한다. 물론 그 속을 들여다보면 크고 튼튼한 차량 위에 기본구조물을 만든 다음 그 위에 축제에 필요한 치장을 하게 마련이다. 그리고 움직이는 것은 운전수 한 사람이 한다. 그러나 네팔은 지금도 옛날 방식대로 엄청난 나무수레를 수천수만 명이 덤벼들어 며칠 동안이나 끌고 다닌다. 한 마디로 어마무시한 장관이 아닐 수 없다.

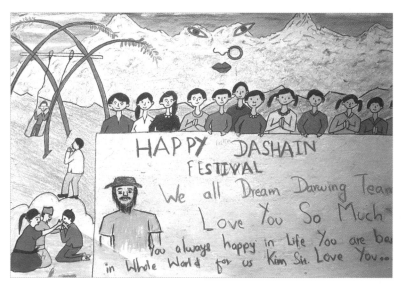

다샤인 축제 축하 합작그림

(4)

이렇게 툭하면 며칠간이나 노래와 춤을 빠져서 놀고 있는 네와리들을 보고 있노라면, 자연적으로 '호모루덴스(Homo Ludens)'란 용어가 떠오른다. 바로 '유희하는 인간'을 뜻하는 그 말이다. 인간의 정체성을 '놀이'라는 것으로 파악한 학설을 주창한 요한 후이징아(Johan Huizinga)[2]에 의해 처음 주장된 개념으로, 여기서 유희라는 말은 단순히 '논다'는 의미를 너머 정신적인 창조 활동까지를 가리킨다. 결국 이런 놀이를 통하여 인간들은 고차원적 경지의 문화를 이룩했다는 것이다. 네팔이 그런 나라 중 하나라는 것은 그저 나만의 생각일까?

---

[2] 네덜란드의 역사가, 철학자로 개성적인 문화사가(文化史家)로 꼽힌다. 역저에 『호모루덴스』(1938)가 있다.

서론이 너무 길어졌다. 자, 이제는 우리 독자들도 네팔의 축제 마당으로 들어갈 때가 되었다. 내가 집계한 바에 의하면 네팔의 크고 작은 축제는 무려 70여 개나 되지만, 우리의 흥미대상이 아닌 정치적이거나 국제 공통의 기념일 등은 빼고 종교적, 민속적, 문화적인 것만을 대상으로 삼았다.

그 수많은 축제들을 소개한답시고 그냥 숨차게 사전식으로 열거하는 것은 효과적인 방법이 아니다. 왜냐면 축제 이름과 신들의 이름이 중복될 수밖에 없기에 비록 독자들이 끈기 있게 읽어도, 그것이 그거 같고, 그놈이 그놈 같아서 혼란만 초래하여 끝내는 긴 하품 몇 번하고는 책을 덮을 게 뻔하다.

그래서 필자는 우선 몇몇 중요한 '메이저급 축제'는 따로 장(場: Chapter)을 마련하여 심도 있게 다루기로 하고 나머지는 건너뛰어도 무방하게 축제들을 분류해 놓았고, 따로 간략한 총 도표를 만들어 부록으로 붙였으니 독자 각자의 근기에 맞추어 소화하기 바란다.

말하자면, 가장 네와리적인 자트라인 '라또 마친드라나뜨'[3]장(場)과, '소들의 축제'인 '가이 자뜨라'장과, 환상적인 새해맞이 '비스켓(Bisket)'장을 읽고, 그 다음으로 네팔 최대, 최장의 축제인 '다샤인'장을 읽고, 마지막으로 놀이마당과는 조금 다른 차원의 교육과 학문에 관련된 축제인 '구루 뿌르니마(Guru Purnima)'[4]장을 읽는 것이 좋겠다는 말이다. 그렇게 기본 소양을 쌓으며 눈을 넓혀 나간 후에 다

---

3) 네팔력 정초에 열리는 기우제로써 '비의 신'에게 푸쟈를 올림으로써, 한해의 농사를 잘 되게 비는 축제로 고도 파탄 지역에서 주로 이루어진다. 이륜차 위에 바이라브신을 모시고, 하늘높이 장대를 꽂고 마을 주변을 돈다.

4) 네팔력으로 바이샤카의 다음 달인 아샤드(Ashad, Jun/July) 보름은 존경받는 구루의 대하여 존경을 표시하는 축제이다. 말하자면 '스승의 날'에 해당된다. 구루는 힌두교의 수행자 집단으로 신의 대리자로 인식되어 경배를 받는데, 산스크리트어로 구(Gu)는 '어둠'을, 루(Ru)는 '제거하다'를 뜻하기에 구루는 '어둠을 제거하여 주는 사람'을 의미한다. 물론 존경받는 선생도 구루라고 칭하기도 한다.

시 처음으로 들어와 정독을 해나가도 좋겠다고 뜻이다.

　그리고 자주 사용되는 중요한 용어들의 개념은 미리 파악해두는 것도 도움이 될 것이다. 앞에서 설명한 '자트라'와 '바르사'를 제외하고 '뿌르니마'가 들어가는 것은 보름달에 열리는 축제를 의미한다는 식이다. 그러니까 이 이름이 들어간 축제가 많다는 것은 중요한 축제들이 주로 달 밝은 보름날에 몰려 있다는 것을 말해주는 것이다.

　반면에 '아운시'는 깜깜한 그믐을 가리키고 '뜨리띠야'는 3일을, 차뚜르다시는 4일을, '빤차미'는 5일을, '삽따미'는 7일을, '아스따미'는 8일을, '나와미'는 9일을, '다샤미'는 10일, '뿌르니마'와 '뿐히'는 모두 15일을 가리킨다. 네팔의 월별 명칭은 그리 사용 빈도가 많지 않기에 각주5)로 돌린다.

　오랜 시간 적지 않은 고생 끝에 날짜 순서로 네팔의 모든 축제들을 개괄하는 각론 작업을 끝내고, 다음 장부터 차례로 싣기로 하는 것과 병행하여 이번 장에는 총론과 색인표에 해당되는 〈List of Nepal's festival 2018〉를 만들어서 부록으로 달았다.

　리스트의 순서는 태음력에 의한 네팔력을 기준으로 하였고 축제에 대한 개괄적인 소개에 이어 비중 있는 축제들은 따로 '눈송이 부호 (*)'를 부쳤다. 그리고 이방인들에게 상대적으로 관심이 없는, 국가기념일[Diwas] 같은 날은 고의로 제외하였음을 먼저 밝힌다.

　물론 표기된 축제 날짜 중의 일부는 오류 내지 오차가 있을 수도 있으니, 혹 직접 참관하러 네팔로 달려오시려는 독자들은 다시 한 번 확인을 하고 길을 떠나시면 좋겠다.

---

5) 1월-Baisakh(혹은 Besakha) 2-Jeth 3-Asar 4-Saun 5-Vadau 6-Asoj 7-Kartik 8-Mangsir 9-Push 10-Magh 11-Fagun 12-Chait

1일-Ekadasi(Pāru)　2일-Dwadsi(Dwitiyā)　3일-Tritiya　4일-Chatruthi　5일-Panchami 6일- Sasthi 7일-Saptami 8일-Asthami 9일-Nawami 10일-Dashami 15일-Punhi(Purnima)

〈List of Nepal's festival 2018〉

Nep Date	Festival Name	Nepali Month	Sol Date	Sol Month	Place
*1.01	Naya Barsha/ Nepal New year	Baisakh	4.14	Apr/Mar	All country
**1.01	Bisket Jatra/ Newari New year	Baisakh	4.14	Apr/Mar	Bhaktapur
1.05	Mata Tritha Snan/ Mother's day	Baisakh	4.18	Apr/Mar	All country
1.08	Changu Narayan Rath Jatra	Baisakh	4.21	Apr/Mar	Changu Narayan
1.08	Dumji	Baisakh	4.21	Apr/Mar	Kumbu Himalayan
**1.08	Rato Machindranath Jatra	Jesta	4.21	Apr/Mar	Patan/ Lalitpur
**2.29	Buddha Jayanti/ Buddha Purnima/B. Birthday	Jesta	4.30	May/June	All country
2.08	Sita Jayanti	Jesta	5.24	May/June	All country
2.14	Teechi	Jesta	5.30	May/June	Musthang
3.11	Shayani Ekadashi	Shrawan	7.23	June/July	Vaishnava sect
4.08	Gunla	Shrawan	7.24	July/Aug	Syambunath
*4.09	Guru Purnima/ Teasher's day	Shrawan	7.27	July/Aug	All country
4.23	Ghanta Karna Chatudasi	Shrawan	8.07	July/Aug	All country
5.02	Naag Panchami	Bhadra	8.15	Aug/Sep	All country Shiva sect
5.08	Bagh Jatra	Bhadra	8.21	Aug/Sep	Pokhara

5.12	Janai Purnima	Bhadra	8.26	Aug/Sep	All country
**5.13	Gai Jatra	Bhadra	8.27	Aug/Sep	Kathmandu & Bakthapur
5.13	Tamu Dhee	Bhadra	8.27	Aug/Sep	Pokhara
*5.19	Krishna Janmastami	Bhadra	9.02	Aug/Sep	All country
5.23	Gorkana Aunsi/ Father's day	Bhadra	9.06	Aug/Sep	Gorkana
*5.26	Teej /women's day	Bhadra	9.12	Aug/Sep	All country
*6.06	Indra Jatra	Bhadra	9.21	Aug/Sep	Kathmandu
*6.08	Kumari Jatra	Bhadra	9.23	Aug/Sep	Kathmandu
**6.21	Dashain/① – Ghatasthapana	Ashoj	10.09	Sep/Oct	All country
**6.28	② –Fulpati	Ashoj	10.15	Sep/Oct	All country
**6.29	③ –Maha Astami	Ashoj	10.16	Sep/Oct	All country
**6.30	④ –Maha Nawami	Ashoj	10.17	Sep/Oct	All country
**6.31	⑤ –Vijaya Dasami	Ashoj	10.18	Sep/Oct	All country
**7.01	⑥ –Purnima	Kartik	10.19	Oct/Nov	All country
**7.02	Dwadashi	Kartik	10.20	Oct/Nov	All country
**7.18	Tihar/① –Kag	Kartik	11.05	Oct/Nov	All country
**7.19	② –Kukur/Laxmi Puja	Kartik	11.06	Oct/Nov	All country
**7.20	③ –Gai	Kartik	11.07	Oct/Nov	All country
**7.21	④ –Guru/Bhai Tika	Kartik	11.08	Oct/Nov	All country
*7.28	Chhath	Kartik	11.14	Oct/Nov	Rani Pokhari
8.24	Sita Vivaha Panchami	Manshir	12.11	Nov/Dec	Janakpur

9.01	Mani Rimbu	Poush	12.17	Dec/Jan	Kumbu
*9.06	Yomari Punhi	Poush	12.22	Dec/Jan	Kathmandu
9.15	Tamu Losar/ Gurung P. New year	Poush	12.30	Jan/Feb	Gurung People
10.1	Maghi Maghe Sankranti	Magh	1.15	Jan/Feb	Bagmati near Patan
10.04	Sonam Lhosar/ Tamang P. New year	Magh	1.18	Jan/Feb	Tamang people
10.25	Saraswati puja	Magh	1.22	Jan/Feb	All country
11.01	Maha Shiva Ratri	Fagun	2.13	Feb/Mar	All country
*11.04	Gyalpo Losar/ Tibetan P. New Year	Fagun	2.16	Mar/Apr	Serpa P. & Tibeatan P.
*12.05	Holi Festival/ Fagun Purnima	Fagun	3.02	Mar/Apr	All country & Terai
12.07	Nala Machindranath Rath/Chovar Machindranath Rath	Fagun	3.04	Mar/Apr	Nala & Chovar
12.20	Ghode Jatra	Chaitra	3.17	Mar/Apr	Kathmandu
12.28	Chaite Dashain	Chaitra	3.24	Mar/Apr	All country

2. 새해맞이 축제들

1) 네와리족의 새해맞이 '나야 바르샤(Naya(Naba) Barsha)

(1)

우선 '나야(바) 바르샤'라는 말이 네와리(Newari)어로 '새해맞이 축제'라는 것을 먼저 밝히고 들어가야지 될 만큼 네팔의 새해맞이는 민족마다 날짜가 다르고, 이름 또한 다르고, 축제의 성격 또한 다르다. 그러니까 그 많은 새해맞이 행사들 중 '나야 바르샤'는 단지 네팔의 메이저 민족인 네와리만의 새해맞이 이름이라는 것을 잊으면 바로 헷갈림이 오게 된다.

언제부터인지는 몰라도 태양력이 지구촌 대부분에서 널리 사용되고 있다는 사실은 굳이 강조하지 않아도 될 것이다. 그래서 새해맞이 행사도 태양력으로 1월 1일부터 며칠 정도 치르는 게 지구촌 공통의 대세이지만, 그렇다고 전 세계가 다 그런 것은 아니다. 일부 국가들은 자기들만의 달력체계에 따라 따로 새해맞이 행사를 치르기도 한다. 이런 경우를 '이중과세(二重過歲)'라 부르는데, 아직도 태음력을 무시하지 못하고 있는 우리나라와 같은 동양권의 몇몇 나라가 그런 케이스에 속한다.

네팔의 공식 달력은 비크람 에라(Bikram Era) 또는 비크람 삼바트(Bikram Sambat)라고 부른다. 그리고 신년 초하루는 '나와 바르샤(Nawabarsha)'라고 부르면서 네와리들의 가정에서는 맛있는 음식을 준비하여 자기가 믿는 신들에게 뿌쟈(Puja)를 올리며 구성원의 행운과 가족 전체의 화목을 기원한다.

네팔력으로 올해(2018년)는 2075년이고 1월은 바이샤카(Baisakh) 달이고 그 첫날이 바로 '나야 바르샤'이다. 이를 태양력으로 환산하면 4월(April) 14일이 된다. 그러나 내년의 설날은 태양력으로는 아직 모른다. 새로 계산을 해보아야 하기 때문이다. 그러니까 네와리의 설날축제는 양력으로 치면 매년 다른 날이 되는 것이다. 그러니까 이 방인들은 헷갈리기 마련이다.

그러나 문제는 여기서 끝나는 게 아니라는 데 있다. 태양력으로 올해 4월 14일은 분명히 네팔의 공식달력이나 네팔의 메이저 민족인 네와리(Newari)들에게는 새해 첫날인 설날이지만, 그 외 많은 네팔 내의 소수민족들은 따로 자기네의 달력에 의해서 각 민족별로, 각 지역별로 새해맞이 행사를 따로 따로 벌린다.

그러므로 정작 네팔의 메이저 민족인 네와리족은 가장 늦게 설날 행사를 치르는 셈이다. 바로 그날이 네팔의 공식적인 달력인 '비크람력'의 초하루이다.

종합하자면 네팔의 설날맞이는 양력, 비크람력 그리고 소수민족들의 책력에 의해 최소한 9번 이상 민족마다 각기 다른 날짜와 명칭으로 즐긴다.

(2)

하여간에 설날은 매우 추운 때라는 인식을 가지고 있는 우리들에게 네팔의 4월 중순은 거의 한여름에 가까운 날씨여서, 설날축제가 열린다는 사실이 좀 어색하게 들리기는 하지만, 로마에 가면 로마법을 따라야 한다니 억지로라도 설날 기분을 내야겠는데, 너무 더워서 설날 분위기 살리기는 어려울 것 같다.

네팔의 새해맞이 행사에서 가장 매우 흥미로운 사실은 설날이 대략 9번 이상이나 열린다는 대목이 아닐 수 없다. 자기 민족의 설날은 당연히 며칠 간 놀지만, 이웃 민족의 설날들도 덩달아 놀기에 그렇게 된다는 이야기다. 어찌 보면 이채로운 관습이지만, 어쨌든 이런 상황이 네팔의 진면목이다.

우리 시각으로 볼 때 이색적인 풍습도 몇 가지 눈에 띤다. 우선 우리처럼 반드시 만두나 떡국을 먹는 것이 아니라, 키치디(Khichdi)[6]라는 음식을 나누어 먹으면서 한 해의 무병장수를 기원한다. 이 먹거리는 일종의 카레볶음밥인데, 카레 외에 여러 가지 향료와 채소를 섞어 만든다.

네팔의 주식 '달밧 정식(Dal Bhat)'과 대동소이하지만, '달밧'이 따로 국밥처럼 접시와 종지에 따로 차려나오는 것에 비해 이 키치디는 처음부터 노랗게 볶아 나오는 차이가 있다. 아마도 잔치용 야외용이라 간편하게 먹을 수 있게 안배한 음식으로 보인다.

이 밥은 첫눈에 노란 색깔이 강렬하여 필자는 이를 그냥 '노란밥'이라 즐겨 부른다. '밧' 쌀밥을 말하는 것이고, '달[7]'이란 마른 콩류(렌틸콩, 완두콩, 대두)로 만든 스튜 같은 형태의 콩죽(?)으로, 채식을 주로 하는 네팔인들에게 단백질을 보충하기 위해 만들어진 음식으로 보인다.

또한 이날은 아이들이 어머니에게 단 과자나 과일을 바치면서 어머니의 은혜를 감사드린다고 한다.

---

6) Khichdi is a dish from the Indian subcontinent made from rice and lentils (dal), but other variations include bajra and mung dal kichri. In Indian culture, it is considered one of the first solid foods that babies eat. [1] Hindus, who avoid eating grains during fasting, eat Sabudana Khichadi made from Sago. Kichri is a salty porridge. Dalia is another similar sweet porridge made from the crushed wheat or barley mixed with sugar and milk. Khichdi was the inspiration for the Anglo-Indian dish kedgeree.

7) '달'의 기원에 관한 기록은 남아 있지 않지만 인도에서 콩을 재배하기 시작한 기원전 약 1,800년경 이후부터 먹은 것으로 추측된다. 만드는 방법은 강황[薑黃: Turmeric]과 소금을 넣은 물에 달을 장시간 끓여 푹 익혀 '기(ghee)'나 오일에 향신료를 넣고 양념해서 스튜 형태로 만들어 먹는 경우가 일반적이다. 이 '달'이란 콩죽(?)은 인도뿐 아니라 파키스탄, 네팔, 방글라데시, 스리랑카 등 인근 지역에서 밥, 로티(roti, 인도식의 빵), 도사(dasa, 인도식의 팬케이크)에 곁들여 먹는다.

2) 박따뿌르의 새해맞이, 비스켓 자트라(Bisket Jatra)

(1)

　네팔력(曆)의 신년을 '나와 바르샤'라고 부른다는 것은 이미 앞장에서 이야기한 바 있다. 그리고 네팔의 설날축제는 네팔 전역에서 여러 번 열리지만, 그 중 지역적으로 가장 성대하고 또한 장엄하기까지 한 곳을 한 군데 꼽으라면, 단연코 박따뿌르(Bhaktapur)⁸⁾의 그것을 꼽는 데에 이의를 달 사람은 없을 것이다.

　까트만두에서 13km 떨어진 곳에 위치한 고도 박따뿌르는 중세 말라(Malla)⁹⁾ 왕조의 도읍지였는데, 비교적 보존이 잘되어 지금도 고색창연한 목조 건물이 즐비하게 늘어서 있다. 이 말라시대에 까트만두 분지는 전성기에 접어들었을 때였다. 그러나 15세기에는 3개 공국으로 갈라져 까트만두, 박따뿌르, 빠탄이 각각 도시국가로서 독자생존 길에 들어갔지만, 수준 높은 네와르문화의 황금기를 구가하는 데는 지장이 없었다.

　그렇게 550년의 통치기간 동안 말라 왕국은 놀라우리만큼 많은 사원과 그림 같은 광장이 있는 훌륭한 왕궁을 건설하였다. 특히 목조건축방면에서 말라 왕조가 이룩한 업적은 뚜렷하다. 오늘날 우리가 볼 수 있는 웅장하고 정교한 훌륭한 건축물 대부분이 이 시대에 건설된 것이라는 사실이 그것을 반증하고 있다. 그 후에도 큰 전란을 격지

---

8) 까트만두에서 동쪽으로 약 13km 정도 떨어진 곳에 위치하며 15세기 후반까지 말라 왕조의 수도였던 곳으로 현재까지 두르바르 광장 부근에는 옛 목조건물이 잘 보존되어 있어서 가장 네팔적인 풍취가 풍기는 곳이다. '바드가온'이라고 부르기도 한다.

9) 타쿠리(Thakuri)왕조의 뒤를 이어 1201부터 1769까지 560년 간 까트만두 분지를 통치했던 말라왕조(Malla Dynasty)는 놀라우리만큼 수많은 사원과 건축학적으로 뛰어난 웅장한 건물과 아름다운 광장이 펼쳐져 있는 그림 같은 왕궁을 건설하였다.

고도 박따뿌르의 새해맞이 비스켓 자트라 축제의 절정인 바이랍신을 태운 수레가 시내를 통과하자 열광하는 군중들

않아서 원형이 잘 보전되고 내려왔지만, 2015년 대지진 때 일부 건물이 무너져 안타까움을 금할 수 없게 한다. 그러나 국제사회의 도움으로 점차로 원래 모습을 찾아가는 중이다.

이방인들이 그곳을 방문하면 마치 중세시대로 들어온 것 같은 느낌을 받게 만드는데, 특히 구왕궁이 있었던 두르바르 광장은 보는 이들의 시선을 온통 빼앗고도 남을 만큼 고풍스럽고 매력적이다.

그러니까 이 거창한 신년축제는 예전의 화려했던 박따뿌르 왕국의 영화를 재현하고 회상하는 의미가 크다고 할 수 있다. 그래서 현대적인 장비를 동원하지 않고, 지금도 옛날 방법 그대로 수천 수 만 명이 자발적으로 참가하여 행사를 치른다. 그렇기에 때가 되면 고풍스런 고도를 배경으로 열리는 7일간의 장대한 축제를 보려고 세계 각국의 호사가들이 모여든다.

말라왕조의 수도의 하나였던, 고도 박따뿌르의 고색창연한 두르바르 광장

축제의 이름은 비스킷 또는 비스카(Biska) 자트라라고 부른다. 물론 '자트라'는 축제를 이르는 보통명사이다. 여기서 비스킷은 물론 먹는 그것은 아니고 다소 엉뚱한 의미를 담고 있다. 네와리어로는 '뱀을 죽인다'는 의미라고 하는데, 지난 해 쌓였던 나쁜 기운을 좇아내는 벽사(闢邪)의 뜻이 포함되어 있다. 그 유래는 다음과 같이 전해지고 있다.

신년맞이 행사장인 두리켈광장에 모여든 구룽족과 다망족의 군중들

바이랍 신상을 태우는 거대한 수레 라트(Rath)

휴식기간에 공터에 세워 놓은 라트 수레는
인증샷의 명소이다. 나도 한 컷.

비스킷의 또 하나의 명물 물감 세례

(2)

옛날 박따뿌르 한 왕국에 무남독녀에다 절세미인 공주가 있었는데, 이 공주가 어찌나 음욕이 강하던지 매일 밤 새로운 남자를 불러들여 잠자리를 같이 해야만 했는데, 문제는 그 남자들이 하룻밤만 지나면 죽어나갔다는 것이다. 그래서 나라의 남자들의 씨가 마를 정도가 되었는데, 이때 이웃마을의 어떤 왕자가 그 방면의 고수인지라

바이랍 신상에게 뿌쟈를 올리기 위해서 길목에서 수레를 기다리는 부부

지나가다 이 소문을 듣고 자청하여 공주 침대로 올라갔다.

과연 소문대로 공주는 초절정 샤크티(Sakhti)[10]의 소유자라 두 선 남선녀는 비전의 『까마슈트라(Kama Sutra)[11]』 한 권을 밤새 실습하고는 새벽이 되어서 공주는 속으로 빠져 들어갔으나, 왕자는 경계를 게을리 하지 않고 있었다. 그런데 공주의 콧구멍에서 두 마리의 작은 뱀이 슬며시 기어 나와 혀를 넘실거리며 왕자에게 덤벼드는 것이 아닌가? 그러나 왕자가 누구인가? 신의 신탁을 받은 영웅인지라 준비하고 있던 보검으로 단칼에 두 마리 뱀의 목을 베어 버렸다. 이윽고

10) 샥티는 신성(神聖)한 힘 또는 신성한 권능이라는 문맥에서 '할 수 있는' 또는 '능력이 있는'을 뜻하는 산스크리트어 '샥(Śak)'으로부터 유래한 낱말로, 힌두교에서 우주 전체를 관통하여 흐르고 있다고 여기는 우주의 활동적인 힘 또는 에너지를 지칭한다.

11) 『까마슈트라』는 고대 인도의 성애에 관한 문헌이다. 바츠야야나의 저술로 산스크리트어로 된 운문으로 쓰였으며, 고대 인도의 도시 생활, 각종 기예, 남녀 생활상, 성애의 기교와 미약 등에 관해서 기술하고 있다. 까마슈트라에서 서술한 성교의 자세는 총 108개이다.

보드나트 스뚜빠의 명물 비들기떼들

아침이 되자 송장을 치우러 들어왔던 사람들에게 목격된 상황은 전혀 예상 밖이었다. 공주는 곤히 잠을 자고 있었고 이웃나라의 왕자는 멀쩡히 살아 있는 것이 아닌가? 그리고 침대 아래에는 토막 난 뱀이 널브러져 있었다.

이에 온 나라가 축제모드가 되었고 왕자는 왕국을 통째로 물려받고 현숙한 여인으로 돌아온 공주와 함께 행복하게 살았다는 것이다. 그래서 왕국에서는 이를 기념하여 해마다 축제를 벌였다고 한다.

(3)

그런 이유로 네와리족의 설날맞이 축제는 높은 장대에다 뱀을 상징하는 긴 깃발을 매달게 되었는데, 이는 악운을 상징되는 두 마리의 뱀을 한 영웅이 나타나 용감하게 죽여서 묵은 액을 때우고 새로운 새날을 맞이한다는 뜻을 갖고 있다.

비스킷 축제의 실제 주인공은 험악하고 격노한 모습의 바이랍(Bhairav)신의 소상(塑像)이지만, 사람들의 관심은 아무래도 2미터나 되는 커다란 나무 바퀴가 달린 거대한 2대의 라트(Rath)로 모여든다. 그 수레 위에 탑 모양의 집을 만들고, 큰 수레에는 바이랍 신상을 태우고, 또 하나의 작은 수레에는 그의 반려자인 바드라깔리(Bhadrakali)의 소상을 안치하고는 수만 명이 오직 인력으로 끌고 온 거리를 돌아다닌다.

두 수레가 두르바르의 비탈진 광장에 도착하면, 이 도시의 위와 아래 주민들은 편을 나누어 줄다리기를 하는데, 이때 승리하는 편에서 다가오는 해에 행운을 받게 된다고 한다. 축제가 진행되는 동안 2대의 거대한 수레가 시내를 일주하게 되는데, 이때 주민들은 각자 나무잎으로 만든 접시에 피가 묻은 희생물, 먹거리, 향, 꽃, 돈 등의 뿌쟈거리를 수레에 바치고는 새해의 복을 기원한다. 이 축제는 한 주일간 계속되며, 그 기간 내내 박따뿌르 전역에서 공연과 춤이 벌어진다.

축제가 진행되는 동안 인근의 보데(Bode) 부락에서는 지금도 혀를 뚫는 의식을 거행되고 있다고 하는데, 이는 고행을 통하여 신들에게 가까이 간다는 굳은 믿음에서 비롯된 관습이라고 한다.

(4)

마지막으로 부기하고 싶은 자료가 하나 있다. 이 바이랍신을 태운 라트수레에서 필자는 4세기 초 인도 순례승 법현(法顯)[12]의 『불국

---

12) 법현(法顯)은 중국 동진의 승려로 20세에 구족계(具足戒)를 받았다. 당시 당시의 중국에는 불교 문헌이 한역된 것이 별로 없었으므로 경률에도 착오나 누락이 많았다. 이에 법현은 399년에 혜경(慧景) 등 여러 명의 도반들과 장안(長安)을 출발해 서역으로 떠났다. 도중에 호탄 왕국을 거쳐 6년 만에 중인도(중천축)에 닿았고, 범어(梵語)를 배우고, 그곳에서 왕사성(王舍城) 등의 불전과 불적을 살펴본 뒤 스리

기(佛國記)[13]』의 '호탄(和闐/Khotan)'[14]조가 연상되었다. 추가로 고찰할 필요가 있어 보이는 주제이다.

"성에서 24리나 떨어진 곳에서 네 바퀴짜리 수레를 만드니 그 높이가 3장을 넘고 모양새는 마치 칠보로 꾸민 움직이는 전당(殿堂)과 같으며 비단으로 된 깃발과 우산을 매달았다. 불상은 그 수레 안에 안치하고 두 보살로 하여금 모시게 하고 모든 천신을 만들어 받들게 하니 모두 금은으로 만들어 허공에 매달리게 하였다.

불상을 모신 수레가 성문 앞 백 보에 이르면 국왕은 왕관을 벗고 새 옷으로 갈아입고는 손에 꽃과 향을 들고 양쪽에 시종들을 거느리고 맨발로 성문으로 걸어 나와 불상을 맞이하여 이마를 불상의 발에 대고 절하며 꽃을 뿌리고 향을 사른다. 불상이 성에 들어오면 문루에 있던 왕비와 시녀들이 여러 가지 꽃을 뿌려대니 그 꽃이 어지러이 아래로 떨어진다."

랑카를 돌아 불경을 구하고 413년에 남해 항로를 따라 지금의 산둥성으로 귀국하였다. 귀국한 것은 법현 한 사람뿐이었다고 한다. 향년 86세로 입적하였다.

13) '고승법현전(高僧法顯傳)'·'역유천축기(歷遊天竺記)'라고도 한다. 399년 법현은 계율을 구하기 위해 장안을 출발하여 천축으로 떠났는데, 30여 개국을 거쳐 412년 바닷길로 귀국했다. 이 책은 그때의 유람기이다. 고대 인도 여러 나라의 산천·풍물·역사·불교 상황과 중국과 인도·파키스탄·네팔·스리랑카 등과의 교통에 관한 사료 등이 수록되어 있다. 중국 해상교통에 관한 최초의 저술로서 중요한 사료적 가치를 지니고 있다. 후대 여러 사람들이 그 내용을 고증했다. 19세기 프랑스·영국 등에서 번역본이 출판되었다. 청나라의 정겸이 쓴 『불국기지리고증(佛國記地理考證)』이 있다.

14) 호탄은 실크로드 육로 서역남로상의 요지로 기원전 138~126년 장건(張騫)이 서역행 때부터 이미 알려져 있던 나라였다. 현장은 구살단나국(瞿薩旦那國)으로 부른 곳으로 혜초도 "또 안서를 떠나 남쪽으로 호탄국으로 2천 리를 가면 역시 중국 군대가 지키고 있다. 절도 많고 승려도 많아 대승이 행해진다. 이들은 고기를 먹지 않는다. 여기서부터 동쪽은 모두 당나라의 땅이다."라고 기록하고 있다.

3) 산악민족들의 새해맞이 로샤르(Loshar)

(1)

올해(2018년) 네팔 정부
의 공식달력으로는 양력 4
월 14일이 2075년의 첫날
(1st day of Baisakh)이지
만, 많은 소수민족들은 따로
설날을 정해 각기 형편에 맞
는 장소에서 거창한 축제를
벌인다.

세르빠족의 세시풍속인 '체마'

네팔에서의 새해맞이 축
제의 첫 테이프는 구룽족
(Gurung)[15]이 끊는다. 구룽
족은 몽골계 혈통의 민족으
로 네팔 중북부 안나뿌르나
설산 기슭을 중심으로 주로
농사를 지으며 집단으로 모
여 살고 있는데, 생김새가 네팔의 주요 민족인 인도아리안계의 높은
코와 깊은 눈을 가진 네와리 혈통과는 사뭇 다르다. 2001년 통계로는
네팔 전체 인구의 2.39%(543,571명)를 점유하는 소수민족이다.

---

15) 구룽족은 대부분이 안나뿌르나 산맥 인근 지역인 간다키 지구에 모여 산다. 2001년
기준으로 543,571명(전체 인구의 2.39%)의 구룽족이 있으며, 그 가운데 338,925
명이 티베트버마어족의 언어인 타무카이어를 쓴다. '구룽'이란 말은 티베트어로 '농
부'를 뜻하는 단어인 '그룽(Grung)'에서 유래된 이름이다. 구룽족은 자신들을 '말
타는 사람'이라는 뜻을 가진 단어인 '타무(Tamu)'로 부른다.

뽀카라 교외에 위치한 티베트난민촌에서 로사르 설날을 맞이하여 설날음식인 캅세[꽈배기]를 만들고 있는 필자

매년 전 세계가 예수성탄절에 이어서 다가오는 태양력 연말 분위기에 들떠 있는, 대략 12월 30일 하루 이틀 전에, 구룽족은 세계에서 가장 먼저 설날축제의 테이프를 끊는다. 바로 그들이 사용하는 책력인 구룽력(G. C)에 의해서다. 그들의 설날은 '따무 로사르(Tamu Loshar)'라고 부르는데, 그 어원은 티베트어를 차용하였다.

네팔 내에 사는 티베트계 또는 몽골리안계 부족들은 대부분 새해맞이 행사 이름을 티베트어를 빌려 사용한다. '로사르'의 '로(lho)'는 해를 '사르(sar)'는 '새롭다'라는 뜻으로 합쳐서 '새해'를 뜻한다.

네팔 정부에서도 이 9개 설날을 모두 비공식으로 인정하여 쉬게 하지만 오직 따망족의 설날만 정식 공휴일로 지정되어 있다. 네팔은 100여 개가 넘는 민족이 함께 사는 나라이다 보니 민족별로 명절도 다르고 쉬는 날도 다르지만, 산악소수민족 중에서는 오직 '소남 로사

티베트족의 새해 먹거리 '캅세[도너츠]' 만들기

르'만 빨간 날로 지정되어 있다. 그래서 다른 민족들의 불만이 툭하면 '번다', 즉 파업으로 표출되고 있다. 그래도 까트만두에서는 매년 1월 1일 신정 전에 구릉족과 따망족 등이 연합하여 순다르(Sundar)의 뚠디켈(Tundikhel) 광장에서 성대한 새해맞이 행사를 벌린다. 물론 그들이 사는 지역별로도 이웃주민들을 초대하여 소박한 잔치를 벌인다. 나도 몇 번 참가해본 경험이 있다.

구릉족들의 새해 인사는 "로사르 아쉬말라!(Lhosar Ashimalra!)" 이다.

축제를 맞이하여 세르빠 여인들이 춤을 추고 있다. (Photo by Ashess Shakya)

(2)

구룽족에 이어 따망족(Tamang)[16]이 뒤를 잇는데, '소남 로사르(Sonam L.)'라고 부른다. 그리고 따카리(Takhali)족은 '또라나(Torana L.)'라고 부른다.

그 외에도 이 '로사르'를 설날로 삼는 소수 부족들로는 세르빠족, 욜모족, 부띠아족, 마가르족, 마나기족, 무스탕족, 와룽기족 등이 있지만 날짜는 각기 다르다. 단, 이들 중 세르빠족은 티베트족과 같이 '걀와 로사르(Gyalwa L.)라고 하여 티베트력에 의해 그들의 터전인 보우더나트(Bodhnath S.)와 스와얌부나트(Swayambunath S.) 스뚜

---

16) 따망족은 말(따)을 귀신(망) 같이 잘 다룬다는 뜻을 가진 부족의 이름으로 우리 드림팀에도 2명의 따망족 학생이 있다.

빠 그리고 난민촌 단위로 모여서 티베트식으로 새해를 맞고 즐긴다.

이때 각 가정에서도 집안 곳곳과 길목마을 어귀에 색색의 오색깃발 다르촉을 새로 달고서 곡식을 빻은 짬빠가루를 허공에 뿌리면서 새해맞이를 하고는 집집마다 오곡곡식과 '캅세' 등 세시음식을 넣은 장식물인 '체마'라는 것을 현관에 설치하여 손님을 맞고 '모모'란 만두와 '캅세'란 도너츠를 만들어 이웃들과 나누어 먹으며 여러 가지 놀이를 하며 하루를 즐긴다.

그러나 그 중에서 유독 태양력 설날만이 찬밥신세이다. 공휴일이 아니기에 학생들은 학교에 와야만 한다.

오늘은 양력 12월 31일이고 내일은 우리 달력으로는 해가 바뀌는 정초이고 이른바 양력설날이다. 그러나 10학년 졸업반 30여 명의 학생들이 학교 기숙사에 들어와 공부를 하고 있기에 나도 덩달아 학교에 나와 섣달 그믐날과 새해 첫날에 교실을 지켜야 하는 처량한 신세가 되었다. 그래서 스스로 꿀꿀한 기분을 달래기 위해서라 사감선생을 설득하여 빵가게가 있는 인근 마을로 내려가서 쌈짓돈을 털어 "Happy new year 2018"이라고 문구를 넣은 대형 케이크를 주문하여 기숙사에서 열공하고 있는 10학년 졸업반 학생들과 자축파티라도 즐겨야 하겠다.

자기민족의 정체성을 지키려는 네팔의 정신은 존중받아야 마땅하지만, 일 년의 절반 이상을 온갖 축제를 핑계로 놀기 좋아하는 놀자판 나라에서 왜 하필 세계적인 공휴일인 태양력 1월 1일에 학생들이 등교하여 수업을 해야만 하는지? 네팔 문교부의 배타적인 정책을 이해하기 어렵다.

어쨌든 어저께는 까치설날 구룽족의 설날이고 내일은 태양력 설날이니 나에게는 새해 새날이 시작되는 셈이다.

새해 복 많이 받으세요. 애독자 여러분!

"로사르 아쉬말라!(Lhosar Ashimalra!)"

3. 힌두교의 축제들

1) 샤얀니 에까다쉬(Shayani Ekadashi)

힌두 비슈누파(Vaishnava sect)의 중요한 축제일로 비슈누(Viṣṇu)가 우주적인 잠속에서 깨어나는 것을 축하하는 내용이다.

글자 그대로의 해석은 '샤야니(Shayani)'는 '잠'이고 '에까다시'는 11일을 의미한다. 힌두신화에 의하면 힌두력 아샤다하(Ashadha: June/July)달 슈크라 빡샤(Shukla paksha: 上弦)의 11일째 날에 비슈누신이 우주적인 '우유의 바다'라고 불리는 크세르싸가르(Ksheersagar)에서 우주적인 뱀이라는 '쉐샤(Anant Shesha Naag)' 입안으로 들어가서 배우자인 락쉬미(consort Lakshmi) 여신이 비슈누의 발을 주무르고 있고, 또한 마르깐데야(Markandeya) 부족의 헌신적인 보살핌을 받으며 잠 속에 들어 4달 뒤 프라보드히니(Prabodhini Ekadashi) 11일에 깨어났다는 것이다.

그리하여 비슈누의 추종자들인 '바이샤나바(V. sect)'들은 그것을 기념하여 비슈누 사원으로 몰려가 뿌쟈를 바치고 춤과 노래를 부르

비슈누신이 우주적인 우유의 바다에서 우주적인 뱀 쉐샤(Shesha) 안에서 4달간이나 잠을 자고 있는 내용을 묘사한 그림

에카다쉬 축제에 참가한 비슈누 숭배자들이 신상을 메고 강가로 나가고 있다.
(Photo by Ashess Shakya)

며 비슈누를 찬양하는 축제를 벌이며 각자의 소원을 빈다고 한다.

이 비슈누신의 4달간의 휴식 기간을 '차뚜르마스(Chaturmas period)' 기간이라고 부르는데, 실제로 정확하게 네팔의 우기인 몬순철과 일치하고 있다고 한다.

실제적으로 인도나 네팔에서는 이 4달간의 몬순철에는 대부분의 활동이 위축되고, 축제 또한 소강상태이기에 우기철이 끝나는 때에 맞추어 비슈누파에서 축제를 벌이는 이유로 이런 축제를 기획한 것으로 보인다.

그래서 추종자들은 각 분파별로 이날의 의미를 크게 부각시켜 많은 이름을 지어냈는데, 예를 들면 비슈누의 유명한 애칭인 '하리(Hari)'를 붙여 '하리 샤냐니 에까다시(Hari S. E.)'와 '마하 에까다시(M. E.)'를 비롯하여 '쁘라타마(Prathama(first) E.)', '빠드마(Padma E.)' 그리고 인도 남부의 또리(Toli)라는 지점에서 벌어진 일이라 '또리 에까다시(Toli E.)' 등으로 부르며 이날 비슈누신의 축복을 기원하며 뿌쟈를 올린다.

비슈누는 힌두의 최고 삼신으로 꼽히는 뜨리무르띠(Trimūrti: 三主神)의 하나로 인간세상의 유기적인 순환관계를 유지하는 상징적인 신이다. 우주의 창조 역을 맡은 브라흐마(Brahmā)에 이어 우주의 균형을 맞추는 중요한 역할을 맡고 있다. 이 비슈누는 주로 '10가지 화신'[17]으로 세상에 출현하여 상황에 맞는 역할을 하기에 힌두신들 중에서 가장 활동적인 신으로 꼽힌다.

불교의 판테온으로 들어와서는 비뉴천(毘紐天) 또는 나라연천(那羅延天)으로 변하여 불교의 수호신이 된다. 힌두이즘에서 가장 계열이 복잡하고 많은 비슈누파의 구심점 노릇을 한다. 비슈누는 우아하게 백조를 타고 다닌다.

---

17) 궁극적 실재로서의 비슈누는 이미 9번을 인간으로 화신('아바타')하여 인류를 악으로부터 구하고 정의를 회복하는 일을 했으며, 마지막 10번째 화신인 칼키 아바타가 다시 인류를 구원하고 정의를 회복하기 위해 올 것이라고 본다. 칼키 아바타는 칼리 유가의 끝에 출현할 것이라고 하는데 힌두 전통에 따르면 현 시대가 칼리 유가에 해당한다. 힌두교인들에게 가장 유명한 비슈누의 화신은 7번째의 라마와 8번째의 크리쉬나인데, 이들은 각각 인도의 2대 서사시인 〈라마야나〉와 〈마하바라따〉(특히, 마하바라따의 일부인 〈바가바드기타〉)의 중심인물이다. 힌두교인들은 또한 불교의 창시자인 고타마 붓다와 자이나교의 창시자인 마하비라역시 비슈누의 화신으로 인류에게 구원의 길을 가르친 것으로 본다.

2) 세또 마친드라나트 라트(Seto Machindranath Rath)

(1)

네팔력 1월 보름날, 고도 빠탄에서 열리는 명품축제 '라또 친드라나트 자트라',[18] 줄여서 '붉은 마친 축제'의 까트만두 버전이다 일명 '자나바하 됴(Janabaha Dyo)', '아르야바 로께스바라(Aryava lokitesvara)',[19] 까루나마야(Karunamaya)라고도 부른다.

중요한 차이점은 빠탄의 '붉은 마친 축제'가 순수한 힌두교의 축제라면, 까트만두에서 열리는 이 '흰색 마친 축제'는 힌두와 불교가 같이 주체하는 점이라는 것이다. 말하자면 힌두와 불교의 연합축제인 것이다.

여기서는 '라또' 대신에 흰색을 말하는 '세또'를 강조한 것과 축제 명칭이 전자는 '자트라'가 붙고, 후자는 '라트(Rath)'가 붙는다는 점도 다르기는 하다. 이 '라트'는 붉은색을 의미하는 '라또'하고는 다른 뜻으로 수레 위에 세운 거대한 뾰죽탑 또는 나무기둥을 말한다.

올해(2018)는 네팔력으로는 마지막 달인 차이트라(Chaitra) 29일, 양력으로는 3월 24일부터 3일간 까트만두 두르바르 광장 인근 인드라촉 근처에 바이랍 바할(Bhairab Bahal) 사원과 나란히 있는 마친드라나트(M. Bahal)[20] 사원에서부터 흰 마친 신상을 거대한 수레에

---

18) 라토 마친드라나트 자트라(Rato Machindranath J.)는 '비의 신' 바이랍에게 뿌쟈를 바침으로써, 한해의 농사를 잘 되게 비는 축제로 까트만두 근교의 고도(古都) 빠탄 지역에서 벌어진다. 그 규모와 특색 면에서 네팔 최대의 볼거리로 꼽힌다.

19) 로케스바라는 아발로끼데스바라(Avalokiteshvara), 즉 관음보살의 다른 이름이다. 본장 후반부에 자세하게 이야기 된다.

20) 우선 두르바르 광장과 뉴로드 사이의 인드라촉(삼거리)을 찾아서 바이랍사원 근처의 하얀 사원을 찾으면 된다. 굉장히 아름다운 사원이다.

까트만두 중심가인 두르바르 광장 근처의 인드라촉에 있는 마친드라나트 바할(M. Bahal) 사원의 세토 마친드라나트 상이 안치되어 있다.

태워서 광장을 한 바퀴 도는 행사를 벌렸다. 물론 이 마친 신상은 빠탄에서 모시는 '비의 신'과 같은 성격과 모양이지만 단지 색깔이 다르다.

첫날에는 힌두사제들에 의해 마친 사원에 모셔져 있던 신상을 자말(Jamal)로 모셨다가 아산(Asan)을 거쳐 라트나(Ratna)공원과 보타히티(Bhotahity)로 이동하고, 둘째 날에는 아산에서 두르바르 광장의 하누만 도까(Hanuman doka)로 이동하고, 마지막 날에는 라간또레(Lagantole)로 이동한다. 이 3일 동안 길가에서 기다리던 수많은 사람들은 수레가 다가오면 하얀 신상을 향해 뿌쟈를 올리고 기도를 하는 장관을 연출한다.

또한 축제 전에는 신상을 온갖 향기로운 액체—찬물 더운 물, 우유기(ghee), 꿀—로 목욕을 시키고 새로 하얗게 색칠을 하고 새 옷으로 갈아입히는 행사를 벌리는데, 이때도 구름같이 사람들이 몰려와 뿌쟈를 올리고 기도를 한다. 이때 살아 있는 여신 꾸마리도 여기에 나타나서 축복을 내린다고 한다.

(2)

이 축제에도 당연히 전설 같은 일화가 전해지고 있다. 당시는 중세기의 말라 왕조의 약샤 말라(Yakshya Malla)왕 시절에 깐띠뿌리(Kantipuri) 사람들은 강에서 성스러운 목욕을 하고 스와얌부나트(Swayambhunath) 스뚜빠를 방문하였는데, 이 공덕으로 죽은 뒤 천국으로 인도되었다는 이야기가 전해지고 있었다. 그 이야기를 듣고 '죽음의 신' 야마라지(Yamraj)가 스와얌부나트의 힘을 느껴보기 위해서 직접 이 성스러운 스뚜빠를 방문하였다.

그런데 야마라지가 지옥의 자기 집으로 돌아가려던 중에 왕과 딴뜨릭 구루 등을 만났는데, 왕은 야마라지를 잡고서는 돌아가지 못하게 하였다. 그래서 야마라지는 세또 마친드라나트에게 기도를 올렸다. 그 기도를 들은 세또 신은 즉각 물 위에 자태를 드러내었다. 그리고는 하얀 얼굴에 눈은 반쯤 감은 채로 물 위에서 왕에게 말하였다.

세또 마친 신상 확대본

하얀색의 얼굴을 한
로케스바라 신상을
가마로 옮기고 있다.

　"깔마띠(Kalmati)와 바그마띠(Bagmati)강이 만나는 지점에다 사원을
짓고 수레축제를 하면 내가 찾아가 사람들에게 축복을 내리고 행복과 장
수를 빌어주겠노라."

　이 축제는 이름이 많다. 힌두와 불교 쪽에서 서로 명칭을 달리 부
르고 있기 때문이다. 힌두 쪽에서는 '자나 바하 댜(Jana Baha Dyah
J.)' 또는 '쟈나바하 됴(Janabaha Dyo J.)'라고 부르고, 불교 쪽에서
는 '아르야바 로케스바라(Aryavalokitesvara J.)' 또는 '까루나마야
(Karunamaya J.)' 자트라로도 부른다. 그 이유는 힌두와 불교 쪽에
서 합작하여 하나의 하얀 신상에 대고 경배하고 기도를 드리는 축제
를 열기 때문이다.

힌두교 쪽에서 그냥 하얀색 마친드라 상이지만, 불교 쪽에서는 하얀 관음불상이라는 미묘한 시각차를 드러내는 것이다. 이 축제의 이름 중에 '자나 바하 댜(Jana Baha Dyah)' 자트라는 '마차축제(chariot festival)'라는 뜻임으로 이방인들에게는 마차가 관람의 주요 포인트가 되는 것은 당연하다.

(3)

필자가 이 축제를 눈여겨보는 이유가 있다. 바로 네팔에서 힌두교와 불교가 어떤 상관관계를 이루며 공존해 왔는가? 하는 화두에 좋은 대답을 얻을 수 있다고 생각했기 때문이다.

마친드라나트 축제는 분명히 힌두교 고유의 자트라이다. 그러나 언제부터인가 불교 냄새를 풍기기 시작했다. 마친 자트라의 또 다른 버전이 바로 그 한 예인데, 여기서 축제의 주빈인 마친드라나트를 슬그머니 관음보살[Avalokiteshvara]의 다른 이름인 로께스바라(Lokeshwara)로 대체한 것이 바로 그것이다. 그런데 이 전설에서는 현대 힌두이즘에서 가장 영향력이 있는 로드 쉬바(Lord Shiva)의 캐릭터가 좀 엉뚱하긴 하다.[21]

우선 그 신화 속으로 먼저 들어가 보자.

쉬바(Shiva)가 젊은 시절에 유명한 스승을 찾아 각지를 돌아다니며 수행을 하던 때에 쉬바는 '로께스바라'라는 구루를 만나 오랫동안 명상수련을 통해 모종의 비술을 전수 받았다고 한다. 그런데 누군가에게 비전의 술법을 자랑하고 싶었던 쉬바는 스승에게 천기를 누

---

21) 그러나 불교사적 시각으로 보면 이미 쉬바는, 힌두의 많은 신들과 같이 마헤슈바라(Maheśvara)라고 하는 신격으로 불교에 수용되어 대자재천(大自在天) 또는 자재천(自在天)이 되었는데, 이는 '커다란 능력이 있는 신'으로, 우주를 생성하고 유지하고 파괴하는 역량이 있는 신으로 불교의 판테온으로 들어와 있었다.

물고기를 의미하는 마츠야(Matsya) 또는 마츠엔드라나트로
변하고 있는 신화를 묘사한 그림

설하지 않는다는 다짐을 했음에도 불구하고 사랑하는 부인 빠르바띠(Parbati)에게 자랑을 하고 말았다.

한편 제자인 쉬바가 천기를 누설할까 봐 못 미더웠던 스승 로께스바라는 물고기로 변신하여 쉬바가 말하는 것을 엿듣고 있었다. 그런데 누군가 듣고 있을 것이란 느낌을 받은 쉬바가 "누구든지 내 말을 엿듣는 자가 있다면 저주를 내릴 것이다."라고 큰 소리를 쳤다. 그러자 이때 물고기로 변해 있던 스승이 나타나 쉬바를 꾸짖었다. 순간 쉬바는 스승과의 약속을 깨고, 더구나 스승에게 저주를 내린 것에 대하여 몸 둘 바를 모르고 스승 앞에 무릎을 꿇고 용서를 빌었다고 한다.

그 이후로 스승은 물고기를 의미하는 마츠야(Matsya)라는 단어에서 유래하여 마츠엔드라나트(Matsyendranath)라고 부르다가 다시 마친드라나트로 불리게 되었고, 후에 그는 비를 다스리는 아주 중요한 역할을 맡음으로서 네팔의 중세 왕국들에 의해서 까트만두 분지의 수호신으로 군림하게 되면서 수많은 제삿밥을 챙겨서 먹을 수 있는 배부른 신의 반열에 들게 되었다.

이렇게 그는 힌두와 불교 양쪽에서 같은 역할을 하고 있는데, 다시 한 번 정리하면 힌두교에서는 그는 쉬바의 화신이지만, 불교에서는 관음보살의 화신이라는 것이다.

물론 어떤 '의도적인 각색'에 의해 만들어진 이 전설에 큰 의미를 부여할 필요는 없지만, 이처럼 힌두교의 막강한 로드 쉬바가 관음보

까트만두의 마친드라나트 바할 사원에서의 필자

살의 제자가 된다는 설정은 '힌두이즘의 불교화'라는 현상을 다시 한 번 확인하는 대목이어서 매우 흥미롭다.

그 실례는 까트만두를 비롯하여 근교의 초바르(Chovar)와 나라 (Nala)라는 마을을 중심으로 불교화된 마친드라나트 신상이 만들 어지고 불교적인 이름과 냄새가 풍기는 축제에서 확인할 수 있다. 이 른바 '4관음(觀音菩薩)'[22]의 축제화이다.

그 키포인트가 힌두의 마친드라나트 신상을 불교식 관음보살인 로 께스바라(Lokeswar)로 변형시킨 것이다. 여기서 더 흥미로운 현상은 이런 같은 축제들을 차별화하는 방법론으로 색깔을 사용하고 있다는 데 있다. 원조격인 빠탄(Patan)이 붉은색[Rato]을 쓰고 있는 반면에 까트만두와 나라(Nala)는 흰색[Seto]으로 차별화하고 있는 것이 바로 그 실례이다. 이는 까트만두 분지에 불교세력이 늘어나자 고심 끝에 그 들을 수용하여 융합이란 원만한 방법론을 선택한 것으로 보인다.

다시 정리하자면 빠탄(Patan)은 붉은색으로 신상을 치장하여 '비 의 신'의 역할을 맡는 반면, 까트만두는 흰색[Seto]으로 신상을 칠하 여 '아르갸 아발로끼데스바라(Argya A.)'라고 부르며 '장수의 신'을 담당하고 있고, 이에 다른 2곳의 후발주자가 나서서 세 번째로 초바 르(Chovar) 지역에서는 관음상을 붉은색으로 칠하고 '아난디 로께 스바라(Ananddi L.)'라고 부르며, '질병을 물리치는 신'의 역할을 강 조하고 있고 네 번째로 나라(Nala)에서는 흰색으로 관음상을 칠하 고 '스리스띠깐따 로께스바라(Sristikanta L.)라고 부르며, '창조의 신' 역을 강조하고 있다. 힌두와 불교와의 융합으로 만들어지는 이런 절충식 축제는 까트만두 분지에 불어오는 티베트불교의 위력을 실감 하는 대표적인 케이스로 볼 수 있다.

---

22) 관음보살의 범어이름은 여러 가지인데, 우선 아발로키데스바라((Avalokiteshvara), 로케스바라(Lokeshvara), 빠담빠니(Padampani), 카루나마야(Karunamaya) 등이다.

3) 나가 뿌쟈 빤차미(Naga Puja Panchami)

공식적으로 네팔력 샤라반(Shravan)달의 5일은 긴 몬순의 중간 시점으로 비를 그치게 할 의도로 로드 쉬바신[23]의 심벌이며 뱀의 왕인 나가데바타(Nāga Devata), 즉 코프라(Cobras)를 경배하는 의식을 행한다.

사람들은 아침부터 집집마다 향, 꽃 등을 준비하여 뿌쟈를 올리면서 솜으로 꼬아서 코브라의 모양을 만들고 여러 종류의 뱀 그림을 집집마다의 벽에 붙이고 절을 하면서 기도를 한다. 뭐 생각하기 나름이겠지만, 치사율이 높은 코브라에 대한 두려움이 오랫동안 토템화되면서 종교화, 축제화된 네팔 특유의 문화라고 이해하면 될 것이다.

여기서 다시 한 번 로드 쉬바에 대한 부연설명을 해야 할 필요를 느낀다. 힌두이즘에서 신은 '데바(Deva)'라고 부르는데, 그 중 3주신(三主神), 즉 트리무르띠(Trimūrti)를 최고신으로 꼽아 많은 역할분담을 맡기고 있다. 바로 창조, 유지, 파괴이다. 이 중 로드 쉬바(Shiva)의 역할극은 파괴자이다. 창조는 파괴의 다음 단계이니 파괴가 더 중요하다는 힌두이즘의 논리는 차라리 이성적이고 과학적이다.

한편 쉬바신은 본래의 역할 이외에도 매우 다양한 캐릭터를 소화하고 있어서 예측불허의 역할도[24] 무리 없이 해내는 만능 탤런트다.

---

23) 힌두교의 중요 신들 중의 하나로 원래 부와 행복, 길조를 의미하는 신이었으나, 나중에 파괴의 신이 되었다. 시바를 최고신으로 숭배하는 힌두교 종파를 시비즘(Shivism)라 한다. 또 다른 호칭으로는 마헤슈바라(Maheśvara)가 있는데 이 이름이 불교에 수용되어 대자재천(大自在天) 또는 자재천(自在天)이 되었는데, 이는 '커다란 능력이 있는 신'으로, 우주를 생성하고 유지하고 파괴하는 역량이 있는 신을 뜻한다.

24) '세토 마친드라나트 자뜨라'의 유래를 보면, 우리가 아는 막강한 파워를 가진 쉬바(Shiva)가 '로케스바라'라는 구루를 만나 명상수련을 통해 모종의 비술을 전수받았다고 하는 설정이 되어 있는데, 쉬바가 불교의 가르침을 받는다는 것으로 매우 이채로운 설정이라 할 것이다.

나가 빤차미 축제 때 집집마다 벽에 붙이는 뱀 부적

상동 사진 확대본

쉬바신이 좋아한다는
소똥을 개어 여기 저기 바른다.

한 마디로 표현하자면 매우 파워풀하면서 때론 수행자같이 깊고 조용하고 때론 익살맞을 정도로 해학적인 모습을 보여주고 있다.

그리고 힌두이즘에서 주맥을 이루고 있는 쉬비이즘(Shivism)의 주된 경배의 대상이다.[25] 그는 '난디'라는 황소를 타고 다니고 우주적인 성산 까일라스에서 히말라야 산신의 딸인 부인 빠르바띠 여신과 함께 선정에 들어 있다고 한다.

또한 쉬바는 가끔 필자가 살고 있는 안나뿌르나 기슭의 마을 인근 마차뿌차레(Machapuchre, 6,914m)산에도 들려서 안나뿌르나를 풍요롭게 만들고 간다고 힌두인들은 인식하고 있다.

이 산은 마치 물고기 꼬리 같다고 하여 '피시테일(fish tail)'이라고도 불리는데, 풍요의 여신들 속에 유일한 남신이 꼬리만 내놓고 박혀 있는 모습은 마치 힌두 쉬바이즘(Shivaism)의 음양합일의 심벌인 링가(Linga: Liṅgam)와 요니(Yoni)를 자연적으로 배치해놓은 것 같은 형국이어서 딴트리즘에서는 그 의미를 확대 해석하기도 한다.

링가는 남근상(男根像) 그 자체로 생식력의 심벌로 숭배되어 인도와 네팔 전역의 사원에 아주 중요한 모티브로 모셔져 있는데, 주로 여성의 성기를 상징하는 '요니' 위에 꼿꼿이 곧추선 채로 서 있는 형상이다. 그래서 힌두이즘을 이해 못 하는 이방인들의 눈에는[26] 해괴망측하게 보일 수도 있다.

---

25) 시바 VS 샤띠 Vs 빠르바티

파괴의 신 시바는 좀 변덕스러운 데가 있었다. 조용하면서도 활동적이고 파괴적이면서도 창조적이며, 금욕적인가 하면 왕성한 생식력을 자랑하기도 한다. 자비롭고 부드러운 비슈누와는 달리 생김새나 행동도 거칠고 괴팍스러웠다. 그러던 그가 사랑에 빠져서 결혼한 여인이 사띠였다. 그러나 그녀는 친정 아버지의 박대를 못 이겨 남편의 권위유지를 위해 불길에 뛰어 들어 자결을 하였다. (샤띠의 환생 파르바티) 샤띠가 죽고 오랜 세월이 흐른 어느 봄날이었다. 빠르바티 라는 한 처녀가 봄꽃이 만발한 히말라야 산을 돌아다니다가 깊은 명상에 빠져 있는 시바를 발견하고 사랑에 빠져 매일 아침 신선한 과일과 맑은 물을 가져다 시바 옆에 두고 갔다. 사실 그녀는 히말라야 산신의 딸로 샤띠의 환생이었다. (···하략···)

26) '링가'와 '요니'의 의미와 상징은 음양의 원리는 일체유정물의 생명 탄생 그 자체이기에 영원히 분리될 수 없다는 시각적인 상징성으로 이해하면 어떨까?

4) 자나이 뿌르니마(Janai Purnima)

한 마디로 설명하자면 힌두교인들의 세례식과 성인식을 축하하는 축제이다. 신성한 실(Sacred Thread)로 불리는 '자나이(Janai)'[27]가 이날의 주인이며 주체인 특이한 축제이다. 이 노란 헝겊으로 꼬아 만드는 3색의 실타래는 과거에는 카스트의 상위 계급을 상징하는 것으로 인식되어 현재까지 그 풍속이 계승되고 있다.

이 실의 착용은 힌두인의 전 생애에서 가장 중요한 의미를 갖는 통과의례 '삼스까라(Samskara)' 중의 한 과정인 '성인식'과 '힌두교 입문식'을 겸한 의미가 있다. 그래서 이 축제는 일명 '락샤 반단(Rakshya Bandhan)' 또는 '부라따 반단(Brata Bandhan)'이라고 부른다. 바로 힌두의 세례식이다.

브라만으로서의 자긍심은 자나이 끈에서 시작된다. (Photo by Ashess Shakya)

---

27) 현재에는 조금씩 그 한계가 무너져 가고 있다. 성인식과 힌두교 입문의 혼합체적인 의미가 있다.

삼색 헝겊으로 꼬아 만든 자나이

그럼으로 이때 몸에 두른 성스러운 헝겊 끈 '자나이'는 평생 몸에서 벗으면 안 되는 것이 힌두인의 의무이다. 이 끈은 세 갈래(triple cord)로 되어 있는데, 몸과 말과 마음을 의미한다고 한다. 그러니까 온 몸과 마음으로 힌두인으로서의 삶을 살라는 의무조항인 셈이다.

이 자나이는 온몸에 두르는 것과 손목에 매는 두 종류가 있는데, 온몸에 두르는 것은 바훈(Brahmins)과 체트리(Chettris) 같은 상위 카스트의 남자에게만 허용되고, 손목에 매는 끈은 일반 힌두인이나 외국인 나아가 여자들에게도 행운의 상징으로 허용되지만, 반드시 오른쪽 손목에 매야 한다.

이날 모든 힌두인들은 어느 종류이든 간에 이 신성한 실을 매야 하는데, 자기 손으로 묶으면 안 되고 반드시 주위의 존경받는 구루(Guru)와 사두(Sadu) 같은 브라만 카스트가 매어주어야 한다. 그래서 이들은 길거리나 사원에서 자리를 잡고 만나는 사람마다의 오른쪽 손목에 행운의 실을 묶어주기도 하는 행사를 벌인다. 이때 네와르

일단의 바훈(브라만) 카스트 소년 소녀들이 지나가는 행인들에게 행운의 끈 자나이를 손목에 매어주고 있다. (Photo by Ashess Shakya)

사람들은 콩으로 만든 아홉 가지의 각기 다른 독특한 특별음식을 준비하여 나누어 먹기도 한다.

특히 이날은 '구루(Guru)'의 인기가 높아지는 날이다. 산스크리트어로 구(Gu)는 '어둠'을, 루(Ru)는 '제거하다'를 뜻하기에 구루는 '어둠을 제거하여 주는 사람'을 의미한다. 때로는 존경받는 선생도 구루라고 칭하며 신의 대리자로 인식되어 경배를 받기에 이런 구루에게서 자나이를 묶임을 당하는 것은 큰 행운이라 생각하기 때문이다.

특히 이날은 상위 카스트에 속한 사람들은, 지난 일 년 동안 왼쪽

바훈(브라만) 카스트의
상징인 자나이

어깨에서 오른쪽 겨드랑이까지 걸치고 있었던 오색 실 '자나이'를 새
로운 것으로 대체하면서 묵은 것은 반드시 그냥 버리면 안 되고 강물
에 띄워 보낸다고 한다.

또한 이날의 최고 성지는 고사이꾼다(Gosaikunda)라는 고산호수
인데, 여기서 성스러운 의식이 거행된다고 한다. 그 외에도 쿰베스와
르(Khumbeshwor)와 랄리뿌르(Lalitpur)에서도 멜라(Mela: fair)[28]
라 부르는 거창한 목욕축제가 보름날에 맞추어 벌어진다.

---

28) 산스크리트어로서 '함께 만나다'라는 뜻으로 4년마다 인도의 성지에서 만나는 쿰
부멜라는 세기적인 축제로 곱힌다.

5) 가이쟈트라(Gai Jatra)

(1)

네팔에서 가장 볼만 하고 유명한 카니발 형식의 거리축제의 하나로, 특히 이방인들과 어린이들에게 인기 만점인 것이 바로 '가이쟈트라'로 일명 '암소축제'라고도 한다. 네팔력 군라(Gunla)달 초부터 8일간 계속된다. 올해(2018년)는 8월 19일(Sun)부터 시작되었다.

힌두교에서는 소를 신성한 동물로 여긴다는 것은 이미 널리 알려진 사실이다. 특히 하얀 소는 로드쉬바(Lord Shiva)의 탈것인 바하마(Bahama), 즉 자가용 탈것으로 여겨져 성우(聖牛)로 대접한다. 만약 이 소들이 큰 도로 중간을 막고 있어도 경적을 울려서 소들을 놀라게 하거나 힘으로 쫓아내지 않고, 다만 소들이 스스로 비켜날 때까지 기다려야 한다. 그 이유는 소는 죽은 사람의 영혼을 저 세상의 입구까지 이끌어준다고 인식되고 있기 때문이다. 그렇기에 이 소축제를 기획한 본래 의도는 '죽음의 신'인 야마라즈(Yamaraj)를 경배하기 위해 시작된 것이다.

'가이쟈트라'는 카니발 성격의 거리 퍼레이드가 백미이다. 목에 꽃다발을 두르고 멋진 치장을 한 암소들이 이날의 주인공이기에 이 소들이 행렬의 선두에 서지만, 그 외 암소의 가면을 쓴 소년들도 축제의 상당 부분을 차지하여 '소의 축제'임을 실감케 한다. 그 외에도 온갖 우스꽝스러운 분장을 한 자원봉사자들도 자발적으로 퍼레이드에 참여하여 '독특하고 코믹한 콘셉트'를 내세우며 축제의 분위기를 띠우는데 큰 몫을 차지하고 있다. 그렇기에 축제 날이 다가오면 축제에 참가할 사람들은 그 준비에 바빠진다. 우선 기상천외한 아이디어를 짜내서 그에 맞는 가면 등 소도구와 복장을 준비해야 하기 때문이다.

그러나 누구보다 의무적으로 그 페레이드에 참여해야 할 사람들은 따로 있다. 바로 지난해에 가족을 잃은 사람들이다. 그들은 가족단위로 고인의 영정을 태운 수레나 가마를 준비하거나, 또는 혼자 가슴에 안고서 행렬에 참여한다. 그리고는 소들에게 고인의 영혼을 무사히 저승세계로 모시고 가 달라는 기도를 한다.

　여기에는 물론 신화적인 유래가 없을 수가 없다. 힌두이즘에서는 한 인간이 죽으면, 우리의 염라대왕 같은, 죽음의 신인 야마라지(Yamarj)가 지하세계에서 장부를 가지고 망자의 이번 생에서의 선

두르바르 광장에서의 소를 앞세운 퍼레이드(Photo by Ashess Shakya)

암소가면을 한 소년들이 행진을 하고 있다.

행과 악행을 저울질하여 그 결과에 따라 다음 세상에 어떤 모습으로
태어날 것인가를 결정한다는 인과응보설(因果應報說)을 철저하게
믿는다. 그리하여 한 사람들이 죽음을 맞이할 때가 되면 야마리지는
까마귀를 보내서 망자들의 영혼을 심판의 문 앞으로 모이도록 통지
를 하는데, 이 문은 일 년에 딱 한 번 열린다고 한다. 바로 그 날이 '가
이자뜨라'가 열리는 날이기에 망자의 영혼은 이날 암소의 꼬리를 잡
고 이 문에 도달한다는 것이다.

（2）

요즈음의 이 축제의 틀은 14세기 중세시대 프라땁 말라(Pratap Malla)왕 시대부터 시작되었다고 한다. 말라왕에게는 귀여운 왕자가 하나 있었는데, 이 왕자가 어느 날 불의의 사고로 죽고 말았다. 이에 실의에 빠진 왕비는 삶의 의욕을 잃고 시들어갔는데, 이런 왕비를 보고 있던 말라왕은 안타까움에 왕비에게 웃음을 돌려주려고 갖가지 방법을 동원하였지만 매번 실패하고 말았다. 이에 누구든지, 무슨 방법으로든지, 왕비를 웃게 만든다면 큰 상을 내리겠다고 공고가 나붙었다.

이 별별 아이디어를 내세운 희극배우들이 도전을 했지만, 모두 실패를 할 때 또 다른 일단의 사람들이 다소 엉뚱한 테마를 가지고 일종의 퍼포먼스(performers)를 벌렸는데, 의외로 왕비가 웃었다고 한다. 그 주제가 바로 사회 모순과 불의를 풍자하는 가장행렬이었기에, 그 후로는 왕은 이러한 사회비판과 풍자를 담은 행렬을 일 년에 단 하루만 허락하게 되었다. 그 후로 가이자트라 날에는 코믹한 탈이나 의상과 분장을 하고 정치와 사회 전반에 걸친 풍자를 통해 집권자들에게 민초들의 고통을 호소할 수 있는 길이 열리게 되었다는 것이다.

그러니까 이 축제는 죽은 이의 넋을 천도하는 의미 이외에도 거리축제 본연의 놀이문화에 충실하여 노래하고 춤추며 먹고 마시는 놀이판을 넘어 민초들의 스트레스를 해소하는 날로 자리매김하였다. 이런 유래로 인하여 요즘도 이 기간에는 언론, 출판의 자유가 허용된다는 한다. 말하자면 권력자들에게 직접 억울한 사연을 전달하는 일종의 신문고(申聞鼓)가 설치된 셈이어서 현재도 그 전통을 살려 모든 매스컴 매체들은 이때만은 특별판을 발행하여 평소 쓸 수 없는 직언을 과감하게 쓴다고 한다. 현재 후진국형 언론통제를 하고 있는 네팔에서는 매우 흥미로운 현상이라 할 것이다.

각설하고 축제 기간 동안 일반 가정에서는 기르던 소의 목에 금잔

코믹한 분장을 한 자유 참가자

화 꽃목걸이를 걸어주고 소가 좋아하는 별식을 대접한다는데, 신문 토픽뉴스 난에는 어떤 집의 소가 이날이 자기네 진짜 생일날인 줄 알고 안방으로 들어와 좌정하고 당연한 태도로 뿌쟈를 받는다는 기사도 심심찮게 올라온다. 또한 이런 극진한 대접을 받는 소 중에는 눈물을 흘리는 소도 있다고 하는데, 그런 소는 전생에 인간이었고, 또 다음 생에는 다시 인간으로 태어날 소라고 인정을 한다고 어떤 구루는 한 수 보태기도 한다. 우리들에겐 황당한 이야기지만…. 신들이 너무 많은 나라에서는 별로 새삼스런 일화가 아니다. 이 축제는 네와리와 따루(Talu)족에서 기념하는 축제이기 때문에, 다른 지역은 휴일도 아니고, 또 다른 부족에서는 축제를 따로 챙기거나 즐기지도 않

The insprition of Kathmandu, Art by Pradeep Achrya

고, 다만 까트만두 분지의 몇몇 도시들만 이 축제를 벌이고 있다.

그 외에는 오직 뽀카라 인근 마을에서 열리는 '따야 마차(Taya Macha)' 춤이 흥미로운데, 이때 천사옷을 입은 4명과 어릿광대 한 사람이 벌리는 이 퍼포먼스는 지난해 죽은 사람의 넋을 천도하는 목적이 있다고 배경을 설명하고 있다. 아마 이 축제는 수세기 전에 뽀카라로 이주한 네와르에 의하여 전래되면서 새로운 곳에 맞게 각색된 또 하나의 '가이자트라'로 여겨진다.

(3)

반면 또 하나의 고도 박따뿌르(Bhaktapur)의 가이자트라는 오히려 까트만두보다 흥미로워 이방인들은 네팔 최고의 페스티발로 꼽는다. 그 이유는 '따하마차(Taha-Macha)'라는 대나무로 만든 높은 무등 가마의 행렬과 '기힌따기시(Ghinta Ghisi)'[29]라는 방망이 춤

---

29) 환상적인 동영상을 하나 올린다. 박따뿌르의 가이자트라 축제의 기힌타 방망이 춤

과 노래 때문일 것이다. 그 정도로 박따뿌르의 가이쟈트라는 매력적이다. 이 수레행렬은 두르바르 광장으로 수없이 모여들기에 흥미 있는 볼거리가 여기저기에 널려 있음으로 이방인들을 바쁘게 만든다.

박따뿌르의 가이쟈트라가 지금의 형식을 확립한 때는 14세기 말라 왕국의 쟈야스티띠 말라왕(Jayasthiti Malla) 때였다고 한다. 당시는 말라 왕국의 수도가 까트만두가 아니라 박따뿌르였는데, "아마도 다른 곳과 차별하기 위해 지금과 같은 무등가마행열과 방망이 노래와 춤을 만들어낸 것이 아닌가?"라고, 네팔의 민속학자 쉬레스타(Dr Shrestha) 교수는 신문 인터뷰30)에서 밝히고 있다.

박따뿌르의 명물이 된 따하마차(Taha-Macha) 가마는 지난해에 초상을 치른 망자의 집집마다 만드는데, 우선 두 개의 굵은 대나무를 바탕으로 여러 사람이 어깨에 둘러맬 수 있는 무등가마를 만든 후, 그 위에 다시 긴 대나무를 여러 개 세워서 그 끝을 묶은 다음 표면은 볏짚으로 감싸서 만든다.

그리고는 그 앞면에 망자의 사진과 안치하고 망자가 쓰던 옷가지들은 속에다 걸어 놓고는 꼭대기에서부터 오색 천을 묶어 늘어뜨리는 것으로 완성된다. 어찌 보면 우리의 상여(喪輿)에 상응되는 것이라고 보면 될 것 같다. 다만 우리 상여가 시신을 운반하는 용도라면 네팔의 것은 영혼의 천도용이라는 약간의 차이가 있다고 하겠다.

이다. https://www.youtube.com/watch?v=t5hqlGWz-Ug
https://www.youtube.com/watch?v=nOpZz6Xvdgk

30) "While making or taking out the Gai for the procession, the family members sob remembering their loved ones. And the same family members while looking at others and the vibrant procession tend to forget their sorrow and are seen enjoying the Ghinta Ghishi music and dance. This is the importance of Ghinta Ghishi where it teaches life's lesson that you have bid goodbye to your loved ones forever, you have to keep moving on and live your life."

　이윽고 기다리던 축제의 날이 밝으면 이 따하마차를 어깨에 맨 가족들은 일제히 두르바르 광장으로 출발한다. 이때 망자와 인연이 깊은 일단의 '기힌따기시(Ghinta Ghisi)' 춤패들이 그 뒤를 따라가며 길 위에서 흥을 돋운다. 그들은 여자들은 하꾸빠따시(Hakupatasi)라는 전통적인 검은 사리(Sari) 형태의 옷을 입고 남자들은 단순한 사리 형태의 옷을 입고서 거리를 누비며 행진을 한다.

　또한 이날을 위해 축제운영회 측에서는 최고로 큰 특별한 허수아비 무등가마를 두 채 따로 준비해둔다. 하나는 분노의 신 바이랍(Bhairab)신을 태우고, 또 하나는 바하드라 깔리(Bhadrakali) 여신을 태운다. 이윽고 이 큰 허수아비 바이랍신을 따라서 행진은 시작되는데, 이때 골목골목마다 따하마차 가마 중간 중간에 기힌따 놀이패들이 일명 '원숭이 춤'이라는 별명이 붙은 이 역동적인 노래와 춤을 추면서 행진을 하여 두르바르 광장으로 모여든다.

　그때 이 놀이패들은 선두 지휘부의 신호에 따라 우리의 '발라(鉢鑼)' 같은 두 쪽짜리의 금속타악기인 '강라(Ghangla)'[31]의 박자에 맞추어 두 사람이 짝을 맞추어 걸어가면서 몽둥이 두 개를 양손에 들고 박자에 맞추어 상대방의 그것과 두드려댄다.

　생각해보라. 한여름 삼복더위에 고풍스런 중세의 고도 뒷골목에서 수천 명 수 만 명이 땀을 뻘뻘 흘려가면서 가마를 메고 행렬을 지어 움직이면서 무아지경에서 방망이를 교차적으로 두드려대는 모습이 가히 어떨지? 네팔 같은 나라가 아니면 좀처럼 상상하기도 어려운 흥미로운 광경인 것만은 분명하다.

---

31) 이제는 우리에게 익숙한 티베트 명상악기인 '띵샤'와 같은 타악기다.

코믹한 가장 행렬이 지나가고 있다. (Photo by Ashess Shakya)

　　이 '기힌따기시'라는 방망이춤은 가이자트라 때부터 크리쉬나 잔
마쉬따미(Krishna Janmashtami) 축제 때까지 일주일이나 계속해서
박따뿌르 일원에서 볼 수 있는데, 이 춤은 열을 맞추어 짝을 이루며
두 사람이 서로 다른 사람의 나무 스틱을 두드려댄다. 이때 "기니 탕
기니 탕 긴타 기시 탁"이란 독특한 소리가 난다. 물론 박따뿌르에서
도 가이자트라 때만 들을 수 있는 소리이다. 물론 우리의 할머님과 어
머님이 한 여름날 대청마루에서 두르려대던 그 다듬이 소리와 거의
같다고 우리 독자 제위께서는 생각하시면 될 것이다. 이미 까마득히
잊어버린 우리의 소리이겠지만….[32]

　　이때 축제를 즐기기 위해서 나온 일반 참석자들도 각자 자신이 설

---

32) 한 동안 '우리의 소리'라고 세계적으로 히트를 친 '난타공연'은 아마도 네팔의 이 춤
　　을 패러디한 것이 아닌가? 할 정도로 닮은꼴이라는 점도 흥미롭다고 하겠다.

정한 콘셉트에 맞추어 무섭거나 코믹한 가면을 쓴다든가 얼굴에 오색 칠을 하고 남녀가 옷을 바꾸어 입는다든가 하는 등의 코믹스런 복장을 한다. 또한 어린이들은 아예 자기가 좋아하는 신들의 분장을 한다는 식으로 너나 할 것 없이 축제의 행렬에 끼어들어 같이 즐긴다. 이처럼 고도 박따뿌르의 가이자트라 축제는 네팔의 문화적인 요소들이 서로 혼합해 가면서 모든 주민들과 인근의 지역민들이 참여하여 하루를 즐기는 아주 훌륭한 축제라고 평가받고 있다.

이 '기힌따기시'는 뭐 어려운 민속춤이라기보다는 남녀노소 국적 불문 누구나 참여하여 함께 즐길 수 있는 일종의 퍼포먼스이기에, 물론 우리의 '다듬이방망이'만한 것 두 개는 있어야 하지만, 처음 기획된 목적인 망자의 영혼을 천도하기 위한 차원을 넘어서 오히려 무대 따로 관중 따로 국밥으로 노는 일반적인 축제마당보다 지역사회 구성원들의 결집력 측면에서는 훨씬 효율적이고 완성도가 아주 높은 축제가 아닐 수 없다.

이 춤의 동작들은 옛날에는 '6다스'에 이를 정도로 많았지만, 현재는 많이 잊히고 겨우 3다스 정도만이 남아 있다고 쉬레스타(Dr Shrestha) 교수는 안타까워하고 있었다. 또한 그는 이 춤이 삶과 죽음이 병존하고 있는 우리네 인생을 상징한다고 말하고 있다.[33]

네팔이 이런 축제를 통해서 고유의 아이덴티티(identity)를 살려 나가기를 진심으로 바라면서 설렘 속에서 그때를 기다린다.

---

33) "There is a symbolic meaning of striking sticks in Ghinita Ghishi dance that represents life. Life is possible only when the male and female are together. Without the either, there will not be any life on earth."
"This music and dance philosophically represents life, which is a combination of happiness and sadness and the universal truth about life that one who is born has to die."

6) 바이랍 꾸마리 자트라(Bhairav Kumari Jatra)

까트만두에서 동북쪽, 티베트로의 국경선인 코다리(Khodari) 쪽으로 국도변 133km에 위치한 돌카(Dolkha)라는 오래된 마을에 전해 오는 힌두 탈춤 축제이다. 태양력으로 이른 8월 초순경에 열리는데 5일간 계속된다.

역사가 500년이나 되는 유서 깊은 이 축제는 악대들의 반주음악에 맞추어 분노의 남신 바이랍(Bhairav)신과 꾸마리(Kumari) 여신과 기타 남신들과 여신들의 가면을 쓴 배우가 춤을 추면서 돌카를 중심으로 근처의 사원을 전전하면서 공연을 펼친다고 한다. 어떤 힌두인들은 단식을 계속하는 고행을 통해 신들에게 가까이 가려고 노력한다.

7) 크리쉬나 잔마쉬타미(Krishna Janmashtami)

(1)

 비슈누신의 여덟 번째 아바타(Avatar: 化神)로 인식되고 있는 크리쉬나의 생일을 기념하고, 또한 선신과 악신과의 일대 전쟁에서 선신이 승리한 날을 기뻐하기 위한 축제이다. 네팔력 바하드라(Bhadra) 달의 흑분 8일째에 거행된다. 여기서 '잔마(Janma)'는 출생을 의미하고, 아스따미(Ashtami)는 8일을 의미한다. 그리하여 크리쉬나 자얀띠(Krishna Jayanti)'라고도 부른다.

 올해 2018년은 9월 2일에 거행된다. 이 축제의 주제는 매우 단순하다. 겉으로는 생일잔치를 앞세우지만 선과 악의 싸움에서 언제나 선이 승리한다는 사실을 축제를 통해서 확인 사살한다는 줄거리이다.

크리쉬나 잔마쉬따미 축제에 아이들이 크리쉬나 복장을 하고 축제를 즐기고 있다.

빠탄의 두르바르 광장에 있는 크리쉬나 만디르 사원 전경

여기서 힌두이즘의 무궁함을 내세우는, 기획의도가 빤히 들여다보이는 멘트를 먼저 읽어보자. 『바가바따 뿌라나』에서 크리쉬나는 말하기를,

"세상에 악이 창궐하고 선이 시들어질 때마다, 나는 몇 번이고 다시 태어나서 악을 끝장내고 다르마법을 지켜낼 것이다."

힌두사회에서 크리쉬나는 다양한 뜻을 가진, 여러 가지 이름으로 불리고 있는 가장 친근한 신이다. 가장 일반적인 이름인 '로드 크리쉬나' 이외에도 피리를 뜻하는 무라리(Murari), 남신을 뜻하는 하리(Hari), 목동을 뜻하는 고빨(Gopal), 신을 뜻하는 샤얌(Shyam), 소를 뜻하는 난다 라라(Nanda Lala), '버터같이 필요한 사람'이라는 뜻의 '마칸 초르(Makhan Chor)' 등으로 불리고 있는 것을 보면 그의 다양한 캐릭터와 높은 인기를 실감할 수 있다.

(2)

오늘이 그의 생일 잔칫날이니만치, 우선 오늘의 주인공의 탄생에 얽힌 일화부터 소개하고 나서 재미있는 신화 속으로 풍덩 빠져 보도록 하자.

『바가바따 뿌라나(Bhāgavata-Purāṇa)[34]』 같은 고대 힌두문헌에 의하면, 크리쉬나는 약 5천 년 전 인도 북부 야무나강 기슭에 있는 마투

---

34) 10세기 힌두교 비슈누파의 일파인 바가바타파 신도들 사이에 전해오는 옛 설화로 비슈누 신의 아바타들에 대한 박티(헌신)를 주된 내용으로 하고 있는 힌두교 경전으로 마하푸라나들 중의 하나이다. 특히, 비슈누의 아바타들 중 하나인 크리쉬나에 대한 박티(헌신)를 주된 내용으로 하고 있다. 『스리마드 바가바탐(Śrīmad Bhāgavatam)』이라고도 한다.

라(Mathura)에서 야다바스(Yadavas)족의 바수데바왕과 데바키 왕비의 8번째 아들로 태어났다. 그런데 하필이면 외삼촌인 마투라의 국왕 깐사(Kansa)는 자아도취형의 폭군이었기에 왕좌를 빼앗길 두려움에 늘 점괘를 보는 버릇이 있었다. 어느 날 또 자칭 도사에게 점을 쳐보니 조카에 의해 왕위를 뺏기고 살해당한다고 불길한 점괘가 나왔다.

이에 낀사왕은 여동생의 아들들을 죽일 계획을 세우는데, 그 와중에 크리쉬나는 역시 비슈누신의 화신답게 미리 목동인 난다와 야쇼다 부부에게 몰래 보내져 목동[Gopis]과 목녀[Gopinies] 틈에서 자라났다. 그리고는 한 목녀와 사랑에 빠졌는데, 바로 그녀가 후일 영원한 애인이 된 라다(Radha)였다.

그래서인지 어렸을 때부터 그는 재주가 뛰어나고 유난히 짓궂은 장난을 좋아했지만, 대신 용기와 힘이 넘쳐서 숱한 마귀들을 물리치기도 하고 손가락 하나로 큰 산을 들어 올려 마을 사람들을 구하는 등 많은 기적을 행하는 영웅적인 기질을 발휘하였다.

크리쉬나는 성스러운 전쟁에 참가하여 중요한 역할을 하였다고 『마하바라따』에는 기록되어 있다. 그는 이 전쟁의 주인공인 빤다브스(Pandavs) 진영이 적군 까우라브스(Kauravs)를 무찌르는데, 결정적인 역할을 한 전투용 전차(戰車)를 모는 마부인 아르주나(Arjuna) 왕자를 직접 교육시켰다.

크리쉬나의 어린 시절과 일생을 다룬 경전으로는 『바가바따 뿌라나』 외에도 여러 버전[35]이 있는데, 대부분의 문헌에서 크리쉬나를 향한 무조건적 헌신을 강조하고 있다. 그 가운데 『마하바라따[36]』에서

---

35) 『하리방샤(Harivaṃśa)』, 『마하바라따(Mahābhārata)』, 『브라흐마 바이바르타 푸라나(Brahma Vaivarta Purana)』 등이 그것이다.

36) 브야사(Vyasa) 편찬한 것으로 알려진 『바가바드기타』는 고대 인도의 대서사시 『마하바라따』의 일부분으로서, 제6권인 『비스마파르바(Bhishma Parva)』 25장부터 42장까지 18장과 700편의 시로 이루어져 있다. 이 책은 인도인뿐만 아니라 전 인류

는 크리쉬나가 제자 아르쥬나에게 의무와 헌신 등의 기본 덕목을 가르치는 내용이 상당 부분 차지하고 있다.

전쟁터에서 형제와 친척들과 싸워야 하는 도덕적 딜레마에 빠진 아르쥬나에게 크리쉬나는 의무와 행동과 지식과 신애 등을 통해 신성에 이르는 여러 길을 가르쳐주는 멋진 스승노릇을 한다.

여기서 되풀이되는 '박띠(Bhakti)'라는 단어는 비슈누파와 크리쉬나를 이해하는 키워드로써 중요한 의미를 가진다. 한문으로 번역하면 신애(信愛) 또는 헌신(獻身)을 의미하지만, 일반적으로는 신에 대한 헌신과 사랑을 통해 해탈을 추구하는 대중적인 신앙행위 자체를 가리킨다.

이 박띠이즘은 『베다』같이 지나친 의식에 치우치거나 『우파니샤드』같이 사변주의에 빠지기보다, 무조건적으로 헌신을 요구하는 성격이 강하여 당시 정체되어 있던 힌두이즘의 여러 교파의 대중화에 큰 기여를 한 것으로 평가되고 있다.

그러니까 어찌 보면 박띠이즘은 당시 매너리즘에 빠져 있었던 여러 교파에 신선한 에너지를 불어넣어주었던지, 이런 추진력 덕분인지, 비슈누파(派)의 한 일파에서는 크리쉬나는 모든 화신의 근원으로 절대적인 인격신의 본래 모습으로 신격화시키기도 하고, 또한 독자적인 종교화의 길을 걷는 분파까지 생겨났고 요즘은 해외 분파까지 생겼다고 한다.[37]

의 중요한 종교적 고전 중 하나로 평가되며 산스크리트어로 '신의 노래'라는 뜻으로 기원전 2세기에서 기원후 5세기 사이에 성립된 것으로 추정된다. 그 내용은 인격신 크리쉬나를 향한 강렬한 사랑과 헌신을 바탕으로 한 박티 요가를 강조한다.

8세기 베단타 학자 샹카라 이후 라마누자, 마드바, 발라바 등 여러 비슈누파 철학자·사상가들이 『바가바드기타』에 대한 논평을 남겼고, 현대에 와서는 마하트마 간디, 오로빈도 고시, A. C. 박티베단타 스와미 프라부파다 등 여러 사상가들이 권위 있는 주석서를 집필했다.

37) 1966년 박티베단타 스와미 프라부파다(Bhaktivedanta S.P.)가 미국 뉴욕에서 창

그 뒤 후일담은 역시 족집게 예언대로 그가 폭군 외삼촌을 제압하고 그의 왕국을 다시 찾는다는 이야기인데, 너무 장황하기에 생략하기로 하고 다시 오늘의 주인공 크리쉬나 이야기나 마저 끝맺기로 하자.

요즘 대부분의 네팔인들 집에는 귀여운 모습의 파란 피부의 귀여운 아기 크리쉬나의 그림 한두 장씩 안 붙여 놓은 집이 드물 정도로 그의 인기는 짱이다. 그런 아기 크리쉬나의 그림을 '발고빨(Balgopal)'이라 부르는데, 원래 '크리쉬나'라는 말은 산스크리트어로 그냥 '검다'라는 뜻이기에 그는 그냥 '검은 사내'에 불과하지만, 그럼에도 불구하고 그가 피리[Murali]를 처음 만들어서 늘 피리를 불고 있는 로맨틱한 미소년이고, 더구나 모든 연인들의 수호신이기도 해서 뭇 여인들에게는 언제나 인기 0순위이다.

그래서 인지는 몰라도 크리쉬나를 맹렬하게 숭배하는 일단의 신자들은 크리쉬나의 생일을 기념하여 '박띠정신'을 실천하기 위해 하루 종일 음식을 먹지 않고 있다가 자정이 지나서야 음식을 입에 댈 정도로 열성적이다. 또한 이날은 '차빤보그(Chappan Bhog)'[38]라고 부르는 과자, 과일, 건과일 등으로 이루어진 먹거리를 56가지나 준비하여 크리쉬나 신에게 뿌쟈를 올리느라 법석도 떤다. 여기서 '차빤'이란 56개를, '보그'는 음식을 의미하는데, 그 유래는 다음과 같다. 비

설한 '하레 크리쉬나' 운동에 의해 서양에도 그 존재가 널리 알려졌다.

38) https://food.ndtv.com/food-drinks/janmashtami-2017-why-does-the-chappan-bhog-in clude-56-items-1450131/ The story goes that to protect his village and the people from the wrath of The God of Rain (Lord Indra), Krishna ji had lifted the Govardhan Parvat and placed it at the tip of his little finger, under which everyone had taken refuge. He stood still for seven whole days continuously, until Lord Indra realised his mistake. Lord Krishna would usually eat eight food items every day, but he didn't consume any food during these seven days. So at the end of the seventh day, everyone made Krishna ji a total of 56 dishes (eight multiplied by seven), out of gratitude.

56가지나 된다는 크리쉬나 차빤보그(Chappan Bhog) 부자상 메뉴.
크리쉬나는 상당한 미식가였나보다.

의 신 인드라가 엄청난 비를 퍼붓자 크리쉬나는 부락과 사람들을 보호하기 위해 산 [Govardhan Parvat]을 옮겨서 사람들을 대피시키느라 인드라 신이 비를 그치게 할 때까지 7일 동안 아무 것도 먹지 못하고 그대로 버티고 있었다. 원래 크리쉬나는 하루 8가지 음식을 먹기에 사람들이 비가 그친 후 7일간의 음식을 합하여 56가지를 마련하여 크리쉬나에게 대접을 하였다는 데에서 유래한다.

필자도 인터넷에 올라온 이 생일상을 보고는 매우 흥미로워졌을 정도로 그 상은 화려하고 거창한 잔치상이었다. 음식을 연구하는 분들 참조하시라고 그 '56첩상'을 각주로 달아놓는다.

(3)

이날 빠탄 두르바르 광장의 크리쉬나 만디르(Krishna Mandir) 사원과 나라얀히띠(Narayanhiti K. M.) 사원이 축제의 본무대가 되는데, 이날 수많은 크리쉬나 맹신자들이 이곳 사원으로 몰려들어 성스러운 밤을 경배드리며 "로드 크리쉬나", "하리 크리쉬나", "나라얀", "고빨" 등을 연창하여 축제의 열기에 빠져 들어가며 밤늦도록 『바가바드기따』를 낭독하고 성스러운 노래 바쟌(Bhajans)을 찬송한다.

대개의 크리쉬나 사원은 1층 기반부터 시작하여 위로 올라갈수록 21개의 첨탑이 점점 중앙을 향해 층층이 뾰족해지는데 이를 '시카라(śikhara)' 형식이라 부르는데, '정(頂)'이라는 뜻에서 사원의 지붕을 의미하게 되었다. 전체적으로 보면 포탄형의 첨탑 형태를 하고

크리쉬나 그림 Art by Puja Parya

있다. 매년 크리쉬나의 탄생축제 날이면 수많은 순례자들이 이 사원을 참배하고 수천 개의 기름램프를 켜서 사원을 장식한다.또한 크리쉬나 사원 앞에는 대개 타고 다니는 탈것[Bahama]인 거대한 가루다(Garuda)가 사원을 향해 날개를 펴고 앉아 있다.

이 사원의 바로 앞에는 유난히 눈에 띄는 조형물이 2개 더 있다. 하나는 요가나렌드라 말라(King Yoganarendra Malla's Column)왕의 기둥이고 다른 하나는 '딸레쥬의 종(Taleju Bell)'이다.

1693년에 세워진 6m 높이의 돌기둥위에는 연꽃 봉우리가 얹어 있고 그 안에는 무릎을 꿇고 기도하는 자세의 왕의 동상을 올려놓았는데, 그 뒤를 뱀의 신인 나가(Naga)왕의 머리를 우산처럼 감싸고 있고, 나가의 머리 위에는 까마귀 한 마리가 앉아 있는 모양이다.

왕은 사랑하는 아들이 죽자, 상심한 나머지 왕위를 내려놓고 출가

수행의 길을 떠났는데, 그 까마귀가 앉아 있는 한 언젠가는 왕이 다시 왕궁으로 돌아온다는 전설이 내려온다. 따라서 동상이 바라보는 왕궁의 문과 창문은 항상 열려 있다고 한다.

또 광장의 또 하나의 볼거리는 거대한 종인데, 1736년 말라 왕조의 비슈누 말라왕이 만든 큰 종으로 백성들이 억울한 일을 당했을 때 왕에게 직접 호소하기 위해 종을 울렸다고 한다. 말하자면 우리나라의 신문고와 같은 성격의 민초들을 위한 배려 차원의 조치이다.

위에서 크리쉬나가 '뿌라나'를 통해서 그가 힌두 문화계에 데뷔를 했다고 했는데, 이 '뿌라나'란 고대 힌두교의 구설로 전해지는 신화적이고 우화적인 설화 등을 통해 『베다』의 가르침을 해설하는 힌두교의 오래된 성전이다. 쉽게 풀어보면 '고대의 전설' 또는 '오래된 이야기'라는 문자적 의미가 담겨 있다.

네팔 거리를 걷다 보면 크리쉬나의 초상화가 눈에 많이 띈다. 대개 검푸른 피부의 아름답고 젊은 남자로 묘사되고 있는데, 머리에는 공작 깃털이 꽂힌 터번을 쓰고 손에는 대나무피리를 들고 있다. 그 옆에는 영원한 애인인 라다(rādhā)[39]가 늘 함께 있다.

음악의 신이며 사랑의 신이기에 그가 힌두인들 모두—특히 여인들과 예술가들—에게 인기가 좋다는 이야기는 앞에서 이미 했다. 그 이유는 그의 출신이 힌두문학의 거작인 서사시 『바가바따 뿌라나』를 통해서 데뷔를 한 셈이어서 그러한지, 그는 언제나 늙지 않는 아기 또

---

39) 크리쉬나 신이 목동사이에서 살던 시절의 애인으로서 수많은 크리쉬나의 애인들 중에서 가장 사랑받은 영원한 반려자였다. 비슈누교의 삭티운동에서 라다는 인간의 영혼을 상징하고 남성인 크리쉬나는 신성을 상징한다. 라다의 이러한 상징적 사랑은 여러 인도어들로 된 서정시로 표현되었다.
특히 자야데바가 지은 『기따 고빈다(Gītagovinda)』는 땅거미가 질 무렵 라다가 소들을 데리고 집에 돌아오는 크리쉬나를 기다리는 모습이나 작은 숲에서 크리쉬나와 앉아 사랑을 나누는 모습이 그려져 있다. 인도 동북부에서는 피리를 부는 크리쉬나와 라다의 청동상이 함께 사당에 모셔져 숭배대상이 되고 있다.

는 멋진 청년의 모습으로 힌두인들 가슴에 각인되어 있다. 유일한 단점이 있다면 그의 이름에서 풍기듯이 피부가 검다는 것인데, 그것조차도 피리 한 곡이면 땡이다.

12세기 벵골 시인 자야데바의 연애 서사시 『기따 고빈다』[40]는 크리쉬나와 연인 라다와의 사랑을 아름다운 신의 언어로 노래하였다. 크리쉬나는 어느 여인에게 말하기를,

"당신이 그냥 나를 떠올리기만 해도, 어떤 이름으로 부르더라도 나는 이미 당신과 함께 있을 것이요, 만약 내가 당신이 나를 부르는 것을 안다면…."

바람둥이들의 전형적인 작업멘트의 원조라고 할 만하다. 그 라다라는 애인은 마음고생 꽤나 했을 것 같다.

---

40) 12세기 벵골의 궁정작가인 자야데바(Jayadeva)가 지은 뿌라나로써 라다와 크리쉬나 사이의 로맨스를 그린 고전으로 특히 비슈누파에게 인기가 있다.

꾸마리, 가네쉬, 바이랍 신이 탈 가마에 아이들이 놀고 있다.

8) 인드라 자트라(Indra Jatra)

'번개의 신' 또는 '비의 신'의 역할을 겸한 인드라(Indra: 因陀羅)[41]를 기리는 자트라로서 흔히 젠야(Jenya)라고도 부른다. 지루한 몬순 기간이 지나가고 농산물의 수확을 감사제를 겸하여 네팔력 5월 바드라(Bhadra)의 마지막 8일 동안 거행된다. 올해는 9월 21일부터 시작되는데, 일주일 동안 까트만두의 두르바르 광장, 바산트뿌르, 인드라촉 등에서 거리행렬과 전통 가면무용 등 전통적인 춤을 공연한다.

이 축제의 특징은 힌두와 불교가 연합하여 치루는 행사라는 데 있

---

41) 초기 힌두이즘에서는 인드라가 최고신이었으나, 후에 번개와 비의 신으로 강등되었다. 머리카락과 피부는 황금빛으로 빛나며, 왼손에는 번개를 상징하는 금강저를 들고, 2마리의 붉은 말이 이끄는 전차나 코끼리를 타고 다닌다고 묘사되어 있다. 불교의 판테온으로 들어와서는 제석천으로 변화되었다.

인드라 자트라(Indra Jatra) 개막을 주도하는 붉은 가면을 쓴 라카이(Lakhay)

다. 알려진 대로 고대 브라만시대에는 '신들의 왕'으로서 최고 신의
영광을 누리던 인드라는 후대 힌두이즘에 시대에 들어와서는 최고
신의 자리에서 밀려나 '비의 신'의 역할만 하게 되고 불교의 판테온
으로 들어와서는 제석천(帝釋天)이란 이름으로 불교의 호법신 역할
을 하게 된다. 인드라는 당시 우주적인 성산인 까일라스(Kailash)의
주인이었는데, 후에 힌두교의 삼신론에 의해 쉬바신의 자리가 정해
지자 쉬바가 인드라를 밀어내고[42] 까일라스의 주신으로 들어앉게 되
었다는 것도 인드라의 신격변화의 한 사례일 것이다.

---

42) 이런 세대교체시기에 역시 최고신이었던 브라흐만도 불교 쪽으로 이사를 오면서 대
　　범천(大梵天)으로 이름이 바뀌게 된다. 그러니까 사천왕이나 제석천 그리고 대범
　　천 같은 불교의 수많은 수호신장들은 원래는 불교의 신들이 아니고 힌두교의 우주
　　론에서 이주해 온 외래신들인 것이다.

인드라 자트라에 운집한 인산(人山)

인드라 자트라에 운집한 인해(人海)

말하자면 인드라신은 막강한 '번개의 신'에서 '비의 신'으로 역할 분담은 좀 떨어졌지만, 그래도 불교에서는 여전히 휘하에 사천왕(四天王)과 32천을 거느리고 우주의 중심 수미산의 정상에 자리 잡고 우주와 불법을 지키는 수호신장으로 자리를 잡게 되어 중요한 메이저급 신의 자리를 유지하고 있기에 네팔에서는 불교 쪽 단체들이 이 축제에 공동으로 참여하고 있다.

축제가 생겨난 배경은 다음과 같다.

효자 인드라가 어머니에게 아름다운 꽃을 선물하기 위해 하늘에서 까트만두 분지에 내려와 꽃을 훔치다가 붙잡혀 거리에 묶이게 되는 수

모를 당하고 있었다. 그래서 인드라의 어머니가 아들을 구하려 내려오자 그제야 사람들이 인드라를 풀어주었는데, 대신 조건이 붙었다. 첫째는 그 해에 죽은 모든 사람들을 천국으로 데려가는 것이고, 둘째는 농사가 잘 되도록 비를 풍족하게 내리게 해준다는 약속을 하라는 것이었다. 그리하여 인드라 모자는 까트만두계곡 사람들에게 비를 흠뻑 오게 하는 축복을 내렸기에, 그 후로부터 인드라신을 기리는 축제가 시작되어 현재까지 그 전통이 이어지고 있다. 이때가 타꾸리(Thakuli) 왕조의 구나까마 데바(Gunakama Deva, 949~994)왕 때부터라고 하니 벌써 천여 년의 역사를 자랑하는 네팔에서 가장 오래된 축제라고 할 수 있다.

1756년 말라 왕조의 마지막 국왕인 자야 쁘라까시 말라(Jaya Prakash Malla)는 인드라 자트라가 시작되고 3일 뒤에는 대체로 같은 장소에서 까트만두의 수호 여신인 꾸마리를 기리는 자트라를 만들면서 행사의 규모를 키웠는데, 그 후 고르카의 프리티비 나라얀 왕(Prithvi Narayan Shah)이 분지를 정복하고 샤흐 왕조를 세운 날을 기념하여 꾸마리 축제를 그대로 이어받아 인드라 자트라와 겹쳐서 그 규모가 더욱 커졌다고 한다.

일반적으로 인드라 자트라가 시작된 3일 뒤에 꾸마리 자트라가 시작되기에 인드라 축제의 한 부분으로 알려져 있지만, 분명히 두 축제는 그 연원부터 다르다. 인드라축제는 고대 리차비 왕조 때부터 시작된 유구한 역사를 자랑하는 데 비해 꾸마리 자트라는 샤흐 왕조에서 정책적으로 장려한 축제라는 차이점이 있다. 또 다른 차이점은 인드라 자트라가 오직 까트만두에서만 열리는 것에 비해 꾸마리 숭배 관습은 옛 3개 왕국이 있었던 빠탄, 박따뿌르, 붕가마띠 등지에도 남아 있다.

우리 드림팀도 벼르고 벼르던 축제에 참가하기 위해 뽀카라에서 야간버스를 타고 밤새 달려 축제장으로 들어가긴 했지만, 인산인해 속에서 겨우 몇 장의 그림을 그리긴 했지만, 밀려드는 인파로 인해 거의 깔려죽을 뻔 했다. ㅎㅎ

9) 살아있는 여신 꾸마리 축제

(1)

신들의 나라, 네팔에는 별별 이상한 일들이 많지만, 그 중 하나. 바로 살아 있는 여자아이를 마치 여신인양 받들어 모시고 있다는 사실도 그 중 하나이다. 어제 오늘의 이야기가 아니고 벌써 250년이나 내려온 전통이다. 꾸마리 숭배관습은 18세기경 까트만두 분지의 황금기를 구가하던 말라(Mala)[43]왕조의 마지막 국왕 자야 쁘라까시 때부터 시작되어 지금까지도 옛 왕국이 있었던 까트만두, 빠탄, 박따뿌르, 붕가마띠 등지에도 여전히 남아 있다.

꾸마리 여신은 한 명이 아니고, 지방까지 합치면 최소 10여 명 이상 되는 것으로 알려 있는데, 그 중 가장 신격이 높은 꾸마리는 까트만두의 '로얄 꾸마리'로 분지의 수호신 역할을 맡고 있는 중요한 위치에 있다.

그녀는 지금도 두르바르(Durbar) 광장 옆 꾸마리 바할신전에서 살면서 가끔씩 얼굴만 세상 사람들에게 잠깐 보이고 있다가 큰 축제가 되면 가마를 타고 세상 밖으로 나와 축제에 참여하여 운집한 사람들에게 축복을 내려준다.

---

43) 고대 리차비왕조 이후로 까트만두 분지는 북쪽에 있던 누와코트(Nuwakot)의 타쿠리(Thakuri)왕조가 잠시 점령하였으나 큰 족적을 남기지 못하고 있다가 11세기경에는 강력한 말라왕조(Malla Dynasty)가 세워지면서 네팔문화는 수준 높은 네와르 문화의 황금기를 구가했다. 550년의 통치기간 동안 말라왕조는 수많은 사원과 그림 같은 광장이 있는 훌륭한 왕궁을 건설하였다. 또한 사회와 도시는 잘 정비되고, 종교적 축제가 도입되고, 문학, 음악, 예술은 고무되었다. 이 황금기의 까트만두 유역엔 풍요가 흘러 넘쳤으며, 오늘날 볼 수 있는 훌륭한 건축물 대다수가 이 시절에 설립된 것이다.

네팔의 살아있는 여신 꾸마리
(Art by Srijana Ray)

'꾸마리 데비(Kumari Devi)'는 '숫처녀 여신'[44]이라는 의미로 두르가 여신의 어릴 때 이름인데, 그녀는 로드 쉬바의 부인이며 파괴의 여신인 두르가(Durga)의 화신인 딸레쥬 바와니(Talleju Bhawani)의 또 다른 아바타이다.

온 세상이 종교분쟁으로 피비린내가 마를 날 없는 사바세계에서 이웃종교와 화목하게 공존하는 일은 정말 보기 힘들다. 이런 현상은 종교들이 내세우는 이론상으로 보면 당연한 일이지만, 세상의 모든 갈등과 다툼과 대량살육이 종교로부터 비롯되는 아이러니를 품고 있다.

---

44) 총각은 '쿠마르'라고 부른다. 전쟁의 신은 시바신의 아들인 쿠마라이다.

빠탄의 꾸마리에게서 축복을 띠까를 받은 드림팀과 필자

그런데 이 대목에서 예외적인 나라가 바로 네팔이다. 네팔의 국교
인 힌두교와 제2의 종교인 불교가 사이좋게 "형님 먼저 아우 먼저"
하기 때문이다. 그런 흥미로운 현상의 배경은 바로 '꾸마리제도'의 때
문인데, 그 이유는 대대로 꾸마리의 친생 아버지는 사캬(Sakya)[45]족
의 고따마 싯다르타의 후손이고 친생 어머니는 전통적인 힌두교 가
문이기 때문이다. 말하자면 불교와 힌두교는 혈연으로 맺어진 끈끈
한 사이라는 것이다.

---

45) 사캬족은 현재 인도 인구 중 10% 정도인 1억 명 정도가 살고 성씨 5개로 분화되어
   있는데, 95%는 힌두교를 믿고 5%만 불교를 믿는다. 인도에서 평등을 추구하는 불
   교를 믿으면, 카스트제도의 최대 피해자들, 즉 불가촉천민으로 인식한다.

파탄의 꾸마리여신의 집

꾸마리축제 때 광장을 가득 메운 군중들 사이로 인력이 메는 가마를 타고 축복을 나누어주는 꾸마리 여신

(2)

꾸마리의 선발은 엄격한 자격과 조건을 갖춰야 한다. 부모들의 혈통 이외에도 이 여신이 되려면 총 32가지의 신체적인 조건을 갖춰야 한다. 이는 아마도 붓다 특유의 '32상호'에서 유래한 것이리라. 우선 몸에 흉터가 없어야 하고 까만 눈동자에 가지런한 치아 등등 신체적인 조건을 갖추어야 한다. 그리고 무엇보다 엄격한 조건은 아직 생리를 하지 않은 '숫처녀'라야 한다는 것이다. 말하자면 꾸마리제도는 티베트의 달라이 라마처럼 환생해서 대를 이어가지 않고 꾸마리 여신의 혼이 일정한 조건을 갖춘 숫처녀의 육체에 잠시 머물다 간다는 식이다.

전대 꾸마리가 생리를 시작하면 새 후보자를 선발하기 위한 일종의 간택령(揀擇令)이 내려지는데, 그러면 전국의 사캬 성씨를 가진 2~5살까지 딸아이 둔 부모들은 여기에 참가해야만 된다. 만약 이를 거부할 때에는 무서운 딸레쥬 여신의 신벌이 내려진다고 한다. 이렇게 시작된 심사를 거쳐서 최종 선발된 어린 소녀는 빛이 차단된 암흑의 방으로 들어가 하룻밤을 지나야 한다. 그런데 이 방은 그냥 어두운 방이 아니고 온갖 괴기스런 물건이 즐비한 공포 그 자체라고 한다. 이 방은 소머리, 돼지머리, 양머리, 닭대가리 같은 희생제물이 차려져 있는 피비린내 가득한 곳인데, 만약 여기서 후보자가 울거나 소리를 지르면 그 방에서 나갈 수는 있지만, 대신 선발에서는 탈락이다. 그 이유는 여신이 될 자격이 있다면 딸레쥬 여신의 화신 노릇을 해야 하기에 무서움은 당연히 이겨내야 한다는 것이다.

전설에 의하면 암흑의 방에서 하루날 밤을 새는 소녀에게는 정말로 두르가(Durga) 여신의 화신(化神: Avatra)인 딸레주 여신의 영(靈)이 그 소녀의 육체에 깃든다고 것이다. 바로 이 여신이 왕국의 흥망성쇠를 좌지우지하는 수호 여신이니 당연히 중요시 할 수밖에 없었을 것이다.

이렇게 꾸마리로 확정되면 그날부터 딸레쥬 여신처럼 화려하고 온통 붉은 옷을 입고 온갖 장신구로 치장하고 얼굴에는 눈을 강조하는 화장을 하고 이마에는 붉은 칠을 하고 그 가운데 '제3의 눈(The third eye)'을 그려 넣는다. 그리고는 전속교사로부터 힌두경전을 배우면서 여신으로 추앙받으며 땅을 밟지 않고 호의호식하면서 지낼 수 있다.

꾸마리가 세상을 접할 수 있는 때는 하루 한 번(혹은 3번)이다. 정해진 시간에 창문을 통해 사원 밖을 내다볼 수 있는데, 이때 꾸마리 여신과 눈이 마주치면 행운이 찾아오고 소원이 이루어진다는 믿음 때문에 수많은 사람들이 그 시간대가 되도록 기다렸다가 혹시 여신이 얼굴을 보이면 열광을 한다. 또한 꾸마리는 여신이기 때문에 자기의 발로 걷지 않기에, 일 년에 몇 차례 정도, 중요한 축제인 가이자트라(Gai Jatra)[46]나 인드라자트라 다샤인 축제 같이 의무적으로 참석

---

46) 네팔력 7월 즈음에 거행하는 축제로, 일주일 동안 노래하고 춤추며 마음껏 즐긴다. 일명 '소의 축제(Procession of cows)'라고도 하는데, 네팔어로 소를 가이(Gai)라고 부르고 힌두교에서는 소를 신성한 동물로 여긴다. 그 유래는 힌두교의 부의 여신인 락슈미의 상징이 소이고, 또한 죽은 사람의 영혼을 저승 입구까지 데려간다는 믿음 때문이다. 지난해에 죽은 가족의 옷을 입고 거리의 행렬에 소와 같이 참여하면서 죽은 자들의 넋을 위로하기 위해 만들어졌다고 한다.

해야 하는 축제 때에는 전속 도우미들이 가마에 태우고 사방에서 호위를 한다.

그러나 어린 나이에 부모를 떠나 사원 안에서 갇혀서 살아야 하니 아무나 할 짓은 아닌 것만은 확실하다. 그리고 꾸마리로 선발돼서 활동하다가 만약 몸에 상처가 나서 피한방울이라도 흘리거나 첫 월경이 시작되면 자격이 박탈된다. 자격박탈 사유는 더 있다. 바로 박따뿌르의 꾸마리였던 산쟈니(Sajani Shakya) 같은 경우이다. 그녀는 꾸마리에 대한 다큐 영상을 찍으러 2007년 미국을 방문했는데, 그게 바로 직접적인 이유가 되어 꾸마리직을 박탈당했다고 한다. 소고기를 먹는 야만적인 나라를 방문했다는 이유에서이다.

또 다른 케이스도 눈길을 끈다. 평생 생리를 안 한 덕에 60대까지 그 자격을 유지한 할머니 꾸마리 바지라차르야(63)도 있다. 그녀는 1954년 2살의 나이로 여신으로 추대된 후 생리를 안 해서 30년간이나 빠탄 지역 공식 꾸마리로 지냈는데 1984년 특별한 이유 없이 은퇴를 당해야만 했다고 한다.

일반적으로 인드라 자트라가 시작된 3일 뒤에 꾸마리가 시작되기에 이 축제가 인드라의 부분으로 알려져 있지만, 분명히 두 축제는 그 연원부터 다르다. 인드라축제가 고대 리차비 왕조(Lichhavi Period, BC300~AD1200) 시기 때부터 시작된 유구한 역사를 자랑하는 데 비해 꾸마리는 1756년 말라 왕조의 마지막 왕인 자야 쁘라까쉬 말라(Jaya Prakash Malla) 시대에 만들어진 축제라는 차이가 있다.

(3)

어느 날 정체 모를 한 아름다운 소녀가 겁도 없이 자기 발로 궁전으로 들어와 국왕과 마주 앉게 되었다고 한다. 물론 예나 지금이나 권력과 돈을 한 손에 움켜쥔 남자들은 세상의 모든 여자는 모두 자기

딸레쥬 여신 2018
Srijana rai 그림

것인 양 착각하고 소녀를 범하려고 강제로 침상으로 끌고 들어갔다. 그러자 아름답기 그지없는 천하일색 소녀가 돌연 머리가 넷이고, 팔이 10개나 달리고, 입에서는 붉은 피를 흘리는 무서운 딸레쥬 여신의 본모습으로 변하여 왕을 꾸짖고는 저주를 퍼붓고 사라졌다.

혼비백산한 왕은 며칠 동안 잠도 못자고 불안에 떨다가 점술사에게 자문을 구했더니 점괘는 여신을 위한 사원을 지으라는 것으로 떨어졌다. 그래서 왕은 온갖 장인들을 불러 모아 자신이 본 여신의 소상을 만들어놓고는 간절히 기도하면서 용서를 구하였다. 그러나 오랜 시간 동안 일체의 감응이 없다가, 마침내 여신이 나타나 말하기를

"반드시 초경을 격지 않은 순결한 어린 소녀를 골라 나의 분신으로 삼고 섬기면 용서를 하겠거니와⋯"라고 다시 협박을 하고 사라졌다.

이에 자기의 생명뿐만 아니라 왕국의 안위가 걸린 중대한 문제라 왕은 온 나라를 뒤져서 여신의 뜻에 맞는 조건, "2~5세 사이 32가지 상을 갖춘" 조건에 부합하는 순결한 소녀를 선발하고 여신으로 섬기게 되면서 그녀를 위한 꾸마리 자트라가 생겨났다는 것이다.

(4)

외부인이 꾸마리를 볼 수 있는 기회는 별로 없다. 우선 정월에 열리는 스웨터 마친드라나트 스난(Sweta mechindranath Snan) 때 잠시 볼 수 있는데, 이 기간에는 사원에 있던 신상을 목욕시키고 향유를 붓고 치장을 한 다음 뿌쟈를 올리며 한 해 동안 비가 잘 내려 농사를 잘 되도록 기원하는데, 이때 꾸마리 여신도 이 사원을 방문한다.

다음은 소 축제에도 참관한다. 가이자트라는 암소축제라는 뜻으로 어린 소년들을 암소로 치장하고 앞세워 전년에 사망한 망자들의 사진을 들고 온 시가지를 행진한다. 꾸마리 여신이 소녀인 데 비해 가이자트라에서는 소년들이 암소로 분장하여 망자의 영혼을 저승길 입구까지 데려다주는 역할을 한다. 물론 인드라 자트라와 겹쳐져 7일간 거행하는 꾸마리 자트라 때가 그녀를 가장 가깝게 볼 수 있는 기회이다. 물론 까트만두 두르바르 광장에 있는 딸레쥬(Taleju)신전 47)에 살고 있는 로얄 꾸마리는 철저히 봉쇄되어 일반인들이 쉽게 만

---

47) Taleju Temple within the valley is located in Kathmandu Durbar Square in Trishul Chowk, which is attached to the Hanuman Dhoka Palace. Kathmandu's Taleju Temple was constructed in 1564 by King Mahendra Malla. There is much lore and mysticism surrounding the beginnings of Kathmandu city's Taleju Temple.

날 수도 볼 수도 없지만, 로컬 꾸마리들은 보호자들과 눈치껏 교섭하면 여신에게 축복의 붉은 '띠까'를 이마에 받을 수도 있다.

필자도 드림팀을 데리고 빠탄 두르바르 광장 스케치를 갔다가 우연히 꾸마리의 친부모들을 만나게 되어 신전 이층으로 초대받아 정화수 세례를 받고 그녀를 직접 대면하고 인증사진까지 찍기도 했다. 그때 가까이서 잠깐 본 5살짜리 꾸마리의 눈동자가 잊히지 않는다. 뭐랄까? 깊은 연못 같은 그런 신기(神氣)가 담겨진 눈이랄까?

이 꾸마리제도에 대해서 이른바 문명국가라는 나라들의 눈길은 당연히 곱지 않다. 페미니스트적 시각 이외에도 아동학대라는 관점이 그런 이유인데, 이런 따가운 시선을 의식해서인지 네팔 정부 측에서도 대안을 제시하고 나섰다. 2014년부터 은퇴한 꾸마리에게 '종교와 문화'에 기여한 공로로 상패와 생활보조금을 지급하기로 했다고 한다.

그러나 한때 꾸마리로 발탁되었다가 초경을 치르고 여인이 되면, 그 자리에서 내려오더라도 한때의 영광의 그늘에서 평생을 독신으로 살아야 하기 때문이다. 만약 은퇴한 꾸마리가 결혼하면 그 상대는 신의 저주를 받아 요절한다는(?) 일반화된 인식 때문에 감히 덤벼드는 총각이 없기 때문이란다. 어찌 보면 기이할뿐더러 말도 안 되는 일이지만, 뭐, 어쩌랴?

남의 나라의 오랜 종교적 관습이라니, 더구나 네팔이란 나라의 명운이 이 어린 소녀에게 빙의(憑依)되어 붙어 있는 딸레쥬 여신에게 달려 있다니….

10) 간따까르나 차뚜르다시(GhantaKarna Chaturdasi)

힌두 신화속의 악마 간따까르나의 죽음을 기뻐하는 축제로 일명 '가테망갈(Gathemangal)' 또는 '종(鍾)의 축제(Methal Bell festival)' 라고 불린다. 차뚜르다시는 4일을 뜻하기에 힌두력 샤라완(Shrawan, July/August) 달 4일에 열린다. 그 외에도 다른 축제-자나이 뿌르니마 (Janai Purnima), 락샤야 반단(Rakshya Bandhan), 쿰베쉬워르 멜라 (Khumbeshwor Mela)-등에서 같은 내용의 연극이 공연되기도 한다.

간따까르나(GhantaKarna) 축제 퍼레이드(photo by Ashess Shakya)

전설에 의하면 악마 간따까르나는 동네 사람들을 괴롭히고 재산을 약탈하고 때로는 동네 아이들을 유괴하여 잡아먹고 동네 여인들을 겁탈한다는 소문까지 떠도는 악행을 저지르는 못된 악마여서 한 마을을 공포에 몰아넣었다고 한다. 이 악마는 몸을 붉은색, 푸른색, 검은색으로 칠하여 괴기한 모습을 하고 두 귀에는 소리 나는 종을 달았기에 '간따까르나(Bell+Ears)', 즉 '귀에 종을 달은 악마'로 불렸다.

이 괴물악마 때문에 사람들이 밖으로 나갈 수가 없어서 어려움에 처 하였을 때 예기치도 못한 구원자들이 마을을 찾아 들었다.

바로 엄청난 수의 개구리 떼였다. 그들이 무서운 악마가 머물고 있는 곳에 와서 큰 소리로 울기시작하자, 악마는 시끄러워 개구리를 잡아먹으려고 했지만, 영리한 개구리들은 앞으로 뛰며 계속하여 큰 소리로 울어대며 악마를 웅덩이로 유인하고는 그를 물속 진흙구덩이 속으로 빠트렸다. 그리고는 모든 개구리들이 악마의 귀와 머리에 달려들어 마침내 악마를 질식시켜 죽게 만들었다. 그리하여 그 보답으로 개구리들은 계속하여 그 계곡에 머물게 되었다고 한다. 말하자면 한 레전드가 생겨난 것이다.

이 축제는 위의 내용을 각색, 연출하여 연극으로 만들어 길거리에서 공연을 한다. 이때 아이들 중 한 패는 통행인으로부터 돈을 거출하여 악마의 인형을 만들어 대나무 막대기를 만든 삼각 텐트 중앙에 그 인형을 놓아두고, 또 한 패는 흰색으로 온 몸에 칠을 하고 '귀에 종을 달은' 악마 역할을 하면서 마을을 돌아다니다가 때가 되면 악마인형이 있는 곳으로 돌아와서 인형에 불을 붙여 강으로 빠트리는 것으로 악마에게서 마을을 구한다는 줄거리를 완성시킨다.

그래서 쇠로 만든 종이 주요한 소도구로 축제에 사용되기에, 지금도 지역 사람들은 종을 흔들어 악마를 쫓아내는 시늉을 하면서 즐거워한다.

11) 스리 람 나와미(Shree Ram Nawami)

모든 힌두인들이 가장 좋아하고 사랑하는 람(Ram) 또는 라마
(Rama)의 생일을 기리는 축제로 차이트라(Chaitra:March/April)
달의 제9일에 열린다. 여기서 '나와미'는 생일을 뜻한다. 특히 네팔의
남부도시인 자나크뿌르(Janakpur)의 자나끼(Janaki)사원에서 가장
성대하게 벌어진다.

『라마야나』의 영웅
라마의 인기는 모든 힌
두교도에서 최고이다.
더구나 자나크뿌르에
는 네팔과 인도의 국
경 사이 51km를 운행
하는 네팔 유일의 기차
가 있으며 이곳에서 인

하리 크리쉬나 & 라마

도 국경까지는 20km 정도 떨어져 있기에 네팔 국내 뿐만 아니라 별
도의 통과 비자(Visa)가 필요 없는 인도에서부터 생일축하객들이 몰
려들어 생일잔치는 요란하게 거행된다.

그렇기에 이날 이 자나끼 사원에서 거행되는 주요 의식에서 수 많
은 희생동물들-수탉과 염소, 물소-이 제물로 바쳐진다.

'승리를 상징하는 영웅' 라마는 로드 비슈누의 화신으로 알려져 있는
데다가 대 영웅서사시 『라마야나』[48]에서 보이는 그의 힘, 용기, 순결함,

---

48) 후세의 문학과 종교, 사상에 큰 영향을 미친 『라마야나』는 『마하바라따』와 쌍벽을
이루는 인도의 대서사시로 세련된 문체로 쓰여 있다. 그 옛날 갠지스 강 북쪽 기슭
에 있던 코살라 왕국은 다사라타 왕의 치하에서 번영을 누리고 있었지만, 3명의 왕
비에게서 아들이 없었다. 그러나 신의 음료 넥타를 마신 후 첫 왕비가 라마 왕자를

2018년도판 스리 람 나바미 행사 표스터　　　라마야나 민속화

열정, 말의 달콤함, 평온, 지혜 같은 미덕으로 인해 모든 힌두인들의 각별한 사랑과 경배를 받고 있다.

라마가 탄생하기 이전 세상은 라바나(Ravana)라는 악마들의 왕에게 점령되어 오랫동안 중생들은 도탄에 빠져 있었다. 이에 비슈누 신은 세상을 구하기 위하여 스스로 화신으로 분신하여 아요디야(Ayodhya)왕국의 다샤라트(Dasharath)왕의 아들 라마(Rama)로 태어났다.

당시 왕에게는 왕비가 3명이나 있었으나 모두 왕자를 생산하지 못했는데, 비슈누가 '신의 정화수'인 넥타(nectar)를 3명의 왕비에게 모두 마시게 하여서 큰 왕비 카우샬랴가 라마를 낳았고 다른 부인들 역시 네 아들을 낳았다.

부왕이 나이가 들어 노쇠해지자 라마를 태자로 정하는 책봉의식을 성대하게 거행하려고 꼬살라국의 수도 아요디아(Ayodia)는 아름답게 치장되어 의식을 치를 준비에 들어가고 이웃 나라의 왕들도 손님들이 의식에 참석하기 위해 모여들었다.

낳았고 다른 두 왕비도 3왕자를 낳았다. 그러나 저주에 의해 부왕이 죽자, 왕국에 내분이 생겨 그들 형제는 고국을 떠나 숲 속에 은둔하는 생활을 하게 되었다. 그러나 라마가 숲의 마왕 라바나와 싸움이 붙자, 악마는 라마의 부인 시타를 납치하여 스리랑카의 성에 감금했다. 라마는 막내 동생 락슈마나와 함께 시타를 찾는 여행길에 올랐다가 도중에 원숭이 왕을 살려 주어 그들의 도움을 받게 되어 원숭이 군대는 바다를 건너 스리랑카로 쳐들어가 격전 끝에 악마의 일족을 모두 궤멸시키고 아내를 구출하여 고국으로 개선했다는 줄거리이다.

그런데 태지 책봉식 전날 밤, 왕이 총애하던 왕비 카이케이가 왕이 그녀에게 한 약속을 앞세워 자신의 아들 바라타(Baratha)를 태자로 삼고 대신 라마를 14년간 내쫓으로고 왕을 다그치자 착한 라마태자는 부왕을 입장을 이해하고 결단을 내려 태자비 씨따(Sita)와 동생 락슈마나(Rakshmana)를 데리고 아요디야를 떠나 방랑길로 들어섰다. (…중략…)

숲 속에 은둔한 라마는 숲의 정적을 어지럽히는 악마를 혼내 주는데, 마왕 라바나(Ravana)가 이를 못마땅하게 여겨 태자비 씨따를 납치하여 멀리 스리랑카 성에 감금하였다.

그렇게 되자 라마 일행은 태자비를 구하러 먼 여행길에 올랐다가 도중에 원숭이 하누만 왕을 살려 주게 되어서 원숭이 부대는 씨따를 찾는 일에 합류하여 바다를 건너 스리랑카로 건너가 격전 끝에 라바나 족을 무찌르고 부인을 구출하여 고국으로 개선하게 된다.

그러나 납치되었던 태자비는 씨따는 정절을 의심받지만 불의 신에 의해 깨끗함이 증명되어 라마와 함께 수도로 개선했지만, 국민들 사이에 의심하는 사람이 아직도 있음을 한탄하며 몸의 결백을 증명하기 위해 땅 속으로 사라졌다.(…하략…)

오랫동안 힌두의 문학과 종교, 사상에 아주 큰 영향을 미친『라마야나』는『마하바라따』와 쌍벽을 이루는 인도의 대 서사시이다. 이속에는 숭고한 러브 스토리와 함께 힌두교인들이 지켜야 할 덕목과 철학적인 사유 그리고 수행의 방법 같은 힌두이즘의 총체적인 것이 함축되어 있다고 평가되고 있다.

12) 고데 자트라(Ghode Jatra)

'고데'는 네팔어로 말(馬)이다. 까트만두 중심 순다르(Sundar)에 있는 구왕궁의 연병장이었던 뚠디켈(Tundikhel)광장 풀밭아래에는 '뚠디'라는 악마의 정령이 묻혀 있다는 전설이 전해 내려와 해마다 말을 잔디에서 뛰어놀게 함으로써 악마가 땅위로 나오지 못하게 하는 뜻에서 생겨난 축제라고 한다.

해마다 차이트라(Chaitra, March/April) 달의 달 없는 그믐날 아운시(Aunsi)에 열리는데, 올해는 3월 18일 열렸다. 자정이 되면 연병장에 바드라깔리(Bhadrakali)사원에 안치되어 있는 깔리여신과 그 자매 여신의 상을 옮겨다가 넓은 광장 한 가운데 어둠 속에 세워둔다. 그리고는 또 다른 곳에서 세 번째 자매인 여신상을 모셔와 앞의 두 여신상에게 인사를 드리게 하고는 다음 날 기마병들의 경주 대회

두르바르광장의 중심 하누만 도카

를 개최하였다.

왕정 시절에는 국왕을 비롯하여 외교사절 그리고 정부요인과 VIP 그리고 살아있는 여신 꾸마리까지 참석하여 네팔왕국의 근위 기마 병들이 멋진 복장을 하고 말을 타고 뚠디켈 광장을 뛰어 다니며 여러 가지 묘기를 부렸다고 하는데, 왕정 시대에는 아시아에서 가장 크고 멋진 기마병 퍼레이드로 알려져 있었다고 한다.

말들이 뛰노는 소동에 의해서 악령이 도시를 위협하는 것에서 지킬 수 있고 이날 말들이 빠르게 달릴수록 뚠디 악령들은 빠르게 흩어지고 비례하여 좋은 영혼들은 사람들에게 행운을 가져다준다고 인식되어 있다.

전해오는 전설에 의하면 기마병 퍼레이드 축제가 열리게 사유도 힌두이즘적인 뿌리를 가지고 있으며 그 기원 역시 수 백 년 전으로 거슬러 올라간다. 옛 까트만두의 어떤 왕이 궁정 기마대를 대동하고 바

축제 경비에 나선 기마경찰대

다샤인 축제의 7일째 두르바르의 중심인 하누만 도까(Hanuman Dhoka)에서 벌어지는 풀파티퍼레이드 때 예포를 발사하는 의장대

드라깔리(Bhadrakali)사원을 방문하여 살아 있는 꾸마리 여신을 참배하곤 했다는데서 기마퍼레이드가 시작되어 후에는 오늘날과 같은 말들의 경주대회로 발전되었다는 것이다

결국 이 말들의 축제는 오늘날 뚠디켈이라고 부르는 광장의 풀밭 아래 살고 있는 뚠디(Tundi)라는 악마의 악령을 쫓아내고 승리를 자축하는 의미로 발전되었다. 축제는 처음에는 까트만두 주민들에게만 허용되었지만 요즘은 말 경주와 각종 묘기는 대단한 흥을 돋우면서 거행되며, 전국 방방곡곡에서 이 흥미로운 행사를 관람하기 위해 관중들이 모여들고 또한 이날은 주민들을 위해 많은 양의 양파와 고기를 소비하게 되었고 거리에서 술에 취해 비틀거리는 사람들까지 생겼났다고 한다.

13) 마하 쉬바 라트리(Maha Shiva Ratri)

네팔력 11월 파군(Fagun,Feb/March) 달 13번째 날인 트라요다쉬(Trayodashi)에 거행된다. 태양력으로 올해(2018년)는 2월 14일이다.

이 축제의 뜻과 이름은 '로드 쉬바의 밤[Ratri]'이란 뜻으로 이른 아침에 힌두식 샤워를 하고 로드쉬바를 모신 사원에 가서 뿌쟈를 올리는 전형적인 힌두의 종교적인 행사이다. 밤에는 사탕수수를 불에 구웠다가 땅에 후려쳐 큰 소리를 내면서 즐거워한다.

힌두이즘에서 쉬바신의 위치는 여러 번 되풀이 하여 이야기하고 있지만, 가장 중요한 신으로 꼽힌다. 힌두에서 신은 '데바(Deva)'라고 부르는데 반해 쉬바신은 마하 데바(Maha Deva)라고 부르는 것

쉬바의 밤에 사탕수수를 구운 다음 땅에 후려쳐 마치 폭죽처럼 큰 소리를 내면서 즐거워한다.

성스러운 소인 난디(Nandi)

을 보아도 쉬바의 위지를 가늠할 수 있을 것이다. 힌두 삼주신(三主
神,Trimūrti)에서의 역할이 파괴자이지만, 삼신을 다 합한 것 같은
존재감을 드러내는 것이 바로 쉬바인 것이다.

　이렇게 힌두교에서 가장 파워풀한 로드 쉬바의 생일날이만치 네팔
전국의 쉬바사원에는 아침부터 저녁까지 인파들이 몰려들어 쉬바신
을 경배하는 뿌쟈를 올리지만, 뭐니 뭐니 해도 가장 많은 인파가 몰리
는 곳은 까트만두 공항 가는 길 옆의 빠슈빠띠나트(Pashupatinath)
사원일 것이다. 화장용의 '가트(Ghath)'가 있는 곳으로 유명한 이 사
원은 힌두교 최대의 쉬바의 성지로써 이날은 무려 10만 여명이 모여

든다지만, 평상시에도 인도를 비롯한 전국 각지에서 쉬바의 추종자들과 힌두 요가수행자인 사두(Sadhus)들이 수백 명의 모여 살고 있는 곳이다.

그들은 때로는 대마초[Marijuana:Hashish)를 피우거나 '방(Bhang)'이란 음료를 즐겨 마시는데, 이런 음료는 밤과 고추와 여러 가지 허브와 대마의 추출물을 우유에 타서 만든다고 한다. 이것들은 환각상태를 조장하는 물질로 알려져 있다.

아무튼 이렇게 몽롱한 상태가 되어 그들이 사랑하는 '마하로드 시바(M.L. Shiva)[49]'에 대한 찬미의 노래를 밤새 부르며 밤을 지새운다. 네팔에 처음 발을 딛는 이방인들이 반드시 가보아야 할 힌두의 중요 성지중의 하나이고 여건이 허락된다면 이런 축제 날의 타이밍을 맞출 수 있다면 금상첨화일 것이다.

로드 쉬바는 사원에서는 쉬바 링감과 요니의 형상으로 경배되고 있다.

---

49) 쉬바신의 사전적인 정의는 다음과 같다. 힌두교의 중요 신들 중의 하나로 힌두교의 삼주신 중의 하나로 본래 힌두교 경전 『리그 베다』에 등장하는 바람과 폭풍우의 신 루드라(Rudra)의 별칭 또는 존칭이었다. 원래 쉬바는 부와 행복, 길조를 의미하는 신이었으나, 나중에 파괴의 신이 되었다. 쉬바를 최고신으로 숭배하는 힌두교 종파를 쉬바파(Shivism)라 한다. 또 다른 호칭으로는 마헤슈바라(Maheśvara)가 있는데 이 이름이 불교에 수용되어 대자재천(大自在天) 또는 자재천(自在天)이 되었는데, 이는 '커다란 능력이 있는 신'으로, 우주를 생성하고 유지하고 파괴하는 역량이 있는 신을 뜻한다.

14) 씨따 비바하 빤차미(Sita Vivaha Panchami)

이 축제는 특별히 네팔의 남부지방, 인도와의 국경마을인 자나크 뿌르(Janakpur)에서 성대하게 열리는데, 이곳은 바로 전설속의 비바 하국의 수도이며 『라마야나』의 실제 무대 중 한 곳으로 여주인공 씨 따의 고향이기에 라마왕자와 씨따공주는 이곳에서 결혼식을 올리 게 되었다.

씨따는 비바하 국왕 자나크(Janak)의 공주로 빼어난 미모로 인해 라마왕자와 결혼은 하지만, 그리 행복한 결혼생활은 하지 못하고 온 갖 역경을 겪게 되는데, 그 스토리 자체가 바로 힌두문학의 에센스인 대 서사시의 줄거리이다.

씨따공주의 고향 자나끄뿌르의 자나끼사원

자나크뿌르 자나끼 사원 전경

라마야나의 무대 자나크뿌르의 지도

그렇기에 라마의 생일 축제인 '스리 람 나와미(Shree Ram Nawami)'와 함께 결혼식 축제가 열리는 곳이니 〈라마야나〉와 관련된 양대 축제가 모두 여기에서 열리는 것이다.

더구나 힌두력 까르띠까(Karttika) 달의 6일에는 '차하트(Chhath)'란 태양을 숭배하는 목욕축제가 열린다. 특히 자나크뿌르는 네팔과 인도의 국경 사이 51km를 운행하는 네팔 유일의 기차가 있으며 이곳에서 인도 국경까지는 20km 정도 떨어져 있기에 네팔 국내뿐 아니라 인도에서도 수많은 순례자와 참배객이 몰려들어 온다.

씨따공주를 모시는 자나끼(Janaki) 사원은 인도 중부의 소왕국의 마하라니 왕비에 의하여 1911년에 세워진 것으로 네팔에서는 유일한 무굴 양식의 건물로, 흰색을 바탕으로 화려한 장식과 아치를 지닌 웅장한 사원이다.

또한 자나끼 사원의 남쪽에 위치한 람 만디르(Ram Mandir)사원은 1782년에 건립된 것으로, 이 도시에서 가장 오래된 파고다 양식의 사원이다.

힌두결혼식 민속화

씨따와 람의 결혼식 광경을 묘사한 부조

'람왕자와 씨따공주'의 러브스
토리는 모든 힌두인 특히 젊은 층
에게는 영원한 로망이다. 그렇기
에 라마의 생일 축제뿐만 아니라
이 커플의 결혼축제 또한 요란 할
수밖에 없다. 우선 거대한 씨따와
라마의 형상이 만들어지고 그것
을 중심으로 긴 축하행렬에 이어

지고 이윽고 화려하고 거창한 결혼의식이 진행되어 장관을 이룬다.

이 결혼축하 행렬의 대부분은 여성들인데, 이른 새벽부터 인도식 사
리(Sari)옷을 걸쳐 입은 수많은 여인들이 무리를 지어 걸어가며 씨따
를 찬양하는 노래를 열정적으로 부르면서 그들의 행복을 기원한다.

이날 도시 안의 수많은 가게에서는 전통적으로 결혼한 여성들이
입는 펀잡 드레스(Punjab Dress)의 일종인 추라(Chura)와 플라스틱
으로 만든 싸구려 팔찌와 발찌를 팔고 있는데, 성스러운 결혼의 도
시 자나크뿌르에서 그런 쇼핑을 하는 것은 성스럽다고 여기기 때문
이란다.

자나크뿌르와 인도를 왕복하는 국제 기차의 풍경

15) 차이떼 다샤인(Chaite Dasain)

네팔 최대의, 최장의 추수감사 축제인 다샤인에 6개월 앞서서 열리는 예비적 행사로써 네팔력 12월인 차이트라(Chaitra, Mar/Apr) 중에 열린다. 원래는 본 다샤인 축제가 열렸던 날이었는데, 더운 날씨와 향신료가 들어간 음식물 때문에 배탈이 나는 경우가 많아 본 축제를 6개월 뒤로 미루어 보다 선선한 계절로 이전하였다고 한다.

이 차이떼 자트라 의식 중에서 가장 인기가 있는 것은 두르바르 광장 가운데 있는 하누만 도까에 있는 경찰서 마당에서 군인들이 동물들을 제물로 죽여서 두르가 여신께 바치는 의식으로 오전에 온갖 깃발과 각급 군대의 휘장들이 도열한 앞에서 거행된다. 칼을 단 한번 휘둘러서 희생물인 염소와 물소들의 목을 자른다.

서양 여행객들도 안뜰이 내려다보이는 발코니에서 유혈이 낭자한 이 행사를 관람할 수 있다. 이 희생제의는 2시간 정도 진행되며 군대의 지휘자가 희생 제물의 피를 모든 깃발에 바르면 끝난다.

4. 불교 축제들

1) 구루 린뽀체 축제, 둠지(Dumji)

티베트에 불교를 전파한
구루린뽀체 빠드마삼바바의 초상

히말쿰부 지역에 살고 있는 산악민족인 세르빠(Sherpas)족의 축제로 티베트로 불교를 전한 구루린뽀체(Guru Rimpoche: Padmasambhba: 蓮華生)[50]의 탄생을 기리고 축하하여 거행된다. 에베레스트 지역에서 열리는 '마니림두(Mani Rimdu)'와 함께 티베트계열 민족들의 양대 불교축제이다.

티베트에서 구루린뽀체의 위치는 불교의 본존인 사캬붓다보다도 더 많이 알려져 있고 더 사랑받는 살아 있는 전설 그 자체라고 해도 과언이 아닐 정도이다. 그러나 그의 연보는 북인도 우디아나 왕국의 왕자출신이란 것 외에는 인적 알려진 게 거의 없는 신비에 베일에 가려 있는 인물이다. 공식적인 불교사적 자리는 티베트 불교 종파 중에서 고파(古派)에 속하는 '붉은 모자파', 즉 '닝마파'의 종조로 추앙받고 있다. 그렇기에 그에 관련된 전설 같은 이야기들은 한도 없고 끝도 없다.

이 축제는 탱보체 사원을 중심으로 남체바자르, 쿰중, 팡보체 지방에서도 열리며 솔루 지역에서는 준베에서 열린다. 그 외에도 멀리 까

---

50) 구루린뽀체 또는 우르간빠드마 등으로 불리는 티베트불교의 원조이다. 우디아나의 왕자출신이란 것 외에는 인적사항이 알려진 게 거의 없다. 티베트에서는 불교의 본존인 석가보다도 더 많이 알려져 있고 더 사랑받는 살아 있는 전설 그 자체라고 해도 과언이 아닐 정도이다. 불교사적으로도 그는 티베트 불교 종파 중에서 고파(古派)에 속하는 '붉은 모자파', 즉 '닝마파'의 종조로 추앙받고 있다.

사캬다와에서의 공연 악대들(photo by Ashess Shakya)

티베트불교의 가면춤인 '참'공연

티베트난민촌 내의 까일라스학교 축제에서 공연중인 학생들과 필자

우리도 구경 좀 합시다.
어린 티베트 사미승들의 호기심

탱보체(Tyangboche) 곰빠의 하얀 스뚜빠

트만두와 헬람부 지역의 세르빠들 역시 단지 이 공연에 참여하기 위해 먼 길을 달려온다고 한다. 그 중에서 남체바쟈르에서 거행되는 행사가 가장 규모가 크고 볼만하다. 이 축제는 주된 행사는 종교적 의식에 이어 여러 명의 라마승들에 의해 불교적인 가면춤인 참(Tsam)이 펼쳐지는데, 이 축제기간에 세르빠족은 갖가지 음식과 막걸리 술 '창'을 준비하여 마음껏 즐긴다.

2) 고따마 붓다의 생일잔치, 붓다 자얀띠(Buddha Jayanti)'

(1)

석가탄신일의 네팔식 이름인 '붓다 자얀띠'는 글자 그대로 '고따마 붓다의 생일'을 의미한다. 올해 2018년, 네팔에서는 4월 30일(Mon)이 바로 그날이다. 네팔의 불탄일은 그 외의 명칭도 있다. '제스타 뿌르니마(Jestha P.)'은 보름달을 강조한 이름이고, 붓다 뿌르니마(Buddha P.)는 '붓다의 보름달'을, 바이샤카 뿌르니마(Vaishakh P.)는 '성스러운 달의 보름'이라는 뜻이다. 또한 티베트계열의 민족들이 쓰는 '샤카 다와'는 탄생한 날을 포함해서 한 달을 통째로 '불탄월(佛誕月)'이라고 강조하여 부른다.

그뿐만 아니라 북방 한문권은 불탄일(佛誕日)이라면 대충 통하지

룸비니에 스케치를 온 드림팀 인증샷

룸비니의 상징인 아기 싯다르타 동상

만, 남방불교권에서는 너무 많은 이름으로 부른다. 타일랜드는 '비사캬 부차(Visakha Bucha)', 베트남은 '레펏단(Lễ Phật Đản)', 말레이시아는 '웨삭(Wesak)', 인도네시아 '와이삭(Waisak)' 그리고 미얀마는 '까손반얀(Kason Festival of Watering the Banyan Tree)'라고 부른다.

이름이야 그렇다 쳐도 생일축하잔치의 기준이 되는 탄생일자가 나라마다 제 각각인 상황은 문제가 많다. 올해 2018년만 해도 네팔과 인디아는 4월 30일이었지만, 4월 29일인 나라도 많았다. 스리랑카, 캄보디아, 미얀마, 방글라데쉬 등이고, 한 달 뒤인 5월 29일에는 티베트권인 티베트 본토, 부탄, 시킴과 네팔 내의 세르빠족을 비롯하여 싱가포르, 타일

마야사당 앞의 용왕못

랜드, 말레이시아, 인도네시아 등이 이날을 고집하고 있다. 물론 우리나라와 중국은 5월 27일이고 일본은 양력 4월 8일로 고정시킨 지 오래이다. 그러니까 양력으로 치자면 4월 8일부터 5월 29일까지 지구촌에서는 제 각기 불탄일 행사를 벌린다는 말이다.

생신축하잔치를 하자는데, 이렇게 나라마다 서로 날짜가 다르니 생신공양을 받으시는 당사자인 사캬모니 고따마 붓다(Shakyamuni G. B.)께서는 많이 헷갈리실 것 같다. 거기다 얼

사자머리가 없는 룸비니의 아소까 석주

마 전까지는, 태어나신 년도까지 북방이니 남방이니 서로 고집을 피우고 달리했었으나, 다행히 이 문제는 1956년 까트만두에서 열린 세계불교도대회(WFB)에서 남방설인 BC544년을 기준으로 통일하자고 의견이 모아져 이젠 어느 정도 통일되는 분위기이다.[51]

그런데 탄생일은 도대체 왜 통일을 할 수 없는가? 온 지구촌의 사람들이 편하게 같은 날로 정할 수 없는 것일까? 불탄일이 나라마다 서로 달라 일어나는 혼돈을 막고 공통된 기념일을 제정하기 위해 1956년 까트만두에서 열린 세계불교도대회에서 양력 5월 15일을 공통으로 하자고 결정했지만, 양력과 보름달이 뜨는 날과의 차이 문제를 극복하지 못하고 1998년 세계불교도대회에서는 양력 5월 보름달이 뜬 날(음력 4월 15일)로 다시 변경하여 '베삭데이'로 확정하여 오

---

51) 사실 그 전에는 입멸년도가 나라마다 너무 달랐다. 스리랑카의 BC543년 설과 태국과 미얀마의 BC544년 설, 우팔리 존자의 의한 BC485년 설과 그 외 몇 개 더 있었기 때문이었다.

늘에 이르고 있다. 그러나 아직도 북방불교국가들은 음력 4월 8일에서 조금도 물러나지 않고 있는 상황이다.

그러므로 지금 상황으로서는 불탄일의 세계적 통일은 요원해 보인다. 불세출의 영웅이며 전륜성왕(轉輪聖王) 짜끄라바르띤(Cakravartin)[52]이라던 아소까(Ashok)[53] 대왕까지도 못한 일을 어느 나라에서, 그 누가 하겠느냐만, 그래도 이 문제는 불교도라면 누구나 한 번은 품어본 화두일 것이다.

(2)

이런 모든 헷갈림과 불편함은 나라마다 다른 달력체계에 근본적인 문제가 있다. 우리나라와 북방불교계는 태음력 4월 8일을 고집하지만 일본은 1873년부터 독자적으로 유일하게 양력 4월 8일에 고정시켰다. 그리고 남방불교계의 경우 탄생, 성도, 열반일을 하나로 묶어 음력 4월 15일 '베삭데이(Vesak day)'라고 부르며 현재까지 실행하고 있으며 티베트불교권도 같은 뜻으로 '사캬다와(Sakha Dawa)'

---

52) 전륜성왕(轉輪聖王)은, 고대 인도의 사상에서 말하는 이상적인 군주상으로, 지상을 무력이 아닌 정법으로 전 세계를 통치하며 군주에게 요구되는 모든 조건을 갖추고 있다고 한다. 산스크리트어로는 차크라바르틴(cakravartin)이라고 한다. '짜끄라'는 '바퀴(輪)', '바르틴'은 '움직인다'는 뜻이다.
전륜성왕이라는 말을 직역하면 '윤보(輪寶)를 돌리는 성군'이지만, '수레바퀴'를 '왕권(王權)'과 연관지어 해석하는 관념이 구체적으로 어디서 기원한 것인지에 대해서는 정설이 없다. 분명한 것은 이 '윤보'는 전륜성왕이라는 이상적인 군주의 '무한한 통치권'을 상징한다는 것이다.

53) 아소카 아소카는 인도 마가다국 제3왕조인 마우리아 제국의 세 번째 임금으로 인도사상 최초의 통일국가를 이룬 왕이다. 찬드라굽타 마우리야의 손자이며, 인도에서 가장 위대한 황제의 하나이자 황제 중의 황제인 전륜성왕으로 인용된다. 아소카는 수많은 군사 정복 뒤에 오늘날의 인도 대부분을 지배하였다. 아소카의 제국은 지금의 파키스탄, 아프가니스탄과 서쪽 페르시아 제국의 일부, 동쪽으로는 인도의 아삼 주 남쪽으로는 미소레 주까지 세력을 넓혔다.

아기 싯다르타의 탄생을 지켜보았을, 용왕못가의 천년 보리수에는 오색의 깃발만 나부끼고 있다.

로 부른 지 오래되었다.

　이 '베삭'은 빨리어 '비사카(visakha)' 또는 '베사카(Vesakha)' 또는 '바이샤카(Vaiśākha)' 류의 이름인데, 남방불교 전통에 의하면 사캬붓다는 이달의 보름날에 탄생하셨고, 깨달음을 얻으셨고, 그리고 열반에 드셨다고 하여 한 달 통째로 신성한 달로 인식되고 있다. 이 '베삭'달은 인도력 또는 네팔력이 달이 달을 기준으로 하기 때문에 그레고리안 태양력으로서는 매년 달라지기에 그냥 'Apr/Jun', 즉 '4월과 5월 사이'란 표기를 쓸 수밖에 없는 것이다.[54]

　한 예를 들자면, 그렇기에 필자도 이 책에서 '네팔력 4월 15일(태양력 Apr/Mar)'이라고 쓸 수밖에 없는 이유가 해마다 양력으로는 그 날짜가 달라지기 때문이다. 그래서 네팔에서는 흑분의 몇 날, 백분의 몇 날로 구분하여 날짜를 계산한다. 이 중 백분의 15일이 바로 보름날[purnima]이다. 바이샤카 달은 인도력 절기상 둘째 달에 해당된다.

---

54) 2권 서두 프롤로그에서 충분히 설명을 하였으니 참조하시기 바란다.

3

반면 티베트족을 비롯한 세르빠족들은 석가탄생 당일을 비롯하여
'깨달음을 얻은 날[成道日]'과 '돌아가신 날[涅槃日]'이 들어 있는
베샤카 한 달간을 통째로 '사캬 다와(Sakya Dawa: 佛月)'라고 부르
며 거창한 축제모드로 들어간다.

이 기간 네팔의 불교도들은 스와얌부나트 또는 보우드나트 스뚜빠
로 구름같이 모여들어 마니꼬르55)를 손으로 돌리며 원형으로 만들
어진 길을 따라 '꼬라'를 돌면서 수시로 버터 등잔에 불을 켜고 향을
사루면서 기도문을 염하면서 탑돌이 순례를 한다.

싯다르타(G. Siddhartha) 태자는 '고따마(Gotama)'라는 별칭의
사캬(Sakhya)56)족을 부계(父系)로 인근의 꼴리아(Kolia)족 출신의
마야 데비 부인을 모계로 하여 태어나셨다. 이 사캬라고 불리는 부
족은 인도 고대사에서, 우리말 표기법으로는 두 부족인(Shakya vs
Sakyas) 것처럼 나타나고는 있지만, 일부 자료에서는 산스크리트냐
빠알리어냐 아니면 영어식 표기이냐에 차이일 뿐 실은 모두 이른바
석가부족57)을 말한다고 주장하고 있다.

---

55) 통모양으로 생긴 마니꼬르는 추가 달렸기에 손으로 돌리면 그 탄력으로 계속 돌아
가게 고안된 기도도구이다.

56) The Shakya
(Sanskrit: Śākya/Pali: Sākiya, Sakka, Sakya) were a clan of late Vedic India
(c. 1000–c. 500 BCE) and the later so-called second urbanisation period (c.
600–c. 200 BCE) in the Indian subcontinent (present-day nations of India and
Nepal). They are attested in Buddhist scriptures of the late Iron Age (c. 600–
c. 300 BCE). The Shakyas formed an independent oligarchic republican state
known as the Śākya Gaṇarājya. The Shakya capital was Kapilavastu, which
may have been located either in present-day Tilaurakot, Nepal or present-day
Piprahwa, India.

57) 사캬족은 시조 이크슈바쿠(Ikṣvāku: 甘蔗王 팔리명: Okkāka)에서부터 시작해

또한 싯다르타의 아버지는 통상 우리가 이해하는 것처럼 한 나라의 '왕'이 아니라, 부족장[Rāja] 정도의 신분이었다고 알려지고 있다. 그렇기에 강대국 코살라국왕 파세나디의 청혼요구를 바로 거부할 수 없어 노예의 딸을 보내는 계략을 쓰지만, 결국 그 노예 어머니에게서 난 왕자 비두다바(毘流離, Viḍūḍabha)의 손에 망하는 원인이 된다.

쉰 살이 될 때까지 자식이 없었던 왕과 왕비에게 태기가 있으면서 상서로운 조짐과 놀라운 예언이 줄을 이었다. 어느 날 마야 부인은 비몽사몽간에 천신들에게 이끌려 설산을 넘어 티베트고원에 있는 까일라스(Kailas) 성산[58] 아래 마나사로바(Manasarova: 阿褥達池)호수로 이끌려가서 성욕(聖浴)을 함으로써 신성을 얻어 붓다를 맞이할 준비를 마치고 흰 코끼리를 품는 꿈을 꾸었다. 이른바 태몽이었다.

이 코끼리의 상징은 인도에서는 성인이 태어날 때의 일반적인 길조였다. 산달이 되어 부인은 당시의 관습대로 출산을 위해 친정으로 가다가 룸비니 동산에서 아기를 출산했다. 때가 베샤카(Vesakha)의 15일[59]이었다.

대부분의 불교경전들은 당시의 광경을 앞 다투어 다소 상징적으로 표현하고 있는데 태자는 모친의 오른쪽 옆구리로 태어났으며 땅에 발을 딛자마자 일곱 걸음을 걷고 나서 "천상천하 유아독존(天上天下 唯我獨尊)"이라 외쳤다는 것이다. 이것을 지금에서야 누가 액면 그대로 믿을 수 있을까마는 이는 경전 특유의 상징과 비유의 한 예로 이해하면 될 것이다. 이 '우협탄생(右脇誕生)'은 당시 캐스트의 끄샤

그의 후손들의 하나가 사헤트(Sāketa)를 통치하면서 사캬(Śākyas)로 알려지게 되었는데 왜냐하면 삼림지대인 샤카바나(Śākavana)에 거주하였기 때문이라고 한다.

58) 졸저 『티베트의 신비와 명상』(도안사, 2000) '까일라스산과 마나사로바호수'편에 자세하다.

59) 대개의 불교기념일이 남방은 모두 15일인데 북방은 열반일(涅槃日)만 제외하고는 모두 초8이다.

뜨리아 계급을 상징한 것이고, '일곱 걸음'과 '외침'은 평생을 계급타파와 인간평등을 부르짖은 한 개혁가의 첫걸음이 시작했다는, 교단 차원에서 연출한 작업의 일환으로 이해하면 될 것이다.

　하여간 날은 서로 달라도 각기 '붓다의 생일날'이라고 정해진 날에는 네팔 전역에서 수많은 불교 사원 단위로 축하행사가 열리게 마련이다. 그런데 오늘 '붓다 자얀띠' 날에는 티베트권과 남방권 북방권을 제외한 순수한 네팔 네와리들을 중심으로 축하행사가 열리는데, 특히 샤카족들이 앞장을 서고 있다. 사캬붓다의 혈족으로 알려진 사캬족은 현재 인도와 네팔 인구 중 10% 정도인 1억 인 정도가 성씨 5개로 분화되어 살고 있다고 하는데, 이들은 까트만두 분지에서는 보우드나트(Bouddnath)와 스와얌부나트(Swayambhuth) 스뚜빠를 중심으로 성대한 행사를 벌린다.

폐허속의 마야사당

무스탕의, 사카파 종파식의 스뚜빠

옛 무스탕 왕국의 도성은
지금도 성벽으로 둘러쌓여 있다.

3) 무스탕왕국의 가면춤 축제, 띠치(Teechi)

띠치 또는 띠지(Tiji) 축제는 옛 무스탕 왕국의 수도 로만탕(Lo-
Manthang) 일원에서 벌어지는 티베트불교 축제이다. 띠치는 '뗌빠
치림(Tempa Chirim)'의 준말로, 번역하면 '세계 평화를 위한 기원
법회'를 뜻한다. 이 불교축제는 사캬붓다의 환생이었던 도르제 손누
(Dorjee Sonnu)가 인간을 잡아먹고 살던 만탐루(Man Tam Ru)라
는 악귀를 물리친 사건을 기념하여 5월 마지막 주에 3일간 열린다. 이
때 로만탕의 사캬종파 소속인 초에데(Choedhe) 사원의 승려들이 추
는 춤이 하이라이트이다. 이 축제의 '차참(Tsa Chham)'이라 불리는
가면춤이 여러 명의 라마승들에 의해 공연되는데, 그 첫날은 악마 만
탐루가 중생들을 핍박하는 행위를 묘사하고 있고, 둘째 날은 '나참
(Nga C.)'이라는 춤이 거행되는데 도르제의 탄생을 알리는 내용이
고, 셋째 날은 도르제가 악마를 제압하여 불국정토로 인도한다는 대
승불교의 귀결점을 표현하는 공연이다.

4) 네와리의 우안거 축제, 군라(Gunlā)

힌두력의 군라(Gunla)달은 로드 붓다에 의해 신성한 달로 여겨져 네와리의 불교도들은 이를 기념하는 우안거(雨安居) 형식의 '군라 바샤(Gunla Basha)'축제를 거행한다. 그들은 7~8월 모내기가 끝나는 몬순기간 1개월 동안 조용한 곳이나 커다란 불상이 있는 곳을 찾아가 옛날 방식대로 안거를 하며 경전을 읽거나 단식과 명상을 하면서 만트라를 외우면서 기도를 한다. 이런 행사의 배경에는 연일 이어지는 장맛비로

네팔불교의 상징
'제3의 눈'으로 알려진 '붓다의 눈'

네와리의 불교사원 위의 녹원전법상이 이채롭다.

인해 농사일을 할 수 없기에 비를 그치게 하는 기우제의 성격도 있다
고 한다.

축제의 유래는 2500년 전 우기철인 군라달에 로드붓다가 가까운
제자들과 함께 비를 피하기 위해 조용한 정사에 들어가 제자들에게
불법의 정수를 전했다는 설화에서 기인되었다고 한다.

보우더나트 스뚜빠에서의 오체투지

동이 트기 전에 근교 보우드나트 스뚜빠에
순례객들이 몰려든다.

네와리 불교도들은 세또 마친드라나트축제를 벌리며
하얀 관음상이라고 알려진 소상

원숭이 템플로 유명한 스와얌브나트 스뚜빠 위로   원숭이 템플을 순례하는 서양 불교도들
휘날리는 오색깃발 다르촉

전통에 의하면 불교 승려들은 이 우기철에 하안거에 들어가서 군라 한 달간 기도와 명상을 한다. 또한 이때 까트만두 분지의 불교도들은 날이 밝아오기 전부터 스와얌부나트의 가파른 돌계단을 한참이나 올라가 스뚜빠에서 가져온 뿌쟈를 올리는데, 이때 어떤 그룹은 작은 북을 두드리는 악대까지 동반하기도 한다. 이때 사원 경내에서는 등이 밝혀지고 종이 울리는 가운데 향이 타올라 그 연기 속에서 아름답게 꾸며진 불상들이 불현듯 나타나는 성스러운 분위기가 연출되기도 한다.

한편 이 축제 기간에는 여행자들의 거리 타멜(Thamel)에서 '군라 라케(Gunla Lakhe)'라는 가면춤꾼들이 거리공연을 펼치고 몇 가지 종교적인 행사도 열린다. 그 중 하나는 성스러운 경전[Saphu]들과 오래된 두루마리 탕카그림[Paubha]들이 사원 마당에서 전시되기도 하는데, 그 중에서 가장 특별한 컬렉션은 타멜의 탐바희(Thambahi)에서 전시되는 금과 은으로 쓰거나 그린 경전들과 그림들이다. 군

세또 마친드라나트 축제가 시작되는 마친사원

라 페스티벌의 클라이맥스는 뽄초 단(Poncho Daan)날에 고도 빠
탄(Pathan)에서 제공되는, 승려들이 직접 만드는 5가지의 물건들로
써 승려들은 불교도들에게서 보시금이나 선물을 받고 그들에게 축
복을 내려준다.

5) 탱보체(Tyangboche) 사원의 가면춤 축제, 마니림두(Mani Rimdu)

네팔 동북부 히말 쿰부(Khumbu) 지역에 사는 세르빠(Sherpas) 민족의 최대 불교행사로 올해는 네팔력 9월 포우시달(Poush) 보름 날(태양력 12월 17일)부터 3일 동안 열린다. 티베트에 불교를 전해 준 구루 린뽀체(Guru Rinpoche: Padmasambhba)를 경배하는 '둠 지축제'와 함께 티베트계 민족들의 최대 행사로 새해맞이 행사도 겸하고 있다.

라마승들의 가면춤인 참(Cham) 공연과 마지막 날에 불로써 세상의 삿된 모든 것을 정화하는 '또르마(Tormas)'의식이 인상적이다.

주 무대는 탱보체 곰빠로 해발 3,870m에 자리 잡은 이 사원은 지구 최고봉[Mt. Everest]과 세계 3대 미봉으로 꼽히는 아마다부람(Ama Dablam)을 동시에 바라다 볼 수 있는 뷰포인트에 자리한다.

이 사원은 1919년 쿰중 출신인 라마 굴루(Lama Gulu)에 의해 절의 주요 건물이 완성되었으나 1934년 지진이 일어나 파괴되었고 라마 굴루도 그때 사망하였으나 곰빠는 몇 년 후 재건되었고 창건주 라마 굴루의 유골도 절 안에 묻혔다고 한다. 그 뒤 1989년 1월 19일에 큰 화재가 일어나 사원 건물은 모두 탔으나 다행히 사원에서 수장하였던 경전, 탱화, 기타 종교적 성물은 모두 무사히 옮겼다고 한다. 그 뒤 1993년 9월 복원불사가 회향되었다. 그 모두가 창건주인 라마 굴루가 환생하여 이룬 업적이라는 전설 같은 이야기가 전한다. 티베트 불교는 그런 종교이다.

5. 가족 축제들

1) 네팔 최대의 명절, 다샤인(Dashain)

(1)

전 세계에서 가장 축제가 많은 네팔에서도 가장 네팔다운, 최대의, 최장의 축제를 '다샤인'으로 꼽는데 이의를 제기할 사람이 없을 정도로 다샤인은 네팔을 대표하는 축제임에 틀림없다. 그렇기에 종교, 농경, 가족 등 어느 범주로 넣어야 할지 필자는 고심하다가 끝내는 종교 쪽보다는 가정적인 축제에 넣기로 했다. 축제의 배경은 물론 종교적으로 시작되지만, 속 알맹이는 역시 가족간의 화목함으로 귀결되기 때문이다.

뽀카라에서 마차뿌차레 산을 바라보며 아이들이 띠하르 대나무 그네[Ping]를 타고 있다. 이 놀이는 다샤인에서 띠하르까지 남녀노소 모두에게 인기 '짱'이다. (photo by Ashess Shakya)

우리 드림팀의 다샤인 축화

다샤인의 상징인
보리를 싹 티운 '쟈무라'와
이마에 찍는 '띠까'용 붉은 쌀밥

  10월이 깊어 가면 네팔 최대, 최장의 자트라가 연이어 열리게 되면서 네팔 전역이 축제 모드로 들어간다. 바로 다샤인(Dasain) 또는 비쟈야 다샤미(Bijaya Dashami)[60)]에 이어 '빛의 축제' 띠하르(Tihar)가 열리기 때문이다. 네팔력으로는 까르띡(Kartik) 달에 들어있는데, 올해(2018년)는 태양력 10월 9(火)에 시작되니 우리의 한글날과 겹쳐서 기억하기 쉬울 것 같다

----

60) 다른 이름으로 바다다사이(Baḍādaśāi) 또는 모하미(Mohani)라고도 부른다.

인산인해의 풀빠띠 축제에서 경비에 나선 네팔군인들

멀리 고르카지방에서 온 풀빠띠 주인공을 영접하는 의장대

　이 축제는 총 15일 동안 계속되는데, 주요 행사가 벌어지는 10일 동
안에는 모든 학교와 관공서 심지어는 은행이나 우체국까지 문을 닫
는다. 그래서 '10일'이라는 뜻의 '다샤인'이란 이름으로 불린다고 한
다. 물론 식당 같은 개인 사업장이나 생필품을 파는 상점들은 간혹 문
을 여는 곳도 있지만, 그 외 모든 곳은 거의 휴업을 한다고 보면 된다.

그러나 요즘은 점차로 빨간 공휴일이 줄어들어 5일 정도 쉬는 추세이고 최근에는 1일, 3일, 5일씩 건너뛰는 징검다리 휴일제를 운영하여 주민들이나 관광객의 불편을 감소하려는 시도가 눈에 띤다. 그러나 아직은 직장인들은 보통 1주일, 정부기관은 2주일, 학교는 1달 놀아 주어야 한다는 것이 보통 네팔 사람들의 인식이다. 그 이유는 놀기 좋아하는 네팔 사람들의 천성 탓도 있지만, 국내 교통상황[61]에서도 그 이유를 찾을 수도 있다.

자 그럼, 힌두이즘에서는 이 '다샤인'에 어떤 의미를 부여하고 있을까?

힌두의 한 갈래인 샥티즘(Shaktism)에서는 다샤인은 두르가(Durga) 여신이 악마 마히쉬 아수라(Mahish Asura)를 무찌른 날을 기념하는 행사이다. 그래서 '두르가 뿌쟈' 라고도 부른다.

마히쉬 악마가 선신들이 사는 천상의 데바로까(Devaloka)를 침범하여 행패를 부렸지만, 용감한 두르가여신이 악마들을 제압하고 하늘나라를 지켜내었다고 하는데서 기쁨의 축제가 시작되었다고 한다.

그래서 축제의 처음 9일 동안은 선신과 악신 양진영의 9일 동안의 어마무시한 전투를 상징하고 마침내 '다샤인', 즉 '10일'이 되는 날은 두르가가 악마를 죽이는 것으로 선은 언제나 승리한다는 케케묵은 진리를 확인시키고 있다.

한편 다른 버전도 있다. 다샤인은 악마 라반(Ravan)을 무찌른

---

61) 예를 들면 수도 까트만두에서 제2의 도시 뽀카라 간의 유일한 도로는 명색은 하이웨이지만, 겨우 200 여 km밖에 되지 않는 거리임에도 버스로 최소한 7~8시간이나 걸린다. 더군다나 산사태 같은 체증요인이 발생하면 버스 속에서 일박은 각오해야 할 정도로 교통사정이 열악하다. 이런 점을 생각하면 히말라야 산속 오지마을 고향집에 가려면, 가는데 며칠 걸리고 오는데 며칠 걸리니 실제 집에서 쉬는 시간은 그리 길지 않다는 항변도 일리는 있다. 어찌 보면 우리나라 설날이나 추석 때의 귀성전쟁과 별반 다르지 않지만, 어쨌든 이때는 수도 까트만두가 텅 빌 정도로 다들 지방으로 뿔뿔이 흩어져 그리운 고향으로 돌아간다.

고르카에서온 풀빠띠의 주인공들

라마(Rama)의 승리를 기념하는 축제로 인식되고 있는데, 이 또한 대 서사시 『라마야나(Ramayana)』의 인기에 편승하려고 비슈누파(Vishnu派)에서 각색한 패러디적 기획으로 보인다.

(2)

다샤인의 첫날은 '가따스타빠나(Ghatasthapana D.)'이라고 부르는 날인데, 이 단어는 '보리[Barley]'를 뜻한다. 독자들이 "생뚱맞게 웬 보리?" 하실 것 같아 보충설명을 좀 하자면 이렇다. 이 날의 아이콘은 두 가지로 볼 수 있다. 바로 '띠까(Tika)'와 '쟈마라(Jamara)'인데, 전자는 이마에 붉은 점을 찍는 것을 말하고 후자는 노란 보리싹을 말한다.

이 보리싹을 이야기하기 전에 우선 축제의 배경설명이 필요할 것

두르바르 광장의 다샤인 행렬

같다. 4달간이나 계속된 긴 몬순기간이 끝나면 날씨는 쾌쾌청청. 게다가 추수도 끝나서 집집마다 곡간도 넉넉해지니 네와리들은 축제 생각에 너나 할 것 없이 들뜨게 마련이다. 공부하러 혹은 돈 벌러 외지에 나가 살던 가족들이 모두 고향집에 돌아오기 때문이다. 이렇게 오래 만에 만난 가족들은 재회의 기쁨을 만끽하고 맛있는 음식과 집에서 직접 담은 술을 마시면서 며칠간을 푹 쉰다.

그리고 좋은 계절이 왔다는 뜻으로 보리를 심는 일을 하는데, 이 행사는 다샤인 행사의 알파이자 오메가이다. 그래서 그 뜻을 강조하여 '가따스타빠나 다샤인'이라 부른다. 글자대로 번역하면 "10일 간 보리싹 틔우기"라고나 할까?

이때 초대된 힌두의 구루[브라만] 또는 라마승[62]이 도착해서 뿌

---

62) 산악민족들인 구룽족, 따망족, 세르빠족 등은 티베트 불교승려에게 그들의 관혼상

다샤인을 알리는 두르바르 광장의 아치

쟈를 올리며 두르가 여신이 배를 타고 항해를 하여 몸을 나타나 축
복해주도록 여신에게 기도를 하는데, 이때 점성술에 의하여 길조
(吉兆)의 날짜와 시간이 선택되고 그에 맞추어 보리씨를 파종한다.

이에 집안의 가장은 질그릇으로 만든 일종의, 우리나라 콩나물시
루[63] 같은, 시루에 고운 모래와 흙을 섞어서 모판을 만든 다음 보리씨
를 뿌리고 맑은 물을 흠뻑 적시도록 붓고 그 시루판을 사각형의 모래
판 가운데에 두고 나머지 모래판 위에도 역시 보리씨를 파종하고 정
성 것 모래판을 보살핀다.

첫날부터 9일째 되는 날까지는 보리싹 틔우는 일 이외에는 특별한
외부행사는 없이 각 가정마다 집과 주변을 깨끗이 청소하고 빨래를

제 같은 일체의 중요한 일을 주관하게 한지가 오래이다.

63) 우리의 떡을 찌는 것과 거의 같다. 칼라샤(kalasha)라고 부른다.

하는 등 몸과 마음을 정결히 하는 기간이다. 이 사이에 아이들은 부모님들이 마련해준 때때옷을 입고 삼삼오오 모여서 동네 공터에다 어른들이 큰 대나무 4개를 휘어 만들어준 그네[Ping]을 마음껏 타고 온갖 모양의 연을 만들어 날리기도 하면서 누구보다도 더 열심히 명절 분위기를 만끽하면서 논다.

이런 일을 하는 기도실을 '다샤인 가르(D. Ghar)'라고 하는데, 항상 코끼리 얼굴의 '재물의 신'인 가네쉬(Ganesh)의 신상과 '디요 (Diyo)'라는 등잔을 항 상 켜둔다. 외부인과 여자들은 그 기도실 안으로 들어가지 못하고 남자들은 매일 아침저녁 2번씩 신성한 물을 주는 작업을 한다. 그러나 시대에 발맞추어 나가는 것이 대세인 듯 요새는 남자들과 동등하게 여인들도 이런 작업을 한다.

이 모래판은 햇빛이 직접 닿지 않게 관리해야 하는데, 제10일째 되는 날 보리싹이 5~6인치 정도 될 때까지 신선한 물을 매일 공급해주어야 한다. 이 신성한 노란 보리싹이 바로 '쟈마라'인데, 10일째 되는 날 그 동안 키운 것을, 마치 장식품처럼, 식구들 머리에 꽂아 주며 이마에 붉은 띠까를 발라주며 행운을 빌어준다. 그래서 이런 모습을 본 이방인들은 네팔사람들은 얼굴에 밥[띠까]과 반찬[쟈마라]을 붙이고 다닌다고 놀리기도 한다.

제7일째 되는 날은 '풀빠띠(Phulpati)'라고 부르는데 전통적으로 이 날은 멀리 169km 떨어져 있는 유서 깊은 고르카(Gorkha)에서 일단의 출신성분 좋은 브라만 사제가 왕실용의 시루판[Kalash], 보리싹 쟈무라, 사탕수수 줄기, 바나나 등을 붉은 천으로 묶은 다음 3일 동안을 걸어서 두르바르 광장의 옛 궁전이었던 하누만 도카 (Hanuman Doka)[64]로 가져오는데, 이를 '풀빠띠 퍼레이드(Phulpati

---

64) Hanuman Dhoka is a complex of structures with the Royal Palace of the Malla kings and also of the Shah dynasty in the Durbar Square of central Kathmandu,

제8일째 마하아스타미 날에 일제히 피의 제전이 벌어진다.

parade)'라고 부른다. 올해의 퍼레이드는 10월 16일에 거행되기에 나의 마음은 벌써 까트만두 두르바르 광장으로 달려가고 있다.

또한 옛 왕정시대에는 연병장인 뚠디켈(Tundikhel)광장에서는 국왕과 요인들의 참석 하에 수십 발의 대포[禮砲]를 발사하여 분위기를 고조시키고 이어서 수천 명의 기마의장대가 역시 퍼레이드를 벌렸다고 한다. 그렇기에 이 흔치 않은 구경거리를 보려고 드넓은 두르바르 광장은 입추의 여지가 없을 정도로 인산인해를 이루었다고 하는데, 그러나 2008년 네팔의 사흐왕조가 붕괴되면서 2백년 내려오던 전통이 바뀌어 대신 대통령이 그의 관저에서 풀빠띠의 전통을 이어 간다고 하지만, 역시 예전만큼 멋지지는 않을 것 같다.

축제 8일째 날은 '마하 아스타미(Maha Asthami)'라고 한다. 글자 그대로 번역하면 '큰 8일'이 되는 셈인데, 이날은 두르가(Durga) 여신의 사원을 방문하여 뿌쟈를 올리고 이날 밤은 '검은 밤'이라 부르

Nepal. It is spread over five acres. The Hanuman Dhoka Palace gets its name from the stone image of Hanuman, the Hindu deity, that sits near the main entryway. 'Dhoka' means door or gate in Nepali.

는데, 피의 굶주린 깔리 여신을 위해서 물소, 염소, 암탉, 거위 등의 목을 쳐서 제물로 바친다. 힌두이즘에서 붉고 싱싱한 피는 풍요의 상징으로 여겨지는데, 특히 몇몇 여신들이 즐겨한다고 하여 싱싱한 피를 바친다.

이날 밤 하누만 도까 뒤편의 코트(Kot)라 불리는 광장에서는 여러 가지 행사가 벌어지는데, 특히 54마리의 물소와 54마리의 염소로 희생제의를 치른다고 한다. 이때 잘린 목만 사원에 바치고 몸뚱이들은 각자의 집으로 가지고 와서 각 가정마다 요리를 하여 파티를 연다. 이런 축복 받은 음식을 '프라사드(prasad)'라고 부른다. 특히 이때 음식을 담는 그릇은 나뭇잎으로 만든 짜빠라(Tspara) 접시를 사용하여 신들에게 우선 뿌쟈를 올리고 그 다음 사람들이 먹는다. 이를 네와리들은 '카드가 뿌쟈(Khadga Puja)'라고 부른다.

제9일째 되는 날은 '마하 나바미(Maha Navami)'라고 부르는 날인데, 실제적으로 이 축제의 마지막 날이다. 이 '위대한 9번째 날'을 기념하여 사람들이 열을 지어 딸레쥬(Taleju Bhawani Mandir)[65] 사원으로 가서 뿌쟈를 올린다.

또한 하누만 도까 뒤편 광장에서는 공식적인 군대 의장대의 의식의 일환으로, 또다시, 아침부터 수많은 암탉, 오리, 염소, 물소의 목을 자르는 희생제의를 거행한다. 그렇기에 일대가 피의 강물을 이루고 까트만두 전체에 피비린내가 진동한다. 뿐만 아니라 이 날 네팔 전역의 두르가 사원에서는 힌두사제의 축복 하에 동시에 수많은 희생양들의 목이 떨어지는 날이기에 이날은 모든 네팔 전국의 가정마다 큰

---

65) Taleju Temple within the valley is located in Kathmandu Durbar Square in Trishul Chowk, which is attached to the Hanuman Dhoka Palace. Perhaps the most visited of the three structures, Kathmandu's Taleju Temple was constructed in 1564 by King Mahendra Malla. There is much lore and mysticism surrounding the beginnings of Kathmandu city's Taleju Temple

다샤인의 정절인, 제7일 풀빠띠 행렬에서의 필자

고기잔치가 벌어진다. 만약 이즈음에 네팔을 여행할 계획이 있는 나 그네들은 그 며칠은 '방콕'하는 게 좋을 것이다.

　이런 대량적인 살육제(殺戮祭)의 배경에는 신과의 싸움에서 패배한 악마의 졸개들이 짐승의 몸으로 숨어 들어갔다고 인식하여 그 잔당들을 박멸하기 위하여 염소나 물소 같은 동물들을 대량으로 죽여서 그 피를 여신에게 받치며 완전한 승리의 노래를 부른다는 것이다.

　인류사적으로 볼 때 어떤 중요한 의식의 효과를 높이기 위하여 동물을 신에게 바치는 행위는 온 세상의, 모든 나라에서 행했던 원시사회에서부터의 오랜 전통이어서, 고대에는 심지어는 사람까지 바치기도 했다. 그리고 힌두이즘의 전신인 브라만교도 지나친 희생제의(犧牲祭儀)의 반작용으로 힌두교와 불교 같은 신흥종교에게 자리를 내주게 되었을 정도로 자체모순으로 인해 후대로 오면서 살생 자체를 위한 이런 희생제는 중요한 축제에 한해서 최소한의 제물로 점차로 축소되는 방향으로 내려왔고 그 마지막 자락이 바로 오늘의 '마하 나바미' 같은 형식으로 남아 있게 되었을 것이다.

물론 민족 간의 문화는 다양할수록 좋은 것인지도 모른다. 더구나 축제 같은 것은 더욱 그러할 것이다. 그 다양함을 이방인들이 시비를 걸 수는 없다. 문화나 종교는 '고급이냐 저급이냐?'는 급수를 메길 수가 없는 것이기에 편 가르는 식의 시각은 오만스런 편견일 뿐이다. 그런 면에서 소고기를 먹든 안 먹든, 제사용으로 직접 잡아먹든 푸줏간에서 돈을 내고 사먹든, 그것은 각 문화권의 당사자들의 문제이다.

어찌 보면 평소 가난한 살림에 먹고 싶은 고기를 축제와 신의 핑계를 대고 일 년의 한 번 마음대로 푸짐하게 먹겠다는 저의가 깔려 있기는 하지만, 뭐 어쩌랴. 이것은 오랜 풍속이면서 문화인 것을…. 어느 나라는 고기 안 먹고 풀만 먹는 나라가 있는가? 현대화된 정육공장에서 잡으나 사원에서 옛 방식대로 의식용으로 잡으나 따져보면 피장파장 장군멍군이 아니겠는가?

이날의 이름이 '마하 나바미' 라 한 이유가 여기에 있다. '나바미'는 '공예의 신'으로 인간들의 일상생활에서 필요한 모든 물건을 만드는 공예가, 화가, 도공, 목공, 엔지니어 등의 숭배를 받는 신이다. 그렇기에 이날은 나바미 신과 그 추종자들이 만든 그릇과 도구를 사용해서 짐승들의 피를 받는다고 한다. 더욱이 이날은 이 신에게 자전거, 우마차, 승용차, 화물차 등의 일체의 바퀴달린 물건들이 일 년 동안 사고 없기를 바라는 소원을 빈다고 한다.

까트만두 분지의 수호여신인 딸레쥬 사원의 문은 일 년 중 이날만 딱 하루 문이 열리는데, 그렇기에 수천 명의 참배객들이 몰려들어 여신에게 뿌쟈를 올리며 기원을 드리기에 이 사원 근처는 하루 종일 입추의 여지가 없을 정도로 혼잡스럽다.

(3)

　제10일째 되는 날은 '비쟈야 다샤미(Bijaya Dashami)' 혹은 '바즈라(Vijaya Dashami)'라고 부르는 날이다. 올해는 2018년 10월 19일(금)이다. 비자야(Vijaya)의 뜻은 승리의 10일이라는 뜻으로 실질적으로 축제의 하이라이트라 말할 수 있다. 이날 부모들은 자녀들의 이마에 '다샤인 띠까'를 덕지덕지 붙여주는데, 이 띠까는 다른 때 일반적으로 이마에 발라주는 붉은 물감이 아니라 특별히 햅쌀로 지은 밥과 요구르트와 붉은 물감을 섞어 만든 특별한 것으로서 찰기가 있기 때문에 잘 떨어지지 않는다. 그래서 자연적으로 말라서 떨어질 때까지 그냥 놔두어야지 가렵다고 강제로 뜯어내면 불길한 일이 생긴다고 한다. 이날은 전국에서 이마에 이 빨간 띠까를 붙이고 다니지 않은 사람들을 찾아보기 힘들다.

　그러나 지난 일 년 이내에 가족이나 친척이 사망한 집안에서는 이 붉은 쌀을 이마에 붙일 수가 없다. 그들은 죄인이기 때문에 붉은 옷을 입지 못하고 흰옷만을 입고 조용하게 지내야 한다.

　이날 모든 가정에서는 조부모, 부모 차례에 이어서 자녀 중에서도 순서에 의해서 형이나 누나가 동생들에게 행운을 빌어주면서 차례대로 띠까를 붙여 주며 '닥쉬나(Dakshina)'라고 부르는 돈이나 선물을 나누어 주면서 행운을 빌어준다.

　이날부터 시작된 친척집의 방문은 둥근 달이 뜨는 보름날까지 5일간 계속되는데, 이때 집집마다 준비한 맛있는 음식, 특히 다샤인축제용으로 두르가 사원에 가서 여신에게 피로서 희생제를 치른 고기를 요리하여 대접하고 집집마다 정성스럽게 담근 술[럭시, 창, 뚬바]를 마시면서 하루를 즐긴다고 한다. 물론 이때 아이들은 제기도 차고, 연을 날리고 특히 그네를 타야 복을 받는다고 한다.

　이런 풍속은 왕정이 무너지기 이전에는 남자들은 국왕에게, 여자들은 여왕에게 띠까를 받고 축복을 받을 수 있는 날이기에 우선 정부각료들과 장성들 등 이른바 VIP들 차례가 끝나면 일반 군중들도 수천 명이 왕국으로 들어가 로드 슈누신(Lord Bishnu)의 화신으로 받들어 모시는 국왕에게 손수 띠까를 받고 축복을 받는 전통적인 의식이 있었다고 한다.

물론 지금도 국왕 대신 대통령이나 총리에게로 그 바통이 이어져 내려오고 있다고 하지만 역시 예전만 하지 못할 것이다. 물론 그런 차례를 기다릴 수 없는 민초들은 꾸마리 같이 살아 있는 신이나 주위에 있는, 구루나 사두 같은 힌두 성직자로부터 띠까를 받고 축복을 받게 된다.

그리고 늦은 오후에는 두르바르 광장에서는 '검(劍) 자트라[Kadga Jatra]'라는 인상적인 행사를 마주할 수 있는데, 이날은 용감한 두르가(Durga)여신이 악마를 무찔렀다는 날이기에 이를 기념하는 행사가 열린다고 한다.

제15일째 되는 날은 '꼬쟈그라따 뿌르니마(Kojagrata Purnima)'라는 날이다. 글자 그대로의 뜻은 "누가 깨어 있느냐?"인데, 이는 그날 밤은 잠을 자지 말아야 한다는 것이다. 이날 돈 많은 부자 여신 락쉬미(Laxmi)가 올빼미 등에 올라타고 땅으로 내려와 잠을 자지 않고 깨어 있는 사람들에게만 재물을 듬뿍 나누어준다고 믿기 때문이다.

그렇기에 만년설에 뒤덮힌 히말라야 꼭대기부터 깊고 긴 골짜기까지, 까트만두 분지와 드넓은 떠라이 평원까지 골고루 보름달이 비추는 가운데, 모든 네팔의 가정에서는 잠도 못자고 락쉬미 여신을 기다리면서 날밤을 하얗게 새우며 15일간 계속된 대장정의 막을 내린다.

2) 빛의 축제, 띠하르(Tihar)

(1)

보름간이나 푹 쉰 다샤인 축제가 끝나고 2주밖에 안 되었는데, 또 다른 자트라가 다가온단다. 바로 '빛의 잔치, 띠하르'인데, 이번에도 5일간 네팔 전역이 '스톱모드'에 들어간다. 모든 관공서, 학교, 은행 등 모두

꽃으로 쓴 '해피 띠하르'

문을 닫고 모든 도시민들은 다시 고향집으로 돌아간다.

이번 축제는 디왈리(Diwali) 또는 디빠바리(Deepavali) 라고 부르는 인도 최대의 축제의 네팔식 버전이다.[66] 네팔에서는 인도만큼 요란하지는 않지만, 그래도 중요한 행사로 꼽는다. 조용하지만 격조 있고 아가페(Agape)적인 분위기가 돋보이는 자트라여서 그래서 오히려 마음이 설레게 만든다.

또한 촛불이 주는 아득한 분위기가 누군가를 그리워하는 무드를 만들어주는 축제이기에, 올해 2018년은 11월 6일(火)에 돌아온다는 정보를 확인하고는 나도 일정표에 표시를 해두면서 벌써부터 그 날이 기다려진다.

'빛의 축제'이어서 전기 사정이 안 좋은 네팔에서도 서로 경쟁이나 하듯 밤새 불을 켜놓기에 밝고 화려하다. 특히 '디요(Diyo)'라는 작은 토기잔(土器盞)에 기름을 부어 만드는 등잔은 이날의 최고의 아이콘

---

66) 그 외에도 야마판차크(Yamapanchak) 또는 스완티(Swant)라고도 부른다.

띠하르 축제 5일째 락슈미 부쟈날에
아이들과 함께 만든 랑골리 앞에서
락슈미 여신을 기다리며~~

Happy Dashain! Kim sir(Art by Srijana Ray)

으로 경우에 따라서는 수백 개 수천 개씩이나 밤새 불을 밝힌다. 안온
하면서도 판타스틱하다. 누가 촛불을 밝히는 것을 싫어하겠는가?

내가 좋아하였던 미학자 가스통 바슐라르[67]의 『촛불의 미학』[68]이

---

67) 가스통 바슐라르(1884~1962)는 아카데미 프랑세즈에서 가장 저명한 위치에 오
   른 프랑스의 철학자이다. 그의 중요 작업들은 시와 과학철학 분야이다. 과학철학
   에서 바슐라르는 인식론적 장애와 인식론적 단절의 개념을 도입했다. 바슐라르는
   20세기 후반에 미셸 푸코와 루이 알튀세르와 같은 많은 프랑스 철학자들에 영향
   을 미쳤다.

68) 가스통 바슐라르의 명저로 촛불을 둘러싸고 있는 몽상의 내밀한 조용함을 지극히
   아름다운 시적 문장에 실어 하나하나 펼쳐나간, 바슐라르의 마지막 저작. 밤의 몽
   상이 꼬리를 물고 일어나 과거의 모든 추억을 되살려 줌으로써 상상력과 기억력이
   일치하는 세계로 우리를 이끌어 가는 '촛불'은 혼자 타면서 혼자 꿈꾸는 인간 본래

란 책을 다시 읽고 싶어지는 요즘이다.

인도뿐 아니라 네팔에서도 띠하르는 다샤인 다음으로 중요한 행사이다. 네팔 여인들은 이날 아침부터 설렘에 겨워 우선 자기 옷장에서 최고로 화려한 옷을 꺼내서 반짝이 장식을 두르고 온갖 보석종류를 두 귀, 코, 손가락, 손목, 발목 가슴에 주렁주렁 다는 것으로 멋을 부린다. 그리고는 집안의 창문과 대문 곳곳에 갖가지 꽃들과 오색 풍선들을 줄줄이 달고는 이어서 골목, 큰 길, 이웃집, 가게들로 진출하여 장식을 하고는 날이 저물기를 기다린다.

이렇게 모든 준비가 끝나고 이윽고 띠하르의 어둠의 장막이 깔리기 시작하면 네팔사람들은 기다렸다는 듯이 일제히 수많은 토기등잔과 오색장식등에 불을 키고는 뭔가를 기원한다.

(2)

네팔인들이 이 날 이렇게 온통 주위를 밝게 밝히는 이유는 의외로 엉뚱하다. 길눈이 어두운 올빼미가 자기 집을 잘 찾아오기 위해서란다.[69] 올빼미는 부귀와 행운의 여신, 락쉬미(Lakshmi)의 '바하마', 즉 자가용 운전수인데, 이 친구가 길눈이 어둡기 때문이란다.

언제나 올빼미를 타고 행복을 나누어 준다는 락쉬미 여신의 초상. 빛의 축제답게 촛불을 한껏 밝히고 락쉬미 여신을 기다린다.

의 모습 그 자체로 해석하고 있다.

[69] 띠하르의 유래에 대해서는 락쉬미설이 일반적이지만, 라마야나의 주인공 라마관련설이 심심치 않게 보인다. 라마가 14년 만에 고국으로 돌아올 때가 밤이었는데, 그 때 성안의 백성들이 집집마다 불을 밝혀서 라마가 성안으로 들어가 그의 왕좌에 앉게 되었다는 신화에서 비롯되었다고 한다.

락쉬미 여신이 미친 듯이 좋아 한다는 말라화(Mala gold)

이날 황금빛 말라(Mala: 金盞花: Mari gold)를 줄에 끼워 만들어 놓은 목걸이는 무엇보다 중요한 아이템이다. 이것들을 산더미처럼 쌓아 놓고 가는 사람 오는 사람 목에 걸어주며 "해피 띠하르!"라고 인사를 건너며 덕담을 주고받을 때 필요하기 때문이지만 그 보다도 더 중요한 이유가 있다.

바로 올빼미 운전수가 시각 대신 후각이 예민하여 주인이 좋아하는 그 꽃향기를 잘 맡는다고 여기기에, 사람들은 부귀와 행운을 얻기 위해서는 무슨 수를 쓰더라도 그 운전수 올빼미를 집으로 끌어 들이려고 애를 쓴다. 그래서 남들보다 더 밝고 아름답게 자신과 집안을 장식하고 또한 말라 꽃향기가 멀리까지 풍기어 나가게 꽃을 산더미처럼 쌓아둔다고 한다. 말라꽃은 네팔어로는 사야빠트리(Sayapatri)라고 하는데 모든 마을과 집에서 정성 들여 키워서 띠하르 무렵에 네팔 전역에서 절정을 이루기에 네팔 전역은 온통 황금 속에 파묻힌 것처럼 황금색으로 변한다.

이런 아름다운 꽃놀이와 불놀이보다 띠하르를 더 환상적이게 하는 일종의 행위예술이 하나 더 있다. 바로 또는 '랑골리(Rangoli)70)' 또는 '꼬람(kolam)'을 만드는 작업이다. 랑골리는 인도 쪽의 용어로 색깔을 의미하는 말에서 유래한 것으로 오색 물감으로 길바닥이나 실내 거실 바닥에 문양을 그리는 것이다. 랑골리를 만드는 재료는– 쌀, 곡식, 모래, 밀가루, 꽃잎– 등 다양하지만, 대신 눈에 확 띄어야 하기 때문에 원색 물감을 물들여서 재료로 사용한다.

이것은 주로 여신이 다닐 가능성이 많은, 길목, 대문, 창문, 현관이나 거실바닥에 그린다. 물론 이런 풍속은 인도에서 유래한 것이지만, 그 연원을 더 소급해 올라가면 고대 인도의 딴트리즘(Tantrism)71)의

---

70) Rangoli is an art form, originating in the Indian subcontinent, in which patterns are created on the floor in living rooms or courtyards using materials such as colored rice, dry flour, colored sand or flower petals.

71) 딴트리즘을 '금강승(金剛乘)' 또는 '밀교(密敎)라고 번역해야 하는 지에 대해서는 학자에 따라 견해를 조금 달리하기는 하지만 일반적으로는 상통되는 의미로 쓰이고 있다. 딴뜨리즘은 불교뿐만 아니라 힌두교나 자인교 같은 인도에 뿌리를 둔 종교에 6세기 이후에 불어닥친 새로운 사조를 지칭하는 말로, 여기서 '딴트라(Tantra)'는 산스크리트로 '씨줄'이란 뜻으로, 기존의 경전을 뜻하는 '수트라(Sutra)'[26]의 '날줄'이란 뜻에 상응해 생겨난 말이다. 한편 밀교는 이것의 전승방법이 스승과 제자 사이에 비밀리에 이루어진다는 형식상의 문제를 강조한 중국식 번역에 초점을 둔 용어로 기존의 일반적인 불교를 '현교(顯敎)'라 구분하면서 그에 상응하는 대칭어로 사용하기 시작했다.

영향을 받은 것으로 보이지만, 그 기원을 설명을 해주는 자료는 보이지 않는다. 다만 확실한 것은 대개의 랑골리의 기본형이 원형을 하고 있기 때문에 티베트불교에서 흔히 볼 수 있는 만다라(Mandala)[72], 특히 오색 모래로 그리는 것과 거의 같다고 보면 된다. 단순하고 소박한 것으로부터 엄청나게 크고 화려한 랑골리까지 다양하다.

(3)

이렇게 인상적인 빛의 축제는 5일간 계속되는데, 그 아이콘과 방법이 좀 특이하여 부지불식간에 "역시 힌두다"라는 감탄사가 흘러나올 정도다. 그들은 막강한 능력을 가진 신들만 사랑하고 경배하는 것이 아니라 힘없는 동물이나 미물까지도 사랑한다는 것이다. 그러니까 힌두인들이 이 축제를 통해서 들려주는 메시지는 아가페 정신이다. 바로 "일체의 유정물(有情物)에게 사랑을~~"이다.

어찌 보면 띠하르란 축제가 인간의 부귀에 대한 욕망을 충족시키기 위한 의도로 기획된 것으로 보이지만, 그 알맹이를 잘 들여다보면 측은지심으로 비롯된 승화된 사랑이 바탕에 깔려 있음을 알 수 있다. 말하자면 이 축제의 참된 주인공은 생명을 가진 일체중생들이다. 다만 편의상 대표자로 다섯 동물들이 선택되어 돌아가며 푸짐하게 한 상씩 받고 있는 것이다.

첫째 날은 '까마귀의 띠하르[Kaag Tihar]'이다. '까아그'는 네팔말

---

72) 일반적으로 여러 겹의 원 또는 사각형 안에 4개의 문을 가진 여러 겹의 사각형 또는 원형의 누각이 있고, 그 누각 안에 여러 개의 불보살들의 방이 있는 구도를 가진 일종의 기하학적 구도를 한 우주도(宇宙圖), 즉 "신들의 궁전도"를 가리킨다. 원과 사각형으로 이루어진 큰 탑을 위에서 내려다보고 그린 조감도(鳥瞰圖) 또는 "3차원의 공간의 모형을 2차원의 평면 위에 그려 넣은 우주설계도"라고 보면 이해하기 편할 것이다.

밤새 촛불을 밝히고 있는 내 하숙롯지의 입구

로 까마귀이다. 이 새는 힌두이즘에서는 이승과 저승을 잇는 메신저
로 인식되고 있어서 죽음의 신 야마라지(Yamraj: 閻魔大王)[73] 대신
뿌쟈를 올린다고 한다. 이날 집안의 안주인은 아침 일찍부터 까마귀
가 좋아하는 먹거리를 준비하는데, 주로 바나나 잎에 꽃과 함께 여러
가지 먹이를 얹어서 바깥에 어딘가 놓아두면 수많은 까마귀들이 날
아와 깨끗하게 먹어 치운다.

　둘째 날은 '개의 띠하르[Kukur Tihar]'이다. 물론 '꾸꾸르'는 네팔

---

73) 야마라즈(Yamarāja)는 우리식으로 염라대왕이다. 염마왕(閻魔王)은 힌두교와 불
　교에서 사후세계를 관장하는 가상의 군주이다. 티베트어로는 신제(Shinje)라고 쓰
　며 있다 염마왕은 힌두교 신화에 그 뿌리를 두고 있다. 염마는 죽음을 맞이한 후 천
　상세계로 가는 길을 가장 먼저 발견한 존재로, 생전의 공덕으로 인해 죽은 자들의
　통치자가 되었다고 전해진다. 산스크리트어 야마(Yama)는 "쌍둥이" 라는 뜻으로
　도 번역될 수 있는데, 몇몇 신화에서는 쌍둥이 여동생 야미(Yamī)와 짝을 이루기
　도 한다.

어로 개를 말한다. 네와리들은 일명 '키차 뿌쟈(Khicha Puja)'라고
도 부른다. 이날은 개의 목에 멋진 말라꽃 화환을 걸어주고 이마에
는 빨간색 띠까를 칠해주고 역시 한 상 푸짐하게 차려준다. 네팔에
서는 개를 식용으로 쓰지 않기에 여기 개들은 천수를 누리고 살지만,
특히 이 띠하르의 둘째 날은 모든 개들이 행복하다. 이날 네팔의 신
문에서는 해마다 경찰견에게 꽃을 걸어주고 이마에 빨간 칠을 해주
는 사진이 게재된다.

　개는 힌두이즘에서 특별한 대접을 받는데, 바로 『마하바라따
(Mahabharata)』[74] 때문이다.

　분노의 신인 바히랍(Bhairav)[75]의 바하마, 즉 자가용이 개이고 또
한 죽음의 신 야마라지도 지옥문을 지키는 두 마리의 개를 데리고 있
는데, 이 개들은 눈을 4개씩 달고 있어서 누구라도 지옥문을 드나들
수가 없다고 한다. 그렇기에 힌두에서의 개는 이승과 저승사이를 지
키는 파수병으로 인식되고 있기에 이날 마땅히 뿌쟈를 올리고 그의
노고를 치하해야 한다는 것이다.

　셋째 날은 '암소의 띠하르[Gai Tihar]'로 일명 '락쉬미 뿌쟈(Laxmi
Puja)'라고도 한다. 여기서 '가이'는 물론 암소를 말한다. 힌두사상에
서 암소는 인간에게 우유를 제공하는 어머니와 같은 존재로써 마땅
히 최고의 대접을 받는다.

　또한 이날을 기다리고 기다리던 네팔의 모든 가정마다 꽃을 장식

---

74) 『마하바라따(Maha Bharat』는 『라마야나』함께 인도의 2대 서사시 가운데 하나이
　　다. 고대문학의 중요한 유산이며, 인도인들에게는 종교적으로나 철학적으로 커다란
　　의미를 지닌다. '마하바라따'는 '위대한 바라타 왕조'라는 의미이며 더 넓게는 '위대
　　한 인도의 역사'로도 번역할 수 있는데, 그 줄거리는 바라타족의 왕위 계승 전쟁을
　　담은 서사시이다.

75) 무서운 형상이라는 뜻을 가진 바이랍(Bhairava)은 힌두의 수호신 역할을 맡아 다
　　방면으로 출현한다, 티베트 딴뜨라불교에서의 수호존 헤루카(Herukha)와 동일시
　　되고 있다

하고 불을 밝혀 재복의 여신이 자신의 집을 방문해서 자신들에게 재복을 내려 줄 것을 기원한다. 이날 초승달이 떠오를 때부터 점등을 시작하는데, 만약 이날 불을 밝히지 않는 집에는 여신이 다가가지 않으므로 불행이 깃든다고 믿는다.

이 락쉬미 뿌자는 가정에서 뿐 아니라 모든 회사에서도 행해지는데 보통 금고 위에서도 뿌쟈를 올리며 회사의 사장은 직원들에게 띠까를 칠해주면서 화환을 걸어주고 선물을 주면서 덕담을 한다.

또한 이날은 근대 힌두문학을 정립한 시인 데브꼬따(Laxmi Prasad Devkota)[76]의 생일을 축하하는 행사도 열린다고 한다. 그 외에도 네팔에서 이 날의 뿌쟈는 힌두의 종파별 견해 차이로 대체로 3갈래[77]로 갈라진다고 한다.

넷째 날은 '숫소의 띠하르[Govardhan Puja]'이다. 특히 이날은 흥미로운 행사가 있다. 바로 밤이 되면 젊은 사람은 물론이고 노인층이나 어린이 또래 모든 연령대의 사람들이 모여서 마을을 돌며 '돌림노래'를 부른다. 바로 '데우시(Deusi)'라고 불리는 노래인데, 이 노래는 각 가정을 축복해주는 뜻이 있다. 방문을 받고 축복의 데우시 노래를 들은 집주인은 약간의 돈과 먹거리로 답례를 한다.

이 축복의 길놀이는 네팔인 모두가 즐기는 것으로 한 명의 선도 주창자(主唱者)가 노래를 부르면 뒤따르는 나머지 사람들이 후렴구로 '데우시레'로 화답한다. 남자들이 '데우시' 하고 노래 부르면 한편,

---

76) Laxmi Prasad Devkota(1909~1959) was a Nepali poet, playwright, and novelist. Honoured with the title of Maha Kavi in Nepali literature, and is known as the poet with the golden heart. Devkota is by and large regarded as the greatest poet in the of Nepal and Nepali language.

77) 시바파에서는 황소를 경배하는 '고루 푸쟈(Goru P.)'라고 부르며 한편 비슈누파(Vaishnavism)에서는 '고바르단 푸쟈(Govardhan P.)'라고도 부르며 주류 네와리 사회에서는 '마 푸쟈(Mha Puja)'라고 부르며 네팔력의 새해를 축하하는 퓨자로 해석하고 있다.

여자들은 '바히로(Bhailo)'라고 노래를 부른다. 말하자면 '데우시 합창단'이다.

'데우시'나 '바히로'의 가사는 특별히 정해져 있지 않고 주로 띠하르 축제에 관한 전설 같은 것을 패러디하여 부르는데, 지역마다 다르고 당일 분위기에 따라 즉흥적으로 작사가 만들어져 불린다. 주창자는 보통 "띠하르-데우시레를 축하하러 왔어유~"라는 말로 시작하여 듣기 좋은 노랫말을 지어내어 집주인을 기분 좋게 만들고는 두둑한 답례를 받아내고 다음 집으로 향한다.

우리 동네의 이 합창단의 주축 멤버들이 대개 내 제자들이기에 그놈들은 으레 3층에 있는 우리방 밑에 와서 내가 두둑한 과자 봉투를 가지고 내려갈 때까지 죽치고 기다린다. 훗날 생각하면 즐거울 추억으로 남을 것이지만, 당장은 내 품위유지비가 거덜이 날판이다.

다섯째 마지막 날은 '바이 띠까의 날[Bhai Tika day]'[78]로 가장 중요한 날로, '바이'[79]는 네팔말로 손위오빠라는 뜻으로 이날은 오롯하게 형제자매의 화목을 위한 날이다. 다른 이름으로는 '끼쟈 뿌쟈(Kija Puja)'라고도 한다.

이날 네팔 전역에서는 여자 자매들은 남자형제들을 위해서 특별한 뿌쟈를 행한다. 그들은 남자형제들의 주위를 돌면서 머리에 특별한 허브향유를 발라주고 발과 바닥에도 기름방울을 떨어뜨린 후 일곱 가지 색으로 된 물감을 이마에 발라준다. 바로 그 유명한 전설의 띠까이다.

여자자매들이 남자형제들의 이마에 이런 행위를 하는 뜻은 오히

---

78) '바히'는 남자를 부르는 호칭으로 아저씨에 해당되는 말이고 반면 '디디(Dhi Dhi)'는 언니 아줌마에 해당되는 말이다. 아래 남자에게는 '다히'라 호칭한다.

79) '바이'의 대칭어는 '다이'로 손 아래 사람을 부르는 호칭으로 길거리에서 아주 흔하게 쓰이는 단어이다. 우리식으로 그냥 길거리의 언니, 오빠, 동생, 여보시게 등으로 쓰면 된다.

부모들이 아이들에게 띠까를 찍어주며 축복하고 있다.

려 심각하다. 우선은 오늘 하루는 죽음을 면할 거라는 것이다. 죽음의 신 야마라지가 한 약속이기에 지켜 질 것이라는 확신에 찬 행동이다. 물론 죽음 이외에도 모든 악으로부터의 벗어나서 오래 살면서 행복하게 가정을 지키는 훌륭한 사내가 되어 달라는 바람도 포함되어 있을 것이다.

이에 남자형제들은 자신의 누나나 여동생에게 약소한 돈이나 선물로써 보답한다. 친가족 외에도 친척이나 친분이 많은 사람들은 하루 종일 온 동네를 돌아다니며 이집 저집 방문하고 서로 행운을 빌어주고 축복을 받는다.

4

이러한 전통은 물론 신화에서 비롯되었다. '죽음의 신' 야마라지가 누이 야무나(Yamuna)를 방문했을 때였다. 누이가 이마에 상서로운 붉은 점을 찍고 있었다. (…중략…) 오누이는 꽃으로 장식한 식탁에서 즐겁게 이야기를 하며 맛있는 식사를 하였다. 시간이 되어 떠나가는 오빠 신에게 여동생은 자신이 손으로 직접 만든 멋진 꽃다발을 목에 걸어 주었다. 이에 죽음의 신 야마라지는 그 보답으로, 어떤 오빠라도 여동생에게 붉은 띠까와 꽃다발을 받은 남자는 그날만큼은 죽음에서 면제해주겠다고 덜컥 약속을 했다는 것이다.

물론 그 감성적인 신은 직권남용으로 천계의 상벌위원회에서 징계처분을 받았겠지만, 덕분에 많은 남자 형제들은 사랑스런 누이동생 덕에 그날 하루는 죽지 않아도 되었다고 한다. 그래서 지금도 여자형제들은 남자형제들을 죽음으로부터 벗어나게 하기 위해서 그들의 이마에 띠까를 찍어주는 것이다.

그런 신화 속에서의 일화를 액면 그대로 믿는 것인지 네팔 사람들은 툭하면 붉은 물감을 이마에 칠해댄다. 필자가 학교에 부임한 날부터 지금까지 받은 빨간 물감세례는 헤아릴 수가 없을 정도이다. "눈에 눈물마를 날 없다"가 아니라 "이마빡에 빨간 물감 마를 날 없다"이다.

특별한 축제 때가 아니라도 일반적인 행사나 남의 집을 방문할 때면 으레 찍어댄다. 내겐 여동생이 없지만, 어쨌거나 아직까지 무탈하게 살아 있는 것은 어찌 보면 여동생 뻘되는 여인들이나 제자들에게서 수없는 빨간 물감 세례를 받은 덕이 아니었나 하는 생각이 들 때도 있다. 이 말은 정말 농담이 아니다. ㅎㅎ

이 띠까는 보통 어떤 공식행사의 주최자가 손님들에게 찍어주기도 하는데, 보통 때는 그저 붉은 물감을 칠하지만, 특별한 축제 예를 들면 '다샤인 띠까' 또는 '바하이 띠까' 같은 경우에는 좀 색다른 재료로 만들어서 이마에 찍는 게 아니라 아예 덕지덕지 붙인다. 주로 쌀밥에 주홍색 물감과 요구르트를 섞어서 만드는데, 접착력이 강하기에 이마에 붙여 놓아도 한동안은 떨어지지 않는다. 만약 이것을 강제로 떼어내면 신에게서 벌을 받는다고 하니 이방인이라도 조심해야 할 대목이다.

어찌 보면 네팔이란 나라는 이런 수많은 축제들을 통해서 미풍양속을 지켜가며 가족간의, 혈족간의, 지역 공동체간의, 민족 간의 결속을 다지는 계기를 삼으니 행복한 민족이 아닐 수 없다. 조금 불행하다고 해서 툭하면 스스로 목숨을 처리해버리는 부자나라 사람들보다 그들은 주어진 환경에 순응하며 하루하루를 즐기면서 살아간다.

필자는 여기 눌러붙어 산 3년 동안 무수한 축제의 현장을 따라 다녔다. 그러다보니 이제는 왜 네팔이란 나라가 유난히 수많은 신들과 수많은 축제에 열광하고 집착하는지 이해를 할 수 있을 것 같기도 하다. "좀 가난하면 어떠하리! 오늘 하루 행복하면 그만이지…."

참, 다샤인과 띠하르 사이는 날씨도 좋고 최고의 길일로 꼽히는 날들의 연속이라 네팔 전역에서 약혼식이나 결혼식이 많이 열리고 또한 이때 수많은 사랑이 싹터서 내년 말라꽃이 피어날 쯤에는 행복한 신랑신부가 태어날 것이다.

"해피 띠하르~"

3) 아버지의 날, 고르까나 아운시(Gokarna Aunsi)

'아버지에 날'에 해당되는 축제로 일명 '꾸세 아운시(Kuse Aunsi)'
라고도 불린다. 대개 바드라(Bhadra:Aug/Sep)달에 그믐에 들어 있
다. 네팔 힌두이즘은 과거 유교문화속의 우리나라처럼 부모들에 대
한 효(孝)를 대단히 중요한 덕목으로 여긴다. 바로 이런 축제들이 그
런 실례이다.

이날은 외지에 나가 살던 자녀들이 무조건 집으로 돌아와야 한다.
그리고는 무엇보다 먼저, 아들들은 자기 이마를 아버지의 발에 대고
합장하며 아버지의 얼굴을 보며 키워주신 은혜에 감사하고 존경을
표시하고 준비해온 선물을 아버지에게 드린다. 이런 의식을 '아버지
얼굴 바라보기'라고 하며 큰 의미를 부여한다. 다만 딸은 이마를 대
는 대신 아버지에 팔을 어루만지며 역시 키워주신 은혜에 표시한다.

특히 까트만두 인근에 있는 사람들은 뿌쟈거리를 준비하야 인근
에 있는 고르까나 마을에 있는 쉬바사원에 들려 기도를 하고 모든 아
버지에 은혜에 대해 감사의 기도를 올린다. 아버지가 돌아가신 경우

고르까나 아운시의 본 무대 고르까나 사원

아버지의 발에
고두정례(叩頭頂禮)를 하는 아들

까트만두 분지의 첫줄인 바그마띠 강변의 가트 풍경

에는 반드시 이날 이 사원을 참배하여 아버지의 영혼이 평안 하시기를 빌어야한다고 한다.

특히 이날에 인기가 많은 사원은 까트만두 근교 바그마띠(Bagmati) 강변에 자리 잡은 고르까나 마하데브(Gokarna Mahadev temple)인데, 말라왕조 시대인 1582년에 건립된 유서 깊은 이 사원에는 매년 8/9월에 살아계시던, 돌아가셨던지 아버지를 위해 뿌쟈를 올리고 강가의 가트에서 성스러운 목욕을 하는 인파들로 북새통을 이룬다고 한다. 바로 고르까나 아운시 축제인 것이다. '아운시'이니 당연히 달 없는 그믐밤이 피크를 이룬다.

6. 교육관련 축제들

1) 스승의 은혜, 구루 뿌르니마(Guru Purnima)

(1)

네팔력으로 베샤카의 다음 달인 아샤드(Ashad, Jun/July) 보름은 존경받는 스승 '구루'를 추모하는 축제가 열린다. 산스크리트어로 구 (Gu)는 '어둠'을, 루(Ru)는 '제거하다'를 뜻하기에 구루는 '어둠을 제거하여 주는 사람'을 의미한다. 때로는 존경받는 선생도 구루라고 칭하며 신의 대리자로 인식하여 경배를 한다. 우리식으로 말하자면, '스승의 날(Teacher's day)[80]'이다.

요즘이야 뭘 배운다는 것도 돈만 있으면 다양한 경로가 열려있지만, 옛날에는 학교라는 제도가 보편적이지 않았기에 오직 지식을 이미 습득한 사람, 즉 스승의 개인적인 가르침 아래서만 까막눈을 면할 수 있었고 그래야만 신분상승이 가능했기에 스승이란 역할은 대단히 클 수밖에 없었다. 말하자면 "스승은 그림자도 밟지 못하는 사람"이었던 것이다. 그러나 어느 덧 세상은 너무 많이 너무 빨리 변해서 스승을 두드려 패는 행위도 큰 일이 아닌 세상이 되어 버렸다.

그런 면에서 아직도 네팔 촌구석에서 벌어지는 이런 행사가 더욱 의미가 있는지 모르겠지만….

이 축제의 유래는 위대한 힌두학자인 '마하 스리 베다 브야사(Maha

---

80) 세계 교사의 날은 전 세계의 교사들을 기념하기 위해 1994년 이후로 매년 10월 5일 개최되는 행사이다. 그 목적은 교사들에 대한 지원을 집결시키고, 미래 세대의 요구가 교사에 의해 계속 충족되도록 보장하는 것이다. 100여 개국에서 세계 교사의 날을 기념하고 있으며, 국제교육연맹와 401개 회원국의 노력으로 현재와 같이 널리 알려졌다.

힌두의 대 서사시 『마하바라따』를 지은 구루 브야스사당 입구에서 핍팔라[보리수] 나무 아래에서 드림팀 아이들이 스케치를 하고 있다.

Shree Veda Vyāsa)'[81]의 탄생일이기에 그날을 기리는 축제를 열게 되었다고 한다. 그래서 일명 '브야스 자얀티(Vyas Jayanti: Veda Byas)'라고도 불린다. 이날은 모든 힌두교도들이 존경하는 구루에게 뿌자를 행하고 설법을 듣는다.

산스크리트 문학(Sanskrit literature)에서 가장 오래된 『베다서(Vedas書)』는 힌두이즘의 모태철학과 문헌들을 모두 가리키는 용어로, 오늘의 주인공 구루 브야사는 이런 장대한 베다와 뿌라나(Prana)를 정리하여 4부[82]로 분류하여 편찬한 학자일 뿐 아니라 힌

---

81) 브야사의 실존 연대는 BC 2세기설(說), 3세기설, 5세기설 등이 있는데, 어느 것이나 신화화되어 그리 명확하지 않다. 특히 '크리쉬나 일부 파에서는 브야사를 비슈누의 아바타로 인식하여 아예 신격화 하고 일부 파에서는 그를 『베단타 수트라』의 저자인 바다라야나(Badarayana)와 같은 인물로 보기도 한다.

82) 『리그베다』,『야주르베다』,『사마베다』,『아타르바베다』

두 양대 서사시의 하나인 『마하바라따』를 저술한 작가로 최고의 구루로 꼽히는 힌두문학사에는 걸출한 인물이다.

(2)

　매년 네팔력으로 아샤드(Ashadh June/July)보름날에 네팔의 전국의 학교에서 브야사의 생일날을 기념하기 위해 소박한 행사가 열린다. 이름하여 '스승의 날(Teacher's day)'이다. 네팔에서는 구루나 사두를 비롯하여 스승을 신처럼 모시는 전통이 있는데, 필자도 작년 스승의 날에 스승의 발에 이마를 대는 인사법인 '고두정례(叩頭頂禮)'를 받은 적이 있어서 기억이 생생하다. 그래서 올해는 특별히 드림팀 아이들을 데리고 그 역사적인 장소를 찾아 나섰다.

　뽀카라에서 까트만두 쪽 국도 상 51Km지점, 1시간 반 거리에 있

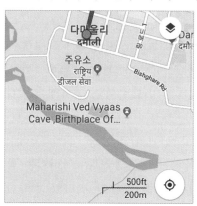

는데, 뽀카라에서 흘러가는 세띠강(Seti)과 마디강(Madi)이 합쳐지는 강가에 자리 잡고 있었다. 그의 출생지로 알려진 다마울리(Damaulli)[83] 마을은 이제는 그의 이름을 따서 브야스(Vyas) 마을로 개명했는데, 지금도 그가 태어났다고 하는 동

다마울리[일명 부야스] 지도

---

83) Damauli(Byas Municipality) is the headquarter of Tanahun District in the Gandaki Zone of Western Nepal. (…중략…) two major rivers the Madi and the Seti. Many tourists come here for rafting in the Madi river The Manung hill is another important geographical landmark overlooking the Town. Similarly, it is a birth place of lord ved vyas who is considered as an initiative of teaching in the world

마하바라따의 전투

굴은 전 힌두문화권의 사두와 구루들의 중요 순례성지가 되어 있어서 멀리 인도로부터도 수많은 순례객들이 모여들고 있다.

『마하바라따(Maha Bharata)』는 『라마야나』함께 인도의 2대 서사시 가운데 하나로 인도 고대문학의 중요한 유산이며, 모든 힌두인들에게 종교적으로나 철학적으로 커다란 의미를 지닌다. '마하바라따'는 "위대한 바라트 왕조"라는 의미이며 더 넓게는 "위대한 인도의 역사"로도 번역할 수 있다.

그 줄거리는 바라따 부족의 왕위 계승 전쟁을 담은 서사시로, 옛날 바라트족의 후손이 세운 한 나라에 두 명의 왕자가 있었다. 두 왕자

부야스 사당 그림 by Aaitasuba

브야스 사당 내부

의 이름은 드리뜨라슈뜨라와 빤두(Pandu)이다. 장자가 맹인이었기에 동생 빤두가 왕위를 이어서 나라를 잘 다스렸지만, 어느 날 실수로 선인 부부를 죽게 만든 바람에 자식을 낳을 수 없는 저주에 걸린다. 하지만 빤두왕의 부인이 처녀 때 받은 은총 때문에 신의 아이를 낳을 수 있었다고 한다. 그렇게 하여 다르마의 신, 바람의 신, 천둥번개의 신, 쌍둥이 원숭이 신으로부터 각기 아들을 얻어 다섯 명의 왕

신으로 숭배되고 있는
최초의 구루,
스리 베다 부야사의 소상

자를 얻었다. 하지만 대신 빤두왕은 저주에 의해 대신 요절하고 만다.
이에 왕자들이 너무 어린 탓으로 다시 맹인 형이 왕위를 이을 수밖에
없었다. 그렇지만, 형은 죽은 동생 빤두와의 신의를 지켜서 조카인,
빤두의 장남인, 유디슈뜨라를 후계자로 지명하였다. 그러나 이번에
는 드리뜨라 왕의 자식들이 이를 못마땅하게 여겨 사촌들인, 빤두왕
의 다섯 아들들을 시기하여 갖은 계략을 꾸며 죽이려 하였다. 그러
나 그때마다 다섯 왕자들은 기지를 발휘하여 위기에서 벗어나자, 이
에 마음 착한 맹인 드리뜨라 왕은 동생 빤두왕의 장남 유디슈뜨라에
게 왕국의 절반을 떼어주면서 파국을 모면하려고 하였으나 결국 욕

심 많은 자신의 아들들은 외삼촌과 계략을 꾸며 사촌의 왕국을 빼앗고 다섯 형제들을 왕국에서 추방하고 말았다.

그렇게 되어 부왕이 물려준 왕국을 사촌 형에게 빼앗기고 유랑의 길을 떠난 빤두왕의 5왕자들은 여러 나라를 떠돌아다니다가 어떤 왕국의 공주를 공동아내로 맞이하여 정착하면서 힘을 키우게 된다. 그리고는 때가 되었다고 판단되자 그들은 사촌형 두리오다나를 찾아가 왕국을 돌려줄 것을 요구하였지만, 받아들일 리 없는 요구로 결국은 두 나라는 기나긴 전쟁에 돌입하게 된다는 것이 『마하 바라따』의 전체 줄거리이다.

이 장대한 서사시는 오랜 세월에 걸쳐 구전되다가 오다가 4세기경에 지금의 형태를 갖추게 된 것으로 여겨진다. 이 서사시는 실제 모델은 B.C 4세기에서 1세기 사이에 실제로 있었던 18일간에 걸친 '꾸룩세뜨라 전투'를 패러디하여 완성되었다고 알려지고 있으나 이러한 줄거리는 전체 분량의 약 5분의 1에 지나지 않고 나머지는 고대 힌두의 전설, 윤리, 종교, 율법, 생활에 이르기까지 다양한 콘텐츠가 포함되어 있어서 "모든 것은 마하바라따에 있나니, 여기에 없는 것은 이 세상에 없다"는 말이 있을 정도로 백과사전적으로 편집되어 있어서 고대 인도나 힌두이즘을 연구하는 데 빼놓을 수 없는 작품이다.

이 서사시는 현재도 인도 전역과 동남아시아 힌두문화 권에서 인기가 높고 이미 세계적으로 수많은 언어로 번역되었다. 뿐만 아니라 시대에 발을 맞추어 만화, 애니메이션, 영화, 드라마 등으로 제작되었다. 특히 영국 연출가 피터 브룩(Peter Bruck)에 의해 연극으로 각색되어 서구 여러 나라에서 호평을 받기도 했다. 이것은 중국의 『삼국지연의』, 그리스의 『일리아스』에 비견되는 인류역사상 최고의 고전으로 여겨지고 있다.

2) 학문의 여신에게 바치는 헌사, 바산따 뿌쟈 빤차미
(Basanta Puja Panchami)

(1)

일명 '스리 사라스와띠 뿌쟈(Saraswati Puja)'라고 부르며 지식, 교육, 예술과 같은 장르를 주관하는 여신의 생일을 축하하는 축제이다. 겨울의 끝자락과 봄의 사이에서 네팔 힌두력 10월 마그(Magh, January/February) 중순에 거행되는데 시기적으로 봄을 알리는 행사의 성격을 띤다.

사라스와띠는 로드 쉬바와 두르가(Durga)의 딸로서, 재물과 행운의 신인 코끼리 형상의 가네쉬(Ganesh)의 누나이기도 하고 막강한 브라흐마의 배우자이기에 힌두 판테온에서는 최고의 명문가 출신 여신이다. 종파와 지방에 따라서는 일명 사비트리(Savitri) 또는 가야트리(Gayatri) 등으로도 불린다.

이 여신은 원래 고대 『베다』 시대에서는 '강의 여신'으로 정화와 풍요의 기능을 담당하는 담당했지만 후에 언어를 창조하는 역할이 추가되어서 현재와 같이 지혜와 학문, 음악과 예술의 여신 역을 맡고 있다.

사라스와띠 여신은 항상 연꽃 위에 앉아 있거나 그녀의 탈 것, 바하마인 백조 위에 앉아 있는 모습으로도 묘사되며 언제나 학문과 연관되는 책과 염주를 들고 비나(Vina)라는 현악기를 연주하는 우아하고 기품 있는 모습으로 그려지고 있다.

드림팀이 야외 스케치에 나서기 전에 먼저 사라스와띠 여신에게 뿌쟈를 올린다.

한편 대승불교쪽 판테온에서는 지혜의 칼을 들고 있는, 지혜의 보살인 문수보살(Manjushri)로 동일시되고 있는 흥미로운 도상도 눈에 띠고 있다.

힌두이즘에서는 사라스와띠에 의해 신성한 문자인 산스크리트가 창조되었고 또한 『베다』가 그녀의 머리에서 나왔다고 여겨지고 있다. 그래서 모든 종류의 학문적 행사와 교육과 창작활동에 들어갈 때 그녀를 위한 뿌쟈를 반드시 먼저 올리려 한다. 사라스와띠 여신의 축복이 없으면 관련된 모든 일이 무의미하다고 여기기 때문이다. 말하자면 그녀는 모든 창조적인 행위의 뿌리이며 원초적인 에너지이다. 그럼으로 그녀의 추종자들은 모든 물질적 이익과 명예욕에서 벗어나 진정한 지식을 얻기 위해 노력하는 자세를 유지해야한다고 한다.

모든 학교에서는 모든 중요한 행사 전에 반드시 사라스와띠 뿌쟈를 올리게 되어 있다.

사라스와띠는 용모는 항상 백합처럼 하얗고[lily-white] 우아한 모습으로 표현되고 있다. 4개의 팔에는 언어와 학문과 연관되는 베다 책과 염주를 들고 있고 현악기인 비나(Vina)를 연주하는 모습을 하고 있다. 그리고 항상 연꽃 위에 앉아 있거나 그녀의 바하마인 백조 위에 앉아 있는 모습으로도 묘사된다.

(2)

『마하바라따』에 나오는 한 성자와의 대화에서 사라스와띠의 진정한 면모를 파악할 수 있다. 한 성자가 사라스와띠 여신에게 물었다.

"오, 여신이시여! 저는 당신이 우리 안에 있는 최고의 영혼을 실현 가능하게 하는 최고의 지혜와 가장 어려운 임무를 달성시키는 지성의 원천이라 여기고 있습니다. 그렇긴 하지만 나의 혼돈스러움을 지우기 위해 당신이 누구이신지요? 당신께 묻습니다."

그러자 여신이 대답했다.

"오, 성자여! 나는 모든 지식의 구체적 실체인 사라스와띠로서 그대의 혼돈을 없애기 위해 여기 나타난 것이다. 신실하게 『베다』를 봉헌하는 자, 규정한 지침들을 따르는 자, 윗사람에게 존경을 표하는 자, 무언가를 필요로 하는 이들에게 자비를 베푸는 자들이 나의 가피를 얻을 수 있다. 그러한 사람이 자신 안에서 나의 존재를 실현할 수 있을 것이다."

전통적으로 인도에서 학문의 진정한 목적은 단순한 정보로서의 지식을 획득하는 것이 아니라 삶의 지혜로서의 지식을 획득하는 일, 즉 완성된 인격을 갖추는 것이다. 이 신화에 나오는 사라스와띠의 답변이 이 점을 잘 표현하고 있다.

힌두이즘에 따르면 사라스와띠는 학문뿐만 아니라 모든 예술-음악, 춤, 문학, 드라마의 여신이기도 하다. 그래서 그녀가 들고 있는 악기인 비나는 '음악의 기원'으로 상징되고 있다. 사라스와띠는 긍정적이고 고귀한 속성만을 지니고 있기에, 다른 모든 신들이 양면성을 가지고 있는 것에 대비하여-다른 힌두 여신들 가운데 가장 독특한 위치를 차지하고 있는, 가장 여신다운 여신의 상징으로 모든 힌두인들의 사랑을 받고 있다. 필자 또한 그녀의 광팬이란 것은 밝힐 필요도 없을 것이다.

7. 농경문화 축제들

1) 농경축제, 딴센 자트라(Tansen Jatra)

　네팔 북중부의 마을인 딴센지역에서 열리는 농경문화를 주제로 한 축제마당도 흥미롭다. 뽀카라에서 룸비니로 가는 국도변 높은 산 위에 자리 잡은 평화로운 농촌마을인데, 산 아래의 떠라이 평야하고는 여러모로 대조되는 분위기를 풍긴다. 이 전형적인 농경축제는 일명 '로빠이 자트라(Ropai Jatra)'라고 하는데, 행사에 참가한 사람들은 거리에서 쟁기질과 농작물을 심는 동작을 하면서 퍼레이드를 벌리고 '바그 자트라(Bagh Jatra)' 기간에는 배우들은 호랑이처럼 생긴 옷을 입고, 사냥꾼은 거리를 행진하며 힌두인들에게 친숙한 코끼리 얼굴의 재물의 신 가네쉬(Ganesh), 상업의 신 빔센(Bhimsen), 샤흐 왕조를 세운 영웅 프리띠비 나라연 샤흐(P. Narayan Shah) 같은 소상들을 마차에 태우고 시내를 돌면서 퍼레이드를 하면서 풍년을 기원한다.

　8월 12일 바가와띠(Bhagawati Jatra)와 같이 거행되는 이 축전의 절정은 도시를 보호하는 여신들의 행렬인데, 다음 날 이어지는 '가이 자트라(Gai Jatra)'축제 때 등장하는 대나무와 천으로 만든 황소 모양의 행렬이 볼만하다.

2) 붉은 기우제, 라또 마친드라나트 자트라(Rato Machhindranath Rath Jatra)

(1)

까트만두 분지의 젖줄인 바그마띠(Bagmathi) 강을 사이에 두고 5km 정도 떨어져 있는 빠탄은 '아름다운 도시'라는 뜻을 가진 랄릿뿌르(Lalitpur)로 불리면서 한 때는 까트만두보다 앞선 역사적인 고도[84]였다. 그러나 현재는 마치 까트만두의 위성도시 같은 취급을 받고 있다. 그렇지만 근래 들어 부쩍 현대화 되어가는 행정수도 까트만두에 비해 옛 모습을 비교적 잘 간직하고 있어서 오히려 이곳을 방문하는 이방인들에게 마치 시간이 정지된 중세시대의 어느 곳에 발을 디딘 것 같은 인상적인 느낌을 받게 만드는 곳이다.

현재의 빠탄은 골목 양편으로 늘어선 상점들 사이로 이어진 좁은 골목길에는 언제나 수많은 사람들과 동물들이 함께 섞여서 제 각기 오고가느라고 혼잡하기 그지없기 때문에 그 속에 잠시라고 섞여 있다 보면 혼이 다 빠져버릴 것 같다.

그러나 이 도시의 이런 고풍스런 모습은 오히려 이방인들에게는 매력적으로 다가오는데, 특히 시가지의 무게중심이 되는 두르바르(Durbar S.)[85] 광장 주위로는 고층의 옛 목조건물로 이루어진 옛 궁

---

84) 15세기 초, 까트만두 분지 일대를 통일한 말라 왕조가 분열되면서 까트만두, 박타푸르와 더불어 말라 왕조의 3대 도읍으로 독립적인 세력을 이루며 존속하다가 말라 왕조를 무너뜨리고 분지를 통일한 샤 왕조 이후에 정체성을 잃고 수도 카투만두의 위성도시로 전락하고 말았다. 현재 인구는 6~7만명 정도로 놋그릇, 나무 조각, 석공예, 금속공예 등의 전통수공업이 주요산업이다.

85) 파탄의 무게중심을 이루는 거리로 유네스코의 세계문화유산이며 관광과 쇼핑의 중심지이기도 하다. 빔센, 시바, 비쉬나트, 크리쉬나 사원 등이 가까운 거리에 모여 있어 둘러보기에도 편리하다. 까트만두의 왕궁에 비해 규모도 작고 훼손된 느낌이

전이 자리 잡고 있어서 더욱 그러하다. 그 외에도 빠탄 인근에는 볼 만한 불교 유적이 많아서 순례자들이 발길이 이어지지만, 본 축제와 는 좀 거리가 있기에 우선 각주[86]로 돌리고 우리는 우선 축제의 열기 속으로 들어가 보도록 하자.

지만 조각의 섬세함은 고대 3왕국 시절의 화려했던 모습을 엿보게 한다.

86) 빠탄의 볼거리

(1) 히란야 바르나 마하비하르(Hiranya Varna Mahabihar)-두르바르 광장의 북쪽 에 위치하고 있는 이 아름다운 불교사원은 12세기 바스카왕에 의해 지어졌다. 현지 인들은 황금사원(Golden Temple)이라는 애칭으로 부르고 있다. 금으로 된 삼층 사 원과 표면에 다양한 문양이 장식된 마니차, 금불상이 사원의 성스러움을 더해주고 있다. 사원의 안마당에는 많은 의례용품들이 장식되어 있으며 거북이, 코끼리, 사자 등의 동물 금동상이 세워져있다. 건물 내부에는 경전과 고대 불교 벽화로 장식되어 있다.

(2) 쿰베쉬와르(Kumbheshwar)-시바신을 위한 5층사원으로 사원 안뜰에는 빙하 호로 유명한 고사이쿤터가 있다. 이 사원은 1422년 저여스터티 왕 때에 지어졌고, 후에 사원의 가장 꼭대기에 금을 덧대었다. 그는 또 쿰베쉬르(Kumbheshwar)의 연 못을 깨끗이 하고, 안뜰의 연못주위에 나라얀, 가네스, 시타라, 바수키, 가우리, 킬 티무크, 아가마데바타 신상을 세웠다. 매년 자나이 푸르니마 축제 때 이곳에서는 목 욕하는 의식이 행해진다.

(3) 자가트 나라얀(Jagat Narayan)-바그마티 강둑에 세워진 자가트 나라얀 사원은 첨탑으로 대표되는 시카라(shikhara)양식의 건축물로 데라코타로 지어졌다. 이 19 세기 사원은 비쉬누신을 섬기기 위해 세워졌으며 하누만, 가네쉬 등 많은 신상을 모 시고 있다. 뛰어난 솜씨로 능숙하게 돌에 비쉬누신을 새긴 석상과 돌기둥을 받치기 위해 금속으로 만들어진 가루다 신상이 매우 인상적이다. 또한 수도승들이 머무는 안채에 기품 있게 조각한 창문틀이 눈길을 끈다.

(4) 마하부다(Maha Boudha) 스뚜빠는 인도 부다가야의 마하부다 대탑을 축소해 놓은 듯한 탑으로 달발 광장에서 동남쪽으로 2km 남짓 떨어져 있다. 파탄의 성직 자 어버야 라즈(Abhaya Raj)가 인도 부다가야의 마하부디 대탑을 순례하고 돌아와 서 지었다고 한다. 힌두건축양식으로 지어진 사원으로 1933년 대지진으로 무너진 것을, 1937년 재건하였다. 붉은 빛이 감도는 별도로 만들어진 탑 외관에는 9,000개 의 감실이 조성되어 있다.

(5) 티벳난민촌의 기념품가게에서는 티벳인들이 직접 손으로 만든 나무, 상아, 은, 동으로 만든 마니차(Prayer Wheel), 사원에서 쓰는 긴 뿔나팔 둥쩬, 벨트버클, 나무 그릇, 보석류 등을 살 수 있다.

이런 고풍스런 거리를 더욱 인상적으로 만드는 요란한 행사가 있다. 네팔의 전통적인 책력인 비크람력의 정월 보름날에 열리는 '라또 마친드라나트 라트(Rato Machhindranath Rath)' 자트라이다.

올해 2018년은 4월 30일부터 열렸다. 물론 이 축제는 다샤인 (Dashain)[87]이나 띠하르(Tihar)[88]처럼 전국적인 규모의 축제는 아니지만, 네팔의 그 많은 축제 중에서 최고의 명품으로 꼽는 데 주저할 사람은 없을 정도이다. 그렇기에 빠탄인들 뿐만 아니라 인근 도시주민들의 관심은 때가 되면 이 축제의 진원지인, 시장 외곽지역 광장 한 가운데 위치한, 한 사원[89]으로 쏠리게 마련이다. 바로 농경사회에서 높은 비중을 차지하고 있는 '비의 신'을 모신 곳이다.

힌두력의 베샤카 달은, 태양력 달력으로는 4월/5월에 해당되는데, 해 보다는 달을 숭배하는 힌두문화권에서는 대보름에 맞추어 열리는 볼만한 자트라가 많지만 그중 이 축제가 백미라고 단언할 수 있다.

이 자트라는 마친드라나트 신상을, [이하 줄여서 '마친'으로 부르

---

87) 다샤인은 10월에 열리는 가장 큰 축제로 15일 동안 계속되는데, 주요행사가 벌어지는 9일 동안에는 모든 학교와 관공서가 문을 닫는다.

88) 띠하르은 11월에 열리는데, 네팔에서 다샤인 다음으로 큰 축제로 5일 동안 계속되는데, 첫째 날에는 죽음의 전령이라 불리는 까마귀들에게 경의를 표하여 뿌자를 올리며 둘째 날은 바이랍(Bhairab)의 수호자라는 개들을 기념하는 날이고 셋째 날은 암소들을 기념하는 날이고 넷째 날은 숫소의 축제 날로 사람들은 그들의 육체와 정신을 위해 기도한다. 다섯째 날은 '바이 띠까(Bhai Tika)'를 하는 날로 여자 형제들이 악으로부터의 보호를 기원하며 남자형제들의 이마에 띠까를 붙여주면, 남자형제들은 작은 선물로 여자형제들에게 보답한다.

89) 정월 초에 이곳에서는 '스웨타 마친드라나트 스난 (Sweta M. Snan)'이란 행사를 열리는데, 이때 사원에 있는 마친드라나트 신상을 목욕시키고 향유를 바르고 붉은색을 새로 칠하고 푸쟈를 올리며 한 해 동안 비가 잘 내려 농사가 잘 되도록 기원한다. 또한 이 기간 중에 살아 있는 꾸마리도 이 사원을 참배한다.

비를 주관하는
붉은 마친드라나트 신상

지름이 3m나 되는 나무바퀴가 4개 달린 거대한 나무 수레를 만들어 그 위에 높이가 10여m나 되는 라트(장대탑)을 세우고, '비의 신' 마친드라 신상을 모신 수레를 수천수만 명의 사람들이 인력으로만 끌고서 거리를 행진하는 장관을 연출하고 있다.

기로 한다] 모시고 있던 사원에서 6개월간 진흙으로 거대한 신상을 만드는 것으로 시작된다. 신상의 소성이 완성되면 전신을 붉게 칠한 뒤 갖가지 장식품으로 화려하게 치장한다. 그 다음에는 4개의 큰 나무바퀴를 주축으로 한 거대한 나무수레 위에 '라트(Rath)'라는 10여m나 되는 거대한 대나무 장대탑을 세우고 아래 부분에 신상을 모신다.

수레와 장대탑을 만드는데도 몇 주일이 걸리는데 이는 전통적인 방식으로 못을 하나 쓰지 않고 순전히 손으로 끈을 묶어서 올라가기 때문에 시간이 많이 걸린다. 그래도 가끔 자체 무게를 견디지 못해 피사의 사탑처럼 기울어질 때도 있다. 또한 가끔 이 축제기간에 수레 위의 높은 탑이 붕괴하는 사고가 생기기도 한다는데 그럴 경우 대재앙이 온다고 믿기에 온 정성을 다하여 수레를 제작한다.

이윽고 손꼽아 기다리던 보름날이 되면 수천수만의 군중들이 수레를 밧줄에 매어서 도심지 곳곳을 끌고 다닌다. 이 거창한 행렬은 수레를 만든 아소까 스뚜빠(Ashoka S.) 인근의 뿔초크에서 출발하는데, 이때 행렬의 앞뒤에서는 민속악기로 구성된 악대들이 앞서 나

대표적 불교순례지, 보드나트 스뚜빠

가면서 분위기를 한층 북 돋는다. 또한 수레 앞에는 수레를 끌 사람들이 대열을 이루어 수레에 묶여 있는 밧줄을 신호에 맞추어 끌어당기면 수레는 서서히 조금씩 이동하게 된다.

참, 수레는 한 대가 아니다. 작은 수레가 하나 더 있는데, 이 안에는 미나나트(Minanath temple)사원에서 모셔온 마친의 형제인 미나나트 신상이 모셔져 있다. 두 수레가 중간 목적지인 자와라켈(Jawalakel)에 도착하면 코코넛을 라트 꼭대기에서 떨어뜨리는데 이때 이것을 받는 사람은 소원이 성취된다고 믿기에 많은 사람들이 떨어지는 코코넛을 잡으려고 몰려들어 법석을 떤다. 이때 코코넛을 받은 사람은 성금과 함께 코코넛을 다시 수레에 돌려준다고 한다.

또한 이 기간 동안 '보토(Botho) 자트라'가 거행되는데, 여기서 '보토'란 신성한 조끼를 말한다. 수레가 자와라켈에 도착한 후 동물원 밖의 큰 광장에서 이 마친 축제의 하이라이트인 신성한 조끼를 보여준다. 이 행사는 과거에는 왕과 왕비가 직접 와서 참여했는데, 지금은 대통령과 관료들이 와서 이 의식을 치른다. 전설에 의하면 보토란 조끼를 보기만 해도 큰 행운이 온다고 믿기 때문에 모든 사람들이 볼 수 있도록 모든 공동체들은 휴일로 정해 구성원들이 이것을 볼 수 있도록 시간적인 배려를 한다.

전 세계의 요기들의 우상인 마하 요기 고락사나트의 초상

(3)

이 또한 그럴듯한 전설이 서려 있다. 옛날 어느 농부가 나가[뱀]의 여왕의 눈병을 치료해주게 되었는데, 이에 나가의 왕 까르꼬트(Karkot)이 검은색 벨벳으로 만든 조끼에 보석을 주렁주렁 달아서 선물로 주었다고 한다. 그러나 농부는 얼마 후 그 조끼를 도난당했는데, 어느날 자와라켈에서 열린 마친 축제에 참석했다가 도난당한 조끼와 똑같은 조끼를 입은 사람을 보았다. 당연히 농부와 조끼를 입은 사람 사이에 분쟁이 생겼고, 뱀의 왕인 까르꼬트가 인간의 모습으로 나타나 분쟁을 해결하기 위해 국왕에게 그 조끼를 맡겼다고 한다. 그

축제를 위해 뿔초크 거리에서 4바퀴가 달린 거대한 수레위에 장대탑 라트(Rath)를 제작중이다.

래서 매년 축제 마지막 날 조끼가 안전하다는 것을 대중에게 보여주며 조끼의 주인이 소유권을 주장할 수 있게 3번에 걸쳐 이의를 제기하라고 군중들에게 물어본다고 한다. 물론 아직까지 이의를 제기한 사람은 나타나지 않고 있다.

이렇듯 이 축제는 보통 때 보기 힘들었던 네팔의 진기한 풍물을 만날 수 있지만, 역시 이 축제의 하이라이트는 높은 탑을 세운 거창하고 엄청 무거운 나무수레를 수천수만의 사람들이 인력으로 끌고 다니는 광경이다. 이때 빠탄사람들은 말할 것도 없고 네팔 전역에서 또는 인도에서부터 순례자들이 몰려들어, 마치 개미떼가 기어 올라가듯 그 높은 꼭대기 위로 기어올라가는 모험을 한다. 물론 무리하게 기어 올라가다가 추락하여 목숨까지 잃는 사고가 종종 발생하지만, 이런 사고 또한 신의 뜻으로 받아들이는 네팔인의 신앙심은 그저 놀라울 뿐이다.

또한 밧줄로 끌어당겨서 서서히 이동하는 수레가 마지막 목적지에 도달하면 수많은 군중들이 기름 등잔불을 밝힌 채 밤 새워 한해의 풍년을 기도하는 행사도 마련되어 있다. 이 불놀이 대목에서 축제는 엑스터시로 치닫는다. 수많은 사람들이 떼거지로 모여 불장난하는 것처럼 우리 인간을 원초적으로 고인돌시대로 회귀시키는 놀이가 또 있을까?

하여간 이렇게 광란의 축제가 끝나면 수레는 해체의 수순을 밟고 세상구경을 마친 신상은 자신의 고향인 붕가마티로 돌아가 그곳에서 6개월을 머물게 된다. 그리고 다음 해의 수레가 다시 만들어진 다음 점성가가 길일을 지정하면 신상은 다시 수레로 옮겨져 또 한해의 축제를 준비한다. 이렇게 매년 수레는 자와라켈에서 해체되지만, 12년간의 가뭄을 기념해서인지 매 12년마다 붕가마티에서 출발하여 빠탄을 한 바퀴 돌고 다시 고향으로 돌아가는 것을 되풀이 한다고 한다. 그러나 이방인들 특히 외국인이 직접 이 행사대열에 참여하여 함께 즐기는 것은 그리 쉽지 않다, 우선 그 날짜에 맞추어 네팔로 오는 것부터 그렇지만, 비록 까트만두까지는 왔다고 하더라도 행사장이 비록 지척이지만, 축제 당일은 너무나 혼잡하여 빠탄의 중심지로 진입하기는 사실상 쉽지 않다.

만약 이 축제에 직접 참여하는 것을 자신의 '버킷리스트'로 꼽는 호사가가 있다면 방법은 단 한 가지, 적어도 하루 전에 미리 빠탄으로 가서 두르바르 광장 근처 목 좋은 곳에 진을 치고 행렬을 기다리는 수밖에 없다. 물론 인파에 깔려 죽을 위험성은 있지만, "화약장사가 마진이 많다"는 말처럼, 필자가 장담하건데, 고생한 본전을 뽑고도 남을 만큼, 장엄한 광경을 만끽할 수 있을 것이다.

물론 축제기간에 빠탄을 방문하기가 어렵다면, 평소라도 그곳을 방문하는 이방인들도 두르바르 광장 노천에 그대로 방치되어 있는 거대한 목조 수레바퀴는 볼 수 있다. 그것만으로도 그 축제의 규모를

라트 수레 앞에서 거대한 나무 바퀴 앞에서의 필자

짐작하고 남을 정도로 그것의 크기는 우람하고 육중하다. 성인 남자
보다 훨씬 커서 그 중 큰 것은 지름이 3m에 이른다. 해서 필자도 인
증 샷 한 장 짤칵….

(4)

그럼 이처럼 한 몸에 거국적으로 거창한 경배를 받는 '마친드라나
트'는 과연 어떤 신인가? 하는 의문은 필수적으로 따라온다. 이런 유
서 깊은 축제에는 항상 그럴듯한 전설이 배경으로 깔리기 마련이기
에 우리 독자들도 필자를 따라 믿거나 말거나한 옛 전설 속으로 들
어가 보자.

때는 중세기 네팔분지가 말라(Mala)왕조 치하에 있을 9세기. 어떤 자

료는 정확하게 879년이라 못 막고 있으나 글쎄…. 어쨌든 수많은 시간의 수레바퀴 속에서, 할머니의 무릎에서 손자 손녀들에게 전승되어 내려온 전설에 의하면, 당시 요가(瑜伽: Yoga)수행을 철저하게 하여, 구름과 비를 마음대로 부릴 수 있는 초자연적인 신통력을 터득한 요기(Yogis)가 있었다. 그는 당대의 대부분의 출가사문의 전통대로 갠지스 강가에서 수행을 하고 깨달음을 얻은 후 먼저 동부로 갔다가 결국 빠탄이 인연의 장소임을 알고는 까트만두 분지로 들어와 빠탄으로 들어왔다고 한다.

그런데 처음 그가 이 도시에 이르렀을 때, 아무도 그의 정체를 몰랐기에 부락민들이 푸대접을 하였다. 이른바 찬밥 신세였다. 원래 힌두 신들처럼 잘 삐지고 해코지 좋아하는 신들도 드물다. 힌두이즘에서 브라만은 언제나, 이른바 '선'이었고 '갑'이었기에 그 권위에 도전하는 나머지 '을'은 해코지를 면할 수가 없었다. 빠탄의 전설도 그 예에서 벗어나지 않았다. 어찌 보면 그런 빤한 권선징악적인 스토리가 힌두신화를 주된 흐름이라 해도 과언이 아닐 것이지만….

역시 판에 박힌 각본대로 스스로의 에고이즘에 상처를 받은 그는 모종의 계획을 꾸미서 우선 애꿎은 9마리 뱀의 왕족들[Naga]을 사로잡아 가두고는 자신은 시치미를 떼고 깊은 선정(禪定) 속으로 들어가 모른 체하고 있었다. 그런데 원래 이 나가뱀들은 까트만두 분지에 비를 내리게 하는 중요한 역할을 맡은 뱀들이었는데, 그만 신통술을 부리는 요기에게 붙잡히자 비를 내리게 할 수가 없었다. 말하자면 단순히 자신이 제대로 대접을 받지 못한 것에 대한 화풀이를 누구에게라도 퍼부으며 자신의 존재를 과시하려 했던 것이다.

당시 빠탄은 나렌드라 데브(Narendr Dev)라는 왕이 통치를 하고 있던 때 인데, 12년 간의 긴 가뭄이 들자 국왕과 신하들은 그 원인을 알 수 없어 전전긍긍하고 있었다. 결국 왕의 측근들은 점괘를 통해 그 원인이 한 요기의 장난에 의한 것임을 알게 되어, 까트만두 분지 내의 대표자들이 모여 대책을 모색한 끝에 말이 안 통하는 그 요기 대신에, 그 요기의 스승,

즉 오늘의 주인공 '마친드라나트'[90]를 찾아 나섰다.

그러나 이번에는 마친 요기의 어머니가 아들이 길 떠나는 것을 반대했기 때문에 그를 모시고 돌아오는 일이 어려워졌다. 그러자 마친 요기는 마음씨가 훌륭한 도인이라 가뭄으로 고생하는 불쌍한 사람들을 구제하기 위해서 어머니를 속이고 자신이 '검은 벌'로 변해 항아리 속으로 들어가 무사히 까트만두까지 오게 되었다고.

이렇게 그 요기의 스승이 빠탄으로 입성하자, 깊은 선정 속에서 그 사실은 안 요기는 때가 되었음을 알고 사로잡고 있던 뱀들을 풀어주었다. 그러자 마침내 비가 내리기 시작했다. 이에 까트만두 분지의 온 백성들은 오랜 가뭄에서 벗어나게 해준 마음씨 착한 요기 마친드라나트의 공덕을 기리기 위해서 매년 축제를 벌이게 되었다고 한다. 그래서 유구한 역사를 가진, 거창한 축제가 만들어졌다는 것이다. 사족 하나 달자면 까트만두 분지 사람들은 그 후로는 절대로 '검은 벌'은 해치지 않는다고 한다.

아무튼 뱀을 사로잡아 비를 내리지 못하게 했던 그 요기의 이름은 '고락뿌르(Gorakhpur)의 구루(Guru)'라고 알려진 고락샤나드(Guru Gorakshanath)이고, 그의 스승이 바로 마친드라나트, 바로 오늘 축제의 주인공이다.

(5)

여기서 우리는 잠시 허구적인 전설에서 돌아와 실제적인 힌두이즘의 갈래를 훑어볼 필요가 있다. 복잡다단한 힌두이즘에서 중요한 맥을 차지하는 유구한 학파가 바로 '나트(Nath)'라는 접미사가 붙는 '나트 힌두파(N.Hindu Sect)'이다. 바로 흔히 우리들이 인도하면 떠

---

90) 물고기를 의미하는 마츠엔드라나트(Matsyendranath)라고 부르는 자료들도 많다.

폭풍전야의 빠탄 두르바르 광장입구

오르는 대표적인 이미지로 굳어 있는, 몸을 꽈배기처럼 꼬는 수행자, 이른바 요가(瑜伽: Yoga) 또는 요기(Yogis)라는 부르는 학파 또는 그 수행자를 말한다. 그런데 사실 이 요가파의 역사는 유구한 『베다』 같은 고대 인도철학에서 본다면 젊은 신파에 불과한 것이지만, 근대 힌두이즘에서는 아주 중요한 위치를 점유하고 있다. '나트 힌두'는 마하요기의 개조로 불리는 불세출의 위대한 요기 마친으로부터 비롯되었다는 이야기는 이미 앞에서 한 바 있다. 인도란 대륙은 늘 새로운 사상체계를 개척해 온, 에너지가 흘러나오는 신비스런 나라이다.

고대로부터 오랫동안 주도권을 놓지 않았던 브라만교에서, 자체모순의 극복을 주장하고 대두한 고따마 싯다르타 같은 기린아에 의해 불교가 탄생했듯이, 중세에 이르러서는 기존 힌두교에서 육체적 수행력을 중시하던 요기학파가 힌두철학의 주도권을 잡게 된 것이다. 오늘의 전설은 그런 과정에서의 '마하요기'의 주도권 싸움에서 완승했다는 사실을 확인하는 의도를 노골적으로 드러낸 것이라고 볼 수 있다.

그렇게 대두된 이들 '마하 나트'파는 과학이 이미 신의 경지를 넘나들고 있는 현 시대에도 전 인디아대륙 뿐만 아니라 히말라야지역 그리고 네팔평야에서 그 꽈배기 꼬는 자세의 전통을 굳건히 지키고 있다. 어디 인도대륙 뿐이랴?

동쪽으로는 중국, 한국, 일본에서도 한집 건너 요가학원이 성업 중이고 서쪽으로도 같은 현상이 벌어지고 있을 정도로 이들 '요가 나트파'의 위세는 온 세상을 덮을 만큼 드세다고 하겠다.

그런 거대한 유구한 흐름이 오늘의 주인공 마친드라나트에 의해 시작되어 2명의 제자로 갈라져 내려왔는데, 그중 한 명이 바로 오늘 축제의 또 하나의 실제적인 주인공인, 이번 이야기에서 심술쟁이 요기로 캐릭터 역을 맡은 고락샤나드이다. 그런 위상을 보여주듯이 그는 현재도 전 인디아 대륙뿐만 아니라 고향인 고락뿌르와 까트만두 분지에서 여전히 위대한 요기(Maha Yogi)로 숭배되고 있다. 말하자면 레전드가 된 것이다. 그러나 그의 구체적인 전기는 별로 알려진 것이 없고 또한 불확실하다. 실증적 사가들은 그를 11세기에 실존한, 실체적인 구루로 기술하고 있지만 어떤 자료들은 그를 다른 시간의 규칙 밖의 외계에서 지구에 나타난 신비하고 초월자로 숭배하고 있어서 다소 헷갈리기는 한다.

그러나 그의 스승 마친드라나트는 요가학파를 정립한 실존적인 경계를 넘어 빠탄에서는 힌두의 판테온에 당당히 입성하여 '비의 신' 나아가 '농민의 수호신'[91]으로 해마다 수많은 사람들의 경배를 받고 있다.

---

91) 상공인들의 보호자로서 도회지에서 숭배를 받는 '상업의 신'인 빔셈과 대조되는 대목으로 이 빔셈에 대하여는 브리꾸띠 공주편을 참조하기 바란다.

3) 추수감사제, 요마리 뿐히(Yomari Punhi)

한 해의 마지막 보름날에 까트만두 분지의 네와리 민족들이 가을에 추수한 햇쌀로 지은 '요마리(Yomari)'라는 특별한 음식을 만들어서 여러 신들께 뿌쟈를 올리며 내년에도 풍년을 기원한다. 물론 '뿐히'는 보름 날을 뜻한다. 대개의 힌두 축제는 보름날에 맞추어 벌어지니 태음력을 존중하는 문화답다고 해야겠다.

이 축제는 대개 4일 간 계속되는데, 특히 '곡식의 여신'이며 '풍요의 여신' 안나뿌르나(Annapurna) 설산의 여신이 이날의 주인공이다. 그런데 실제 거리상으로 까트만두 분지에서는 거리가 먼 뽀카라 인근의 여신에게 뿌쟈를 올린다는 것이 이채롭다.

더구나 이 '요마리'라는 음식은 안나뿌르나 기슭의 뽀카라 지방에서는 만들어 먹지 않고 유독 까트만두 분지의 네와리들이 만든다고 하니 흥미로운 현상이라 할 수 있다. 물론 농사를 관장하는 풍요의 여신에게 풍년을 기원하고 일 년 동안 곡식창고가 가득하기를 바라며 음식을 만들어 바치는 것이니 거리가 무슨 상관이랴. 그러니까 전형적인 농경축제의 대표적인 추수감사제이다.

간드룩 마을
Art by Bishal Capai

요마리 뷴히는 매년 12월 15일에 열리는 네와르
족만의 음식축제이다. 요마리는 새로 수확한 쌀
가루로 만든 무화과 모양에 다갈색의 사탕수수
와 참깨가 채워진 굽지 않은 케이크로 증기로 쪄
서 먹는다.

요마리의 모양

이 날 까트만두 분지의 남부 도시인 하리시디(Hari Siddhi)와 더초
(Thecho)에서는 신성한 가면 춤이 벌어지며 축제 분위기를 돋우고
저녁때가 되면 아이들은 무리 지어 이웃으로 다니며 요마리와 선물
을 얻으러 다니는데, 이때 집집마다 준비한 요마리와 선물을 아이들
에게 나누어 준다. 그런 면에서는 이 축제의 진정한 주인공은 안나뿌
르나 여신이 아니라 아이들이다.

이 '요마리'는 우리의 송편처럼 쌀가루를 반죽하여 오목한 모양
을 빚고는 그 안에 콩과 깨 같은 잡곡을 설탕과 버무려 넣고 물고기
나 항아리 또는 자기가 좋아하는 신상 모양으로 빚는데, 예를 들면
꾸마리(Kumari), 가네쉬(Ganesh), 락쉬미(Laxmi), 꾸베라(Kubera)
같은 행운과 재복을 주는 신들이 역시 인기를 끈다.

그리고는 찜통에 넣고 쪄서 사원이나 집안의 사당에서 뿌쟈를 올
린 다음 가족끼리 둘러 앉아 먹는데, 특히 나이가 2살에서 12살까지
아이들에게 우선권이 주어진다. 이것을 받은 아이들은 답례로 춤과
노래를 가족들에게 선사한다. 이 요마리는 맛과 모양이 아주 이채롭
기에 혹시 네팔거리를 지나다가 눈에 띄면 꼭 맛보기를 권한다.

8. 페미닌 축제들

1) 어머니의 날, 마따 띠르타 아운시(Mata Tirtha Aunshi)

이 축제는 "어머니의 얼굴을 바라보는 날(Aama ko Mukh Herne Din)"로 알려져 있는 사실상의 '어머니의 날'로서 사실상 '아버지의 날'에 대응하여 만들어졌을 것이다. 이날이 되면 밖에 나가서 살던 자녀들은 반드시 집으로 돌아와 어머니의 발에 이마를 갖다 대면서 어머니의 희생과 조건 없는 사랑을 베풀어준 것에 대하여 존경을 표시하며 준비한 선물을 전달한다.

이날 까트만두 분지에 사는 사람들 중 어머니가 돌아가신 사람들은 동쪽 근교에 있는 유명한 마따 띠르타 사원을 방문하여 뿌쟈를 올리고 성스러운 연못가에서 돌아가신 어머니가 연못위에 환영으로 비추기를 기도한다고 한다. 그러면 때로는 실제로 돌아가신 어머니의 모습이 수면위에 비친다고 한다.

이곳에 오기 어려운 사람들은 대신 트리뷰반 공항 가기 직전의 바그마띠 강가의 빠슈빠띠나트 사원을 참배하여 '시다 단(Sida Daan)'이란 뿌쟈를 드리며 역시 같은 내용의 기도를 드린다고 한다. 아운시는 달이 없는 그믐날을 뜻한다.

이런 축제의 유래에는, 한 목동 소년과 돌아가신 어머니가 연못에서 만나서 이야기를 나누었다는 것이 전설처럼 내려오기에, 돌아가신 어머니가 그리운 사람들은 일 년에 한 번 '어머니 날'에 이곳을 찾아오게 된다는 것이다.

일반적으로 네팔인들의 정서는 가족관계를 굉장히 중요하게 여긴다. 힌두이즘도 그것을 부추기고 있는 탓도 있을 것이지만, 과거 우리가 유교적 관습에 젖어 살던 때 이상으로 가족, 혈족, 공동체 의식을 잘 지켜나가고 있는 것을 보면 부러울 때가 많다. 이날 읊는 만트라

어머니날의 로고

(Mantra)를 보면 힌두인들의 인식을 이해할 수 있을 것 같다.

> "누구나 바이사카 크리쉬나 그믐날에 마따 띠르타 강에 와서 성스런 목욕을 하면 내생에 어머니의 자궁 속에 들지 않고 인간의 몸을 벗고 영원한 해탈을 얻을 수 있을 지어다."

2) 힌두여인들만의 축제, 띠즈(Teej)

(1)

힌두이즘에서 막강한 위치를 차지하고 있는 로드 쉬바(Lord Shiva)가 오랜 방황 끝에 히말라야신의 딸인 빠르바티(Parvati) 또는 '우마(Uma)'여신의 지극지성에 감동하여 결혼을 한 날을 기념하여 열리는 축제로, 일명 '몬순 페스티발(Monsoon F.)'로고도 불린다.

원래 띠즈는 한 번의 축제만을 가리키는 말이 아니고 힌두의 여인들이 몬순 전후에 모여서 춤과 노래를 하며 기도를 하는 여러 모임을 모두 일컬어 부르는 이름으로 하르따리까 띠즈(Hartalika Teej)를 비롯하여 여러 번의 행사[92]가 있는데, 이것들이 모두 쉬바와 빠르바티 여신의 결혼을 축하하는 축제라는 공통점이 있다.

아무튼 띠즈는 힌두권의 여인들이 남편과 아이들의 장수와 건강을 빌고 자기 몸과 마음의 정화를 기도하며 즐기는 축제로 결혼을 하지 않은 여성들은 미래의 배우자를 위해 기도한다.

그러니까 힌두의 '여성의 날'에 해당되는 유일한 페미니즘

'띠즈'라는 이름의 붉은 벌레[Trombidium]에서 축제의 이름이 생겼다고 한다.

축제에 해당된다. 이날 여인들은 주로 빨간 사리를 입고 친구들을 만나 수다 떨고 먹고 노래하고 춤추고 양손과 발 그리고 얼굴까지 헤나

---

92) Haryali Teej-6. 26/Kajari Teej- 8. 10/ Hartalika Teej- 8. 24

힌두여인들의 신나는 댄스파티

(henna) [93]라는 염료로 '메힌디(Mehndi)'라는 문신을 하며 즐겁게 지내는데, 헤나문신은 요즘은 이미 힌두권을 넘어서 전 세계로 번져 나간 지 오래된 풍속이다.

띠즈는 힌두력의 슈라바나(Shraavana)월 슈클라 빡샤(Shukla Paksha:黑分)의 3일째 되는 날로서 태양력으로는 보통 8월말에서 9월초에 들어 있는데, 성대한 연회와 더불어 5일 동안 치러진다. 축제는 긴긴 더위 뒤에 몬순철이 지나는 것을 축하하는 의미도 포함한다.

그런데 정작 '띠즈'란 의미가 좀 생뚱맞다. 장마 뒤 흙에서 기어 나오는 작고 빨간 곤충을 말한다니 말이다. 이 곤충의 이름에서 축제의 이름이 유래되었고 그 때문에 이 축제 동안에는 여인들이 빨간색 옷을 입고 즐긴다고 한다. 네팔에서 빨간 색 라또(Rato)는 결혼식 같은 경사스러운 날 입는 색으로 결혼한 여자들이 즐겨 입는데, 빨강색이 사랑의 상징이라서 그렇단다. 물론 이마에 찍어대는 띠까라는 점

---

93) 헤나는 머리 염색이나 일시적 문신에 쓰는 염료로 식물[Lawsonia alba]의 잎과 잎 꼭지에서 추출한다.

도 붉은 물감이다.

이날은 공부하러 외지에 나가있는 여학생들뿐 아니라 결혼하여 먼 곳에서 살더라도 모든 여성까지도 고향의 친정집으로 돌아와서 며칠 동안 그리웠던 친정식구들과 못 다 나눈 회포를 푸는 날이다.

첫째 날은 맛난 음식을 마음껏 먹을 수 있지만, 둘째 날에는 힌두 관습에 의해서 대낮에는 종일 음식을 먹지 못하고 굶어야 한다. 바로 이를 '띠즈 코 다르카네 딘(Teej Ko Darkhane Din)'라고 하는데, 이 관습은 빠르바티(Parbati) 여신이 쉬바 신과 결혼하기 위해 금식 기도를 올린 것에서 유래한다고 한다.

(2)

힌두신화에 따르면 로드 쉬바의 첫 부인은 '사띠(Sati)'라는 일편단심형의 여인이었다. 그녀는 어느 날 어느 날 산책을 나갔다가 한 남자와 마주쳤는데, 누더기를 걸쳤지만 귀티 나는 얼굴에 멋진 춤을 추는 남자를 보고 그만 한눈에 반해 버렸다. 그래서 둘은 주위의 반대를 무릅쓰고 결혼을 했지만, 그녀의 아버지는 사위의 정체를 모르는지라 사사건건 모욕을 주기 일쑤였다. 이에 사띠는 아버지에 대한 원망과 끓어오르는 슬픔을 참을 수 없어 그만 타오르는 제단의 불길에 그만 자신의 몸을 던져버렸다.

당연히 로드 쉬바의 분노가 폭발하면서 사띠 가문을 초토화 시키고 그래도 분노가 가라앉지 않자 히말라야 산 깊은 골짜기로 들어가 깊은 명상에 들어갔다. (…중략…) 그렇지만 사띠는 다시 환생하여 히말라야의 딸 빠르바티로 태어났고 둘은 다시 만나 결혼을 하게 되었으나 물론 그 과정은 만만치 않았다.

사바세계의 인간들에게 막중한 영향력을 구사하던 쉬바가 종적을 감춰버리자 세상은 그의 직무유기로 인해 개판이 되어 갔다. 이에 우주를 관리하고 유지시키는 역할을 맡은 비슈누(Vishnu)신이 나서서 쉬바의 깊은 상처를 보듬고 새 출발 시키는 것은 새 장가를 가는 방법밖에 없다는 결론을 내리고 히말라야의 신에게 그의 딸 빠르바띠를 쉬바신과 결혼을 시켜달라고 부탁을 하였다.

그 얘기를 들은 빠르바티는 깊은 숲속에 숨어 그녀의 머리카락을 뽑아 쉬바 링감(Lingam)[94]을 만들어 놓고 쉬바신과 결혼하게 해 달라고 단식을 하며 기도를 드렸다. (…다시 중략…) 이에 그녀의 정성에 감동한 쉬바가 빠르바티를 신부로 맞아 드렸다고 한다. 이에 빠르바티는 세상의 모든 여인들에게 자신이 원하는 배우자를 만나서 다복한 결혼생활을 하려면 신성한 단식을 하라고 부추겼다. 그 뒤로 여인들은 멋진 남자를 만나기 위해서 단식을 하게 되었다는 것이다.

셋째 날은 다시 자신과 가족을 위해 음식을 만들어 배불리 먹고 놀고 떠들다가 마지막 다섯 번째 날에는 신성한 강변으로 나가 성스런 목욕을 하면서 아가다(Aghada) 나무 잎사귀로 자신을 때리면서 '삽따 리시(Sapta Rishi: 七聖人)'에게 기도를 하면서 생리기간에 지은 죄에 대해 용서를 구한다고 한다.

이 행사를 특히 '리시 빤차미(Rishi Panchami)'라고 부르는데, 여기서 리시는 성인을 뜻하고 빤차미는 5일을 뜻한다. 그 이유는 힌두교는 여성의 생리를 불결하다고 생각하며, 여성들은 생리기간에는

---

94) 링가 생식력의 상징으로 인도 전역의 시바 신전과 가정의 사당에 중요한 숭배 대상으로 모셔져 있다. 여성의 성기를 상징하는 요니는 시바 신의 배우자인 샤크티 여신의 상징물로 쓰이고 있으며, 꼿꼿이 곧추선 링가의 받침대를 이루고 있는 경우가 많다. 링가와 요니는 이렇게 결합한 형태로, 음양의 원리는 분리할 수 없고 둘이 더불어 모든 존재의 완전성을 표현한다는 사실을 일깨워준다. 1~2세기에 링가를 숭배했다는 증거가 문학과 예술작품에 나타나 있으며, 굽타 시대 이래로 남근상은 양식화되기 시작하여 원래의 사실적인 형태가 많이 사라졌다. 힌두교도들은 싱싱한 꽃과 깨끗한 물, 어린 새싹, 과일, 나뭇잎, 햇볕에 말린 쌀을 바치며 링가를 경배한다. 가장 중요한 링가는 태초에 저절로 생겨났다고 믿고 있는 스바얌부바 링가이다.

쿠스마(Kusma) 마을의 띠즈 페스티벌

종교행사 참가를 금지하고 있기 때문이다. 아무튼 이런 힌두의 일부 풍속은 페미니즘이 날로 거세지는 세상과는 거꾸로 가는 셈이 아닐 수 없다.

특히 이날은 까트만두 공항 인근의 빠슈빠띠나트(Pashupatinath) 사원 근처의 바그마띠 강에서 온통 빨간 사리옷을 입은 여인들이 강물 속에 들어가 쉬바신에게 기도를 올리는 장관을 연출하는데,[95] 특히 결혼한 여인들은 이때 결혼생활의 원만함과 남편과 가족의 강령을 기원하고 미혼의 여인들은 좋은 신랑감을 얻기를 기원하면서 5일간의 띠즈 뿌쟈를 마감한다.

---

95) 단 혼자된 여인들은 빨간색 옷을 입지 못하고 항상 흰색만을 입어야 한다.

마게 산끄란띠 행렬이 시내를 지나고 있다.

9. 목욕 축제들

1) 마게 마기 산끄란띠(Maghe Maghi Sankranti)

마게 산끄란띠(Maghe S.) 또는 마까르 산끄란띠(Makar S.)는 힌두력으로 신성한 1월인 마그(Magh)의 첫날에 거행되는 성스러운 강에서의 성스러운 목욕의식[聖浴: ritual baths]이다. 올해 2018년은 1월 14일날 거행되었다.

이 축제의 의미는 종교적으로 어떤 축제도 열리지 못하게 되어 있는, 지난 12월인 뽀쉬(Poush)달에 쌓여 있던 액운을 해소하기 위해서 비록 일 년 중에 가장 추운 날일지라도 성스러운 목욕을 함으로써 점차로 날씨는 따뜻해지고 건강과 행운이 좋아진다는 믿음으로부터 기인하여 추운 날 찬 강물 속으로 들어가 물을 끼얹는 극기훈련을 한다고 한다.

이 의식은 가장 성스럽다고 알려진 강가에서 행해지는데, 까트만

뽀카라 시내로 마게 산끄라띠 행렬이 지나간다. (photo by Ashess Shakya)

두 분지에서는 고도중의 하나인 빠탄(Pathan) 아래에 위치한 신성한 바그마띠(Bagmati) 강의 제방인 산카몰레(Sankhamole)가 그중 유명하다고 하여 추종자들이 몰려든다.[96]

이곳은 이런 목적으로는 가장 적합하다고 여겨지기에 최근에도 수많은 사람들이 동트기 몇 시간 전에 물속에 들어가 스스로 물을 끼얹는다. 그리고는 갖가지 신상을 만들어 라또 마친드라나뜨 사원과 아기마따(AgimaTa) 사원에 뿌쟈를 올린다고 한다.

---

96) 그 외에도 나라야니 강가의 간다끼(Gandaki)와 치뜨완 밸리의 데브가트(Devghat) 그리고 까리간다끼의 리디(Ridi) 그리고 선꼬시의 도랄가트(Dolalghat)에서도 행해진다고 한다.

2) 색채의 향연, 파군 뿌르니마(Fagun Purnima: Holi Festival)

축제 날 뿌려댈 물감을 파는 가게

네팔어로는 '파군 뿌르니마'라 부르는 이 축제는 인도의 유명한 '칼라 페스티발' 홀리축제와 같은 콘텐츠이다. 성스러운 붉은 물감이란 뜻의 '파구(Phagu)'라고도 부른다. 축제에 참가한 친한 사람들뿐만 아니라 낯모르는 사람들에게도 무작위적으로 오색 물감을 뿌려대는 것으로 유명한 바로 그 축제이다.

네팔력으로 파군(Fagun) 달이 시작되는 첫날에 거행되는데, 올해는 3월 1일이었다. 묵은해를 보내고 따뜻한 봄 날씨와 더불어 새해를

오색물감의 향연이 펼쳐지면서 사람들은 너나 나나 모두 즐거워한다. (photo by Ashess Shakya)

설계하는 일종의 송구영신의 놀이마당이라 할 수 있다. 까트만두를 비롯한 전 네팔에서 동시다발적으로 벌어지지만, 특히 인도적인 문화가 강한 네팔의 남부 떠라이(Terai)지역에서 더 요란하다.

특히 마지막 날에 정점을 찍는데, 온 도시와 사람들이 온통 물감범벅이 된다. 사람들은 여러 가지 색깔의 염료들이나 물감을 탄 물을 플라스틱 병이나 풍선 안에 담아 두었다가 만나는 사람들에게 무작위로 뿌려댄다. 그리고는 상대가 물감세례를 받아 오색물감 범벅이 되어 망가져 가는 모습을 보면서 즐거워한다. 특히 이때 행운을 부른다는 붉은색 물감이 최고 인기다.

이 축제의 배경에는 계절의 여왕이며 색깔의 여신 홀리까(Holika)가 봄을 맞이하여 오색으로 물들인 새 옷으로 갈아입고 자연의 기운을 맞아들인다는 뜻으로 거행하는 즐거운 놀이로 가장 힌두적인 축제라는데 이의를 달 사람은 없을 것이다.

힌두신화에 의하면 악마적인 홀리까 여신의 이름 딴 이 축제는 1주일 계속된다. 근데 이 홀리카 여신이 좀 남을 못살게 구는 취향을 가진 여신이기에 새로 돋아나는 꽃잎을 자기가 마음에 드는 남자한테 뿌려가며 춘정(春情)을 과시했다는 뜻에서 비롯된 축제라고 한다. 그러므로 독신 남성들은 그날 붉은 물감을 유난히 뿌려대는 여인을 눈여겨볼지어다.

까트만두 아손(Ason) 시장의 노천 물감가게

3) 해맞이 뿌쟈, 차하트(Chhath)

(1)

차하트 축제는 지금까지 보아왔던 자트라와는 좀 색다르다. 이 행사는 떠오르는 태양을 숭배하는 행사이기에, 어찌 보면 네팔보다는 인도적인 색채가 강하다. 좀 더 구체적으로 말하자면 정화의 신 '차하티 마이야' 여신 또는 태양의 신 '수리야(Surya Shashti)'을 찬양하는 의식인데, 이 여신은 바로 고대 태양의 신 인드라(Indra)[97]와

12마리의 백마가 모는 마차를 타고
하늘을 날아다니는
'차하티 마이어' 여신의 초상

그의 아내 우샤(Usha)와 동일시되기에 이 축제의 성격은 태양을 숭배하고 찬양하고 해 뜨는 시간에 성스러운 강물로 목욕을 함으로써 태양의 숭배자들의 몸과 마음을 정화시키자는 목적을 가진 뿌쟈이다.

인류에게 태초의 토템 태양이었다. 초고대문명일수록 태양이 갖는 의미는 절대적이었기에 그들은 태양을 신 그 자체로 인식하여 찬양하고 숭배하는 의식을 다양한 의미와 형식으로 만들어 내었다. 물론 그렇게 수천 년이 흐른 뒤 인류의 토템은 다양화되면서 더 실체적인 거대한 자연이나 동물 그리고 위대한 영웅들인 신들로 바뀌게 되지만, 인류 최초의 숭배의식은 떠오르는 태양에 초점이 맞추어진 것은 분명한 사실이다. 그리고 오늘의 이 차하트 뿌쟈가 바로 그런 의미에

---

97) 인드라신은 고대 『베다』 시대에는 '신들의 왕'으로서 최고신의 지위를 누렸지만 후에 힌두교의 판테온으로 들어와서는 그냥 태양신 또는 번개신으로 신격이 떨어졌다. 그리고 불교쪽으로 들어와서는 제석천(帝釋天)으로 변했다는 사실은 앞에서 이미 이야기한 바 있다.

차하트 축제의 참가자들이 '라시아오(Rasiao-kheer)'라고 부르는 각자의 부쟈접시를 들고 천막 속에서 태양이 뜨기를 기다리고 있다. (photo by Ashess Shakya)

서의 유일한 축제의 원형인 것이다.

(2)

'차하트(Chhath)'란 말은 '한 타스의 반(half-dozen)', 즉 6을 의미하기에 힌두력 까르띠까(Karttika) 달의 6일을 가리킨다. 그렇기에 축제는 다샤인과 띠하르[락쉬미뿌쟈]가 끝 난지 6일째 되는 날부터 4일간 거행되는데, 올해(2018) 네팔에서는 11월 13일부터 5곳[98]에서 동시다발적으로 시작된다.

그 중 까트만두 근교 바그마띠(Bagmati)와 꼬쉬(Koshi) 강변의 가

---

98) Biratnagar/ Janakpur/ Bagmati River, Kathmandu/ Koshi River/ Bhojpuri

트를 비롯하여 『라마야나』의 무대인 고도 자나크뿌르(Janakpur) 등에는 엄청난 인파가 몰려드는 장관을 연출하는 것으로 유명하다. 현재 세계의 힌두교도는 13억이 넘는다. 그 중 1%만 모여들어도 그 숫자는 어마무시한 것이다.

차하트 뿌쟈의 첫 날(Lohanda)과 둘째 날(Kharna)은 모든 힌두 참가자들은 하루 종일 해가 떨어질 때까지는 한 방울의 물을 포함하여 아무 것도 먹거나 마시지도 않고 축제에 필요한 물건-사탕수수, 과일, 기타 물건-들을 구해서 차려놓느라 분주하게 지낸다. 저녁 때가 되면 경험이 풍부한 장로들과 연장자들은 '라시아오(Rasiao-kheer)'라고 부르는 뿌쟈용 음식을 전통대로 만들도록 지휘 감독한다. 그 뿌쟈의 내용물은 인도식 빵떡인 차빠티(chapattis) 몇 조각을 비롯하여 여러 종류의 마른 과일과 제철과일과 그리고 단과자 등인데, 이것들을 일단 나뭇잎으로 만든 접시에 담아서 다시 대나무로 만든 큰 바구니(소쿠리) 다우라(daura)에 담는다. 이 음식들은 소금기가 전혀 없으며 양파와 마늘 같은 향신료를 넣지 않고 단지 설탕으로만 맛을 내기에 매우 달다. 신들이 설탕을 좋아하기 때문이란다.

그렇게 먼저 신들에게 뿌쟈를 올리고 난 다음 저녁 때가 되면 그것들을 주위 친지들과 나누어서 함께 먹는다. 말하자면 우리식의 음복(飮福)행사이다. 또한 이 카르나(Kharna)날의 자정 때에는 테꾸아(Thekua)라는 특별한 프라사드를 태양신에게 바친다.

그리하여 축제가 시작되고 제3일째 되는 날은 '저녁 공양'이란 뜻의 '산드야 아르가야(Sandhya Arghya: Sanjhiya Ghat)'라고 부르는 의식이 치러진다. 이 날의 의식은 크게 둘로 나누어지는데, 그 하나는 위의 준비과정이고 다른 하나는 저녁과 밤에 행하는 '꼬시아(Koshiya)'라는 의식이다. 이때 모든 참가자들은 강가의 가트로 몰려 나와 지는 해를 향해 뿌쟈를 올리며 신을 찬미하는 찬송가를 밤 늦도록까지 부른다. 이때 5대의 사탕수수 줄기를 노란 수건으로 묶어

기둥을 만들어 헝겊으로 덮개를 만들고, 그 아래 흙으로 코끼리 모양으로 만든 램프를 켜놓는다.

이처럼 흙으로 만든 등잔에 불을 켜는 것은 태양에너지가 언제나 변함없이 빛나는 것을 상징한다고 한다. 또한 5개의 사탕수수는 우주의 5가지 원소[地, 水, 火, 風, 氣]를 의미한다고 한다. 특히 이 '코시아 의식'은 최근에 아이가 탄생한 가정이나 자녀들이 결혼을 한 집에서 중요시하여 각 가정의 마당이나 지붕 위에서 행하기도 하고 또는 이날 자리를 강가로 옮겨 다시 불을 밝히고 새로운 출발선에 선 주인공들에게 신들의 가호가 내리기를 기원한다.

4일째는 '우샤 아르가야(Usha Arghya; Bhorwa Ghat)라고 부르는데, 이는 '아침 공양'이란 뜻이다. 일명 '비하니야 아르가야(Bihaniya Arghya)'라고도 불리며 차하트 뿌쟈의 절정을 이루는 의식이다.

모든 참가자들은 이른 아침에 다시 강가로 나와 태양이 대지 위로 강물 위로 뜨는 것을 기다리면서 태양의 여신을 찬양하는 노래를 부른다. 이윽고 태양이 떠오르면 참가자들은 일제히 강물로 들어가 신성한 강물을 온 몸에 끼얹으며 기원를 한다. 이렇게 아침 뿌쟈가 끝나면 축제의 연장자들은 프라사드 음식을 연장자순으로 모든 사람들에게 나누어 주며 서로 축복을 하고, 또한 받는다.

의식을 모두 끝내고 각자의 집으로 돌아온 장로들이나 연장자들은 그때서야 36시간 동안 계속된 단식에서 벗어나 그들에게 제공되는 음식을 먹는다. 이런 것을 '빠르나(Parna)'라고 부르는데, 이로써 4일에 걸친 차하트 뿌쟈는 막을 내리게 된다.

이 인상적인 축제는 숭배의 대상물로 어떤 신상(神像)도 필요치 않고 다만 저절로 뜨고 지는 태양만 있으면 되는 초고대적인 연원을 가진, 모든 토템적인 축제의 원형이다. 필자도 아직 한 번도 참가해보지 못한 색다른 주제라 올해에는 5곳 중에 한 곳을 정해서 꼭 참가해보려고 한다.

10. 뽀카라의 축제들

1) 귀신 쫓는 따무 드히(Tamu Dhee)

(1)

현재 뽀카라는 20여만 명이 살고 있는 네팔 제2의 대도시로써 국제적인 휴양도시로 자리를 잡았지만, 고대로 올라가면 사실 뽀카라는 여러 좌의 설산들에 둘러싸여 있는 궁핍한 산촌마을에 불과했다.

이번에 같이 출간된 졸저 『나마스떼! 김 써르』의 제3부의 뽀카라편에서 필자는 뽀카라를 '안나뿌르나의 테라스'라고 불렀다. 그리고 8천m급의 설산들이 페와딸(Phewa Tal) 호수에 거꾸로 투영되어 있는 자태를 '절경(絶景)'이란 단어로 묘사했다.

그리고 필자가 지난 3년 동안 살고 있는 비레탄띠 마을도 뽀카라 근교에 있었기에 누구보다도 뽀카라는 잘 이해하고 있지만, 사실 뽀카라에는 고급적인 문화풍토는 모자란 게 사실이었다. 말하자면 유구한 역사는 없는 그저 그런 신생도시에 가깝다고나 할까?

그나마 뽀카라를 중심으로 거행되는 3~4개 정도의 축제들이 있기는 하지만, 당연히 까트만두 분지에 비해 질적 양적으로 상대가 되지 않는다.

그 중에서 그래도 가장 오래된, 150여년의 유래를 가진 '바그 자트라(Bagh Jatra)'가 열리기는 하는데, 이 축제는 오래 전에 뽀카라로 이주해온 네와리족이 만든 것으로 보이지만, 그러나 주제와 규모면으로 보면 뽀카라를 대표할 만한 축제로는 뭔가 부족하고 또한 까트만두 근교 바그 바이랍(Bagh Bairab) 사원에서 열리는 축제와 이름이 같고 성격도 같아서 뽀카라의 특색을 반영하는 축제로 보기가 어렵다. 결국 뽀카라를 대표하는 축제는 이곳의 원주민들인 구룽족

설명악귀를 쫓는 내용의 가면축제 또테 행렬이 뽀카라 시내를 지나가고 있다.
(photo by Ashess Shakya)

(Gulung)[99] 또는 따무족(Tamu)이 주최하는 또테(Tothe) 혹은 따무 드히(Tamu Dhee) 또는 트라혼떼(Trahonte) 축제를 꼽기로 결정하였다.

---

99) 6세기 경부터 안나뿌르나 기슭에다 터전을 잡은 구룽족은 대부분 현재로는 카스키 지구와 뽀카라에 모여 산다. 2001년 기준으로 543,571명(전체 인구의 2.39%)이 있는데, 본래 티베트버마어족의 언어인 따무카이어를 쓴다고 하는데, 보통 공식적으로는 네팔어를 주로 쓰고 있다. '구룽'이란 말은 티베트어로 '농부'를 뜻하는 단어인 '그룽'(Grung)에서 유래된 이름으로 따무(Tamu)라고도 즐겨 부른다.

뽀카라 시가지의 또테 행렬(photo by Ashess Shakya)

뽀카라 프리티비 촉 거리에서 만난 또테 행렬 (photo by Ashess Shakya)

　필자가 지난 3년 동안 살고 있는 비레탄띠 마을에는 원주민들인 구룽족이 주관하는, 안나뿌르나 투어 페스티벌(Annapurna Tourism festival)이란 것이 있기는 하지만, 산속 깊숙한 곳에 위치한 간드룩(Ganduk)과 촘롱(Chhomrong) 마을에서 열리기 때문에 몇몇 트레커들 이외에는 접근이 쉽지가 않아 유명무실한 것이다.

　태양력으로 8월 초순에 열리는 이 벽사용(闢邪) 축제는 힌두교적인 면보다는 원시 샤머니즘적인 분위기를 풍기는 길거리 축제이다. '따무'란 말자체가 구룽족을 뜻하는 말이라 당연한지도 모르겠다.

비례탄띠 마을의 또떼 축제 행렬의 주축 멤버들이 주로 내 제자들이어서 해마다 그들이 내 액운(厄運)을 쫓아내준다.

(2)

안나뿌르나 남쪽 기슭에 퍼져 사는 구룽족은 네팔 전체 인구비례로 보면 소수민족[전체 인구의 2.39%]이지만, 뽀카라에서는 중요한 위치를 점유하고 있는 민족으로 그들의 특징은 '구룽'이란 말뜻처럼 농부들이다. 그래서 항상 등에는 바굴룽(Bagulung)이란 하얀 천보자기를 배낭처럼 매고 다닌다. 그러면 틀림없는 구룽족이다. 생김새는 네팔의 메이저 민족인 네와리(Newari)하고는 전혀 다르다. 오히려 몽골계와 비슷하다.

구룽족은 전통적으로 농·축산업을 생업으로 살아 왔다. 낮고 비옥한 땅은 네팔의 원주민인 네와리들이 차지하고 있기에 구룽족은 2~3천m가 넘는 높은 고산지대까지 밀려 올라가 벼농사, 밭농사가

비레탄띠의 유일한 구룽족들의 악대

가능한 곳이면 엉덩짝을 붙이고 살면서 근면 성실하게 자식들을 키우면서 오랫동안 살아왔다.

그렇기에 그들의 전통적인 풍속이나 문화는 힌두적이기보다 산악 민족 몽골리안 특유의 샤머니즘적 특색을 보이고 있다. 그래서 축제의 주제도 신에게 뭔가를 기원하는 게 아니라 스스로 주체가 되어 사악한 영혼을 정화하고 나쁜 요소로부터 농장과 가축들의 보호를 위한 것을 주된 목적으로 삼는다.

축제행렬은 몇 가지 타악기와 취주악기를 앞세우고 무서운 가면을 쓴 사람들이 거리를 행진하다가 집집마다 들어가서 액을 쫓는 표현을 하면 집 주인들은 약간의 돈이나 먹거리를 대접한다.

내가 살고 있는 비레탄띠 마을의 축제 행렬의 주축 멤버들은 주로 내 제자들이기에 해마다 우리 하숙롯지에 와서는 한사코 버티며 뭔가를 내놓으라고 떼를 쓰곤 한다.

2) 호랑이 사냥축제, 바그 자트라(Bagh Jatra)

앞장에서는 뽀카라를 대표하는 축제로서 안나뿌르나 기슭에서 살아가는 구룽족의 벽사(辟邪)축제인 '또테', 즉 '따무 드히(Tamu Dhee)'축제를 꼽아서 이야기를 풀어 보았다. 그래서 이번 장에서는 네팔의 메이저 민족인 네와리족의 축제를 이야기하는 게 순서일 것 같다.

바로 '바그 자트라(Bagh Jatra)'이다. 호랑이 사냥이 주제인 축제이다. 물론 그 외에도 '따야 마챠(Taya Macha)[100]'라는 춤 역시 해마다 뽀카라에서 공연되고는 있지만, 일반적으로 널리 알려져 있지 못해서 독립된 축제로 내세우기는 뭔가 좀 부족하다.

그러나 뽀카라의 힌두문화를 대표하는 이 바그 자트라가 주제면에서는 정통적인 힌두이즘에서는 벗어난 것이어서 처음에는 필자도 고개를 갸우뚱했었지만, 아마도 옛날 네와리족이 뽀카라로 처음 이주할 때의 수렵문화적인 환경이 풍속으로 남아 축제화되지 않았나 여겨진다. 또한 같은 시기인 바드라(Bhadra, 7/8) 달의 첫날에 까트만두 근교의 끼르띠뿌르(Kirtipur)의 바그 바이랍(Bagh Bairab) 사원에서 열리는 바그 바이랍(Bagh Bhairav Jatra) 축제와 이름과 성격도 같아서 아마도 뽀카라의 이 호랑이 축제는 까트만두 분지의 것에서 영향을 받아 뽀카라 형으로 현지화된 것이 아닌가 여겨진다.

역시 바드라(Bhadra, 7/8) 달의 초순에, 올해(2018)는 8월 17일에서 3일간 거행되었는데, 뽀카라의 바그자트라의 주제와 주인공은 힌

---

100) The Taya Macha dance is shown in different parts of Pokhara as part of the Gai Jatra observances. The five dancers, four dressed up as angels and one as a clown, are accompanied by a group of traditional musicians. It is believed that the performance will bring peace to the souls of those who have passed away during the previous year. The festival has its roots in the Kathmandu Valley. It was brought to Pokhara by Newars who migrated here centuries ago.

바그 바이랍 춤꾼들이 호랑이 보다
무섭게 분장하고 춤을 춤으로써
호랑이를 물리친다고 한다.
(photo by Ashess Shakya)

두신들이 아니고 그렇다고 영웅도 아니고, 호랑이가 주인공이다. 그
리고 호랑이에 대한 두려움에서 벗어난 것에 대한 사람들의 기쁨이
주제로 깔려 있다. 어찌 보면 좀 색다른 테마인 것이다.

첫째 날은 축제에 참여한 사람들이 사냥꾼 옷을 입고 여러 가지 악
기를 앞세운 풍물패들과 함께 거리를 돌아다니며 축제 분위기를 잡
는다. 둘째 날은 역시 풍물패를 앞세우고 사냥꾼들과 호랑이 탈을 뒤
집어 쓴 연기자들이 거리를 누비며 해학적인 연출을 하며 관중들의
흥을 돋운다. 그리고 셋째 날에는 호랑이를 죽이는 살육파티가 벌어
진다. 그리하여 악의 편인 호랑이에게 선한 편인 인간이 승리한다는
스토리가 성립된다.

물론 우리나라에서 호랑이는 담배 피는 옛날이야기 속으로 들어
갔지만, 여기 안나뿌르나 산골에서는 지금도 일 년에 몇 번씩 호랑이
가 출현하여 염소나 물소를 잡아 가기도 하고 몇 년 전에는 사람까지
해치는 사건이 생기기도 했다는 것이다. 그러므로 이곳 산골 사람들
에게 호랑이는 자신의 목숨을 위협하는 악마 같은 존재로 인식되어
진 배경에서 호랑이사냥 축제가 생겨난 것으로 여겨진다.

히말라야를 넘는 〈니번고도 (尼蕃古道)〉

The Ancient road from Nepal to Tibet
beyond Himalayas

1. 네팔공주의 혼례길을 따라서
2. 브리꾸띠 공주의 아버지는 누구인가?
3. 가자, 공땅라모를 넘어 라싸로…
4. 『대당천축사출명(大唐天竺使出銘)』의 발견
5. 천축으로의 직행로 〈왕현책로(王玄策路)〉
6. 해동의 구법승들의 천축로(天竺路)

제4부
히말라야를 넘는 <니번고도(尼蕃古道)>

1. 네팔공주의 혼례길을 따라서

(1)

어느 누군가 말했던가? "길은 끝나는 법이 없다"고 한 것처럼 여기 세상에서 가장 높고 험하고 오래 된 길이 있었다. 바로 대설산 히말라야의 '공땅라모(Gongtang Lamo: 孔唐拉姆, 5,236m)'고개를 넘

〈니번고도〉 개념도

는 옛길이다. 이를 우선 〈니번고도(尼蕃古道)〉라고 부르기로 하자. '니(尼)'는 네팔의 중국식 발음이고 번(蕃)은 옛 토번 왕국을 이름이니, 곧 "네팔과 티베트 간의 옛 도로"라는 뜻이다. 그러나 이런 명칭은 사용된 적이 없으니 우선 당분간 가칭으로 사용한다는 뜻도 포함되어 있다.

이 길은 네팔에서 설역고원을 가로 질러 중원대륙으로, 만주벌판으로, 해동으로, 일본으로 이어졌던 국제적인 소통로였다. 말하자면 '실크로드의 갈래길 중의 하나'였다. 이를 중국 쪽에서는 현재 〈중니공로(中尼公路)〉 또는 〈러쒀공루[熱索公路]〉'라고 부르지만 오늘 우리의 주제에는 '〈니번고도〉 또는 〈왕현책로〉'라는 부르는 것이 오히려 어울린다. 물론 이 명칭 또한 필자가 편의상 명명한 가칭이기 때문에 사계의 전문학자들에게도 낯선 이름이다.

물론 전자는 이 길로 네팔공주가 토번으로 시집을 갔던 사실을 강조한 이름이고, 후자는 당 태종의 신임을 받던 특사 왕현책(王玄策, ?~?)[1]이 당과 천축과의 유대관계를 구축하기 위해 4번씩이나 들락거렸기에 이를 강조하여 붙인 이름이다.

특히 우리에게는 후자가 의미심장하다. 왜냐하면 당시 왕현책 사

---

1) 唐朝人, 生于河南洛阳。唐太宗与唐高宗时期曾4次出使印度地区, 促进了中印文化的交流。天竺 摩伽陀国王 戒日王朝戒日王在641年 派使节来唐朝访问。643年(贞观十七年), 唐派使节正使李义表, 融州县令王玄策为副使, 去天竺, 这是他第1回赴天竺。

647年 右卫率府长史王玄策以正使身份再次出使天竺戒日王朝, 副使蒋师仁。途经吐蕃、泥婆罗。戒日王已死, 北印度混乱, 戒日王臣下阿罗那顺篡位, 要抓捕他们。王玄策逃脱发檄文请求援军, 7000泥婆罗军和1200吐蕃军, 合计8千人余兵。王玄策、蒋师仁率两国军队大破天竺军, 生擒阿罗那顺。648年 王玄策向太宗献俘房, 升任朝散大夫。方士那罗迩婆婆寐, 自称200岁, 随王玄策一起前来。

657年、王玄策第3回赴天竺。10年间, 升任和奉副使左监门长史, 道王(李元庆)友(陪臣)、右骁卫率府长史。661年(龙朔元年)访婆栗阇国, 后任骁卫长史。后来又第4回出使天竺。著有『中天竺国行记』, 已亡佚。

절단에는 서역 개척을 나라의 최대 아이콘으로 내건 당 태종의 배려로 대흥선사(大興善寺)의 현조법사(玄照法師)[2]를 주축으로 하는 승려들도 한 무리를 이루었는데, 그들 중에는 혜륜(慧輪)[3]을 비롯한 여러 명의 해동의 순례승이 섞여 있었기 때문이다.[4]

그렇다면 그 시기는 우리나라 최초의 천축구법승으로 꼽히는 신라의 혜초(慧超)보다 한 세기나 앞선 셈이니 우리나라 역사를 새로 써야 할 만큼 중요한 대목이 아닐 수 없다.

그리고 불교의 전파로(傳播路)로써도 의미를 무시할 수 없다. 이 길로 구루린뽀쩨 혹은 빠드마삼바바[蓮花生大師]가 인도의 후기 불교인 딴트라밀교를 티베트에 전파하였기 때문이다.

'그 길'은 바로 1300여 년 전 네팔의 '브리꾸띠(Bhrikuti Devi: 赤尊公主)'공주가 토번 임금에게 시집 온 길로 역사에 처음 등장한다.

---

2) 640년경부터 690년경 사이 당에서 인도로 가서 불교를 배우거나 순례한 승려 60명의 행적을 기록한 책으로, 전 2권으로 찬술되었다. 의정(義淨)이 인도의 유학을 마치고 광저우(廣州)로 돌아오는 도중에 수마트라 섬의 남부 팔렘방(Palembang) 지역에 머무는 동안에 저술하여 691년에 귀국하는 일행에게 부탁하여 장안으로 보내어진 것으로 당시 인도·동남아시아의 불교사정과 동남해 항로에 관한 귀중한 자료들이 들어 있다. 특히 혜초보다 한 세기 앞서 인도를 들락거린 해동의 승려 8명의 행장이 소개되어 있어서 우리에게는 더욱 귀중한 문헌으로 꼽히고 있다. 의정, 다정 김규현 편역, 『대당서역구법고승전』(실크로드 고전여행기 4), 글로벌콘텐츠.

3) 혜륜의 범어 이름은 반야발마이고 신라 사람이다. 출가한 다음 불적을 그리워하여 배를 타고 광동지방에 이르렀고 그 뒤 장안에 가서 머물렀다. 대흥선사에서 현증(玄證)스님을 모시고 범문을 배운 후 정관 연간(627~649)에 칙서를 받고 떠나는 현조(玄照)법사의 시자(侍者)로 함께 인도로 갔다.

4) 『서역구법고승전(西域求法高僧傳)』 의정(義淨)이 2권으로 저술한 문헌. 691년에 완성됨. 당 나라 때 현장 스님으로부터 의정(義淨) 스님에 이르기까지 약 50년 동안 인도로 구법 여행을 떠났던 스님들의 전기를 수록한 문헌으로 대략 60명에 이르는 스님들의 행로와 여행지의 주변 정황들이 비교적 상세히 기록되어 있다. 특히 신라 출신의 스님들 즉 혜륜(慧輪)을 비롯한 여덟 명의 스님들도 포함되어 있다는 점도 주목을 끈다. 상권에서는 현조를 비롯한 41명의 고승들과 신라의 고승들 7명에 대해서도 언급하고 있다.

네팔쪽 라수와가디(Rasuwa Ghadhi) 국경선에 걸쳐 있는 다리 너머로 티베트쪽(중국)의 거창한 건물이 순례객들에게 위압감을 느끼게 만든다.

이 대목에서 부연설명이 좀 필요하다. 사실 그녀의 행적은 조국 네팔에서도, 시댁 티베트에서도 알려진 것이 별로 없다. 그저 당나라 공주보다 먼저 시집와서 사원 하나 지었다는 정도가 고작이다. 더구나 기존에 사용되던 '브리꾸띠 데비'란 명칭도 그녀 자신의 본명이 아니고 그냥 공주와 여신이라는 보통명사라는 것도 필자가 밝혀낸 사실이니, 그녀의 일생이 애처롭게 느껴진다.

(2)

반면 문성공주는 친정이었던 당나라가 처남매부의 맹세를 저버리고 매부의 땅이었던 티베트를 통째로 삼켜 버린 조국 덕분에, 그녀는 비록 한 맺힌 생을 살았더라도, 그래도 현재 티베트와 중국이 같은 나라라는 소수민족 동화정책의 표본으로 정략적으로 부각시키는

빠탄박물관의 브리꾸띠 데비공주 소상

정책으로 인해, 그녀의 삶은 그나마 다방면으로 새롭게 조명되고 있는 것과 비교하면 더욱 그렇다.

한 예를 들자면 라싸의 심장으로 널리 알려진 지금의 조캉(Jokhang: 大昭寺) 사원은 실은 네팔공주가 고향을 그리워하며 원찰(願刹)로 지은 사원이다. 그래서 이름도 트루낭(Trunang)이라 하고 정문도 네팔 쪽을 향해 서쪽으로 내었다. 반면 문성공주는 뒤늦게 현재의 라모체(Lamoche: 小昭寺) 사원을 짓고 당나라 쪽인 동쪽으로 정문을 내었는데, 어느 사이엔가 슬그머니 주인이 바뀌어 현재 상대적으로 중요하고 큰 대소사의 주인이 문성공주가 되어 버렸고, 그녀가 가지고 온 '조오'라는 12세 석가불상이 법당에 안치되어 있다는 것은 이미 널리 알려진 사실이다.

혹 이런 역사적 현실을 추궁하는 눈 밝은 이들에게 현재 중국 당국이 내세우는 이유가 정말 옹색하기 그지없다. "변란시에 불상을 보호하기 위해서"란다. 그러나 문제는 네팔공주의 친정 네팔이 그때나 지금이나 주위 강국들 틈새에서 명맥만 지탱하고 있는 탓인지는 몰라도, 조캉 사원의 창건주가 네팔공주라고 주장하는 노력은 전혀 하지 않고 있다는 것이다.

네팔공주의 신행길을 더듬어 보자면 우선 7세기 당시의 설역고원을 중심으로 한 국제정세를 먼저 배경으로 살펴보아야만 한다. 당시 고원에는 송쩬감뽀라는 불세출의 영웅이 출현하여 중원과 중앙아시아에 막강한 기마병의 위력을 과시하던 때였기에 당나라가 토번의 위협에 굴복하여 정략결혼의 제물로 문성공주를 토번으로 보냈다고 앞에서 이미 이야기한 바 있다.

그러나 사실은 2년 전인 639년에 네팔공주가 먼저 시집을 왔다. 토번의 위협적인 청혼에 두려움을 느낀 주위 군소국들이 모두 5명의 공주들5)을 바치는 정략결혼의 첫 단추가 끼워진 것이었다. 네팔의 리챠비(Lichhavi) 왕조의 암슈바르마왕(Amshuvarma, 605~621)6)이었다고 전하고 있는데, 역시 히말라야 너머로 세력을 뻗어오는 토번의 세력에 공주를 보내지 않을 수가 없었다.

그러나 사실 이 네팔공주의 인적 사항은 그리 뚜렷하지 않다. 네팔 역사에서는 단지 리챠비 왕국의 공주라는 정도만 알려져 있고, 토번의 기록으로는 5명의 왕비 중의 한 명이고, 그녀가 세운 사원이 존재하고 있으며, 그 사원에는 그녀가 네팔에서 가져온 악쇼바 불상이 안치되어 있다는 정도뿐 그녀의 생몰년대의 대한 족적은 매우 희미하다.

(3)

이상하게 들릴지 모르겠지만, 네팔 역사책에는 고대사가 없다시피 한다. 세계 여러 나라 중에는 자국의 고대사를 뻥튀기하여 남의 나라의 역사도 자국으로 편입하는 나라와 스스로 알아서 축소하는 나

---

5) 송쩬의 왕비는 5명이 있었는데 망씨 가문 출신의 정비 망모제에게서 아들 공송공쩬을 얻었으나 그 밖의 샹슝 출신, 예루 출신과 문성공주와 네팔 브리꾸띠 공주에게서는 자식이 없었다. 외아들이 당시 관습대로 13살(?)에 왕위를 이었으나 19살에 요절했고, 송쩬이 서거하자 다시 손자 망론망쩬이 보위를 이었다.

6) Amshverma was the Licchavi King of Thakuri dynasty who ruled Nepal during the sixth century AD. This learned, bold and far-sighted king was a lover of art, architecture and literature. He was a brave king who extended the territory of his kingdom by fighting and winning many battles.

라가 있는데, 네팔은 우리나라와 마찬가지로 후자에 속하는 나라인
지 필자가 여러 권의 네팔 역사책을 섭렵해 본 결과, 네팔의 역사는
스스로 879년에 시작한다고 기록되어 있다.

그리고 13세기 초에 말라(Malla) 왕조가 까트만두 분지에 도읍을
정하고 1743년 고르카(Gorkha)족의 프리티비 나라얀 샤흐(Prithivi
Narayan Shah)왕이 전국을 통일하여 지금의 네팔 영토와 같은 통
일 왕조를 이루면서 그 뒤로는 편년체적인 역사기술이 이루어졌다.

그러니까 9세기 이전은 선사시대라고 여겨 스스로 고대사를 실종
시켜 버렸다. 그렇기에 필자가 찾아 헤매는 브리꾸띠 공주에 대해서
도 역사책에는 한 줄의 기술도 찾아볼 수 없기에 기타 2차적인 자료
들을 종합하여 역사를 복원해내는 방법밖에 없었다.

이제, 필자는 그런 방법으로 1400여 년 전 그녀가 조국 네팔을 출
발하여 토번 왕국의 도읍지 라싸에 도착할 때까지의 궤적을 추적해
들어가 보기로 한다. 우선 힌두교의 '교역의 신'인 빔센(Bhimsen)[7]
또는 비마(Bima)[8]신으로부터 이야기를 풀어나가야 한다. 왜 하고많
은 네팔의 신전 중에서 하필이면 빔센 사원인가? 그 이유는 차차 풀
어나갈 것이다.

믿거나 말거나 한 전설이 민간에 전해 오고 있는데, 당시 공주가 신
행길을 떠날 때 수행원 중에 하나가 '빔센 마하라지'의 화신이었다고
한다. 그래서 그 후 빔센 사원에 모셔진 신상(神像)을 12년마다 티베

---

7) One of the five Pandavas from the Mahabharata, Bhimsen is credited with
superhuman strength—he is often depicted as a red muscleman, lifting a horse or
crushing an elephant under his knee.

8) 『마하바라따』에 의하면 '창백한 사람'이라는 의미의 판두에게는 자랑스러운 다섯
아들이 있었다. 첫째 부인 쿤티(Kunti) 소생은 순서대로, 유디스티라(Yudhishtira),
비마(Bhima), 아르주나(Arjuna)였고, 둘째 부인 마드리(Madri) 소생은 쌍둥이 나
쿨라(Nakula) 그리고 사하데바(Sahadeva)였다.

트 라싸까지 모셔갔다가 되돌아오는 일을 반복했는데, 말하자면 12년마다 브리꾸띠 공주의 신행길을 재현했다는 것인데, 그것마저 중국이 티베트를 점령한 후 사라져 버렸다.

의사이면서 네팔통의 전문작가인 임현담 선생이 슬며시 전해준 귀띔에 솔깃해진 필자는 더 이상 자료를 찾지 못해 진도가 안 나가서 답답했던 차에 우선 그곳에서 무엇인가 실마리를 찾아보기로 했는데, 네팔에는 곳곳에 빔센 사원이 많아 어디를 가야 할까 궁리하다가 우선 까트만

히말라야를 넘는 대상들의 수호신인 빔센

두의 빔센 사원을, 다음으로 좀 더 고풍스러운 고도인 빠탄[9]과 박따뿌르(Bhaktapur)[10]을 모두 뒤져보기로 했다.

---

9) 파탄은 일명 랄릿푸르(Lalitpur)라고 부르는데, 역시 Durbar Sq 북쪽에 Bhimsen 사원이 있다. dedicated to the god of trade and business, which may explain its prosperous appearance. The three-storey pagoda has an unusual rectangular plan that sets it apart from other temples in Patan. The current temple was completely rebuilt in 1682 after a fire and was later restored after the 1934 earthquake, and again in 1967; further repairs are underway after the 2015 quake. Once repairs are complete, non-Hindus should once again be able to climb to the upper level (the inner sanctum is usually upstairs in Bhimsen temples) to view the wild-eyed statue of Bhimsen. 1681년에 스리니바스 말라 왕이 3층으로 빔센 사원을 세웠는데 1934년 지진으로 손상되었으나 그대로 복구되었다.

10) Bhimsen Temple in Bhaktapur At the western end of Tachupal Tole, this two-storey, 17th-century temple is sacred to Bhimsen, the god of commerce. The squat rectangular structure has an open ground floor and an inner sanctum on the second level. In front and to the side is a pillar topped by a brass lion with his right paw raised (currently covered by a bucket). Steps lead down behind it to the deeply sunken Bhimsen Pokhari tank. On this half day tour from

우선 빠탄으로 향했다. 그리고 어렵지 않게 두르바르 광장에 자리 잡은 빔센 사원을 찾아냈다. 빔센 사원은 인도의 대 서사시 『마하바라따』에 나오는 비마신을 모신 사원이지만 언제부터인가 빔센 사원으로 불리고 있다. 네팔인들은 이 비마신을 상인들과 대상들의 후원자이며 수호신이라고 믿고 있어서 상인들에게는 빔센이 코끼리코를 가진 로드 쉬바신의 아들이며 재물의 신인 가네쉬보다 더 상위의 신으로 여긴다.

특히 사업을 하는 상인들은 모두 빔센의 신봉자들인데, 그 이유는 히말라야를 넘어 라싸까지의 교역로를 개척한 사람이 바로 빔센의 화신이라고 인식하고 있기 때문이다. 그리하여 네팔공주가 티베트 라싸로 시집을 갈 때 빔센신이 수행원으로 모습을 나타내 길 안내를 했기에 히말라야를 무사히 넘었다는 이야기가 생겨났다. 말하자면 엄연한 역사적 사실도 힌두교의 신화로 둔갑시켜 버린 것이다.

(4)

이렇게 네팔에서 악쇼바 불상을 가지고 티베트로 시집 간 공주는 티베트에서는 티쮠[赤尊]이라고 부르며 그녀로 인해 네팔의 고승 실라만주가 설역으로 들어갔고, 역시 인도불교가 광범위하게 소개되며 띠송데쩬시대에 설역에서 불교가 제자리를 잡는다. 이 일을 빔센이 도왔다는 이야기니 불교 전파에 힌두교의 에너지가 개입했다는 구조로, 빔센이란 힘든 산길과 설산을 넘어가는 든든한 동반자이고 또한 나아가 대상들에게는 부귀영화를 안겨주는 조력자로 인식되어 있다.

Kathmandu, enjoy the city of Bhaktapur and the village of Nagarkot. Bhaktapur Durbar Square, located 15 km from Kathmandu, is a museum of medieval art and architecture with many examples of sculptures, woodcarvings and colossal pagoda temples consecrated to different gods and goddesses.

빔센 사원 야경

빠탄의 빔센 사원은 규모가 매우 커 당시 빠탄의 무역의 규모를 가늠할 수 있다. 사원을 마주보고 있는 곳에는 크지 않는 돌기둥 형태의 빔센상이 있는데, 2층에 있는 소상이 분노상이라면 반면 사원의 바깥 광장에 자리한 맞은 편 기둥에는 단정한 대상의 모습을 갖춘 빔센 석상이 서 있다. 대상을 이끌고 먼 길을 출발하는 순간, 사모관대까지 갖춰 쓰고 그답지 않게 차분한 자세를 갖추고 있다.

빔센 사원의 좁고 어두운 나무계단을 타고 매캐한 향냄새와 그을림 냄새가 가득 밴 2층으로 오르면, 중앙에 모신 빔센 상과 만날 수 있는데, 금강역사와 야차를 뒤섞어놓은 듯한 무서운 모습에 바라보는 사람을 주눅 들게 만든다. 시뻘겋게 달아오른 얼굴, 금방이라도 튀어나올 주먹만한 부리부리 눈망울, 손에는 말 한 마리를 공깃돌처럼 가볍게 들어 올리고, 무릎 아래에는 코끼리를 숨도 못 쉬게 깔아 짓뭉갠 가운데, 바로 앞에서 커다란 코브라가 존경하는 눈빛을 던지며 얼어붙은 채로 빔센을 바라보고 있다.

그러나 기대가 크면 실망도 큰 법이라는 말이 사실임을 증명하듯 여러 곳의 빔센 사원에서 관계된 사람들을 붙들고 물어보았으니, 역시 역사책에서도 실종된 자기나라 역사를 알고 있는 사람은 찾을 수 없었다. 단지 브리꾸띠도 그 수많은 데비(Devi), 즉 여신 중의 한 명으로 경배한다는 사람은 한두 명 만났을 뿐이고 대부분은 우리의 위대한 빔센 마하라지에게 우선 보시를 많이 해야 돈을 그만큼 많이 벌 수 있다는 상투적인 낚시질만 할 뿐이었다.

모두 하나같이 이구동성으로 "달라~ 루피~ 달러! 루피!"

수천 수백 년 전에도 그랬을까?

그러나 빔센 마하라지가 돈 버는 방법을 가리켜주는 신이라는 사실을 확인한 것만으로도 당시 〈니번고도〉가 단순히 그녀의 눈물자국만이 남아 있는 곳이 아님은 충분히 알 수 있었다. 그건 네팔 쪽에서도, 정책적으로 이 루트를 중요한 교역로로 인식하고 있었다는 것을 상징적으로 시사하고 있다는 사실을 의미하고 있었다. 그래도 그것만이라도 건졌으니 다행.

다시 무거운 발길을 돌려 근처에 있는 히말라야 전망대 나가르코트(Nagar Kot)로 향했다. 역광에 부신 눈을 들어 북쪽을 바라보니 아스라이 흰 능선만이 눈에 들어왔다.

아이고! 애달퍼라. 저 까마득한 하늘 고갯길을 넘어가며, 방년 16세 꽃다운 어린 공주는 고비마다 고개 돌려 돌아보고 또 돌아보면서 얼마나 많은 눈물을 흘렸을까….

2. 브리꾸띠 공주의 아버지는 누구인가?

(1)

네팔의 고대역사는 그리 선명하지 않다고 여러 번 이야기한 바 있다. 특히 중세기에 까트만두 분지에 고르카(Gorkha)에 기반을 둔 왕조들이 들어서기 전까지의 고대사는 더욱 그러하다. 그렇기에 브리꾸띠의 생존연대와 그녀의 아버지로 알려진 암슈바르마왕의 대한 인적 사항도 네팔 정부에서 펴낸 공식 역사교과서에는 거의 언급되어 있지 않다.

그렇기에 이 문제를 해결하기 위해서는 기타 방계자료를 참조하는 수밖에 없는데, 그 하나가 이른바 『암슈바르마 명문(inscription by Aṃshuvarmā)』이란 것에 의한 것이고, 또 다른 방법으로는 인터넷에서 구할 수 있는 정보를 모아서 브리꾸띠공주가 살았을 시대를 재현하여 그들 부녀의 생애를 유추해보는 수밖에 없다.

위의 『암슈바르마 명문』이란 607년 암슈바르마(Amshuvarma, 595~621) 또는 암슈바르만(Amshu Varman) 자신이 띠스뚱(Tistung)에 세운 '아리안족의 카스트제도[Aryan code of conduct]'에 관한 내용을 적은 명문인데, 이 안에 그 자신에 대한 치적을 적어 놓고 있다.

현재로서는 브리꾸띠의 아버지라고 알려진(?)[11] 부분에서는 다소

---

11) 브리꾸띠의 아버지가 누구인가? 는 여전히 논란거리이다. 기존의 '암슈바르마설'에 문제가 많기 때문이다. 당나라의 역사에서 그녀의 아버지 이름을 "우다야=떠오르는 태양(the rise of the sun)"라고 했기에 "암슈=떠오르는 태양의 빛(rays of the rising sun in Sanskrit)"이라고 하여 같은 상징적 표현으로 잘못 해석한 결과라는 것이다. 무엇보다도 그녀가 암슈바르마의 딸일 수가 없는 이유는 티베트의 왕과 결혼하기에는 나이가 너무 많기 때문이다.

불투명하지만, '명문'을 뜯어보면 리차비(lichhavis)[12] 왕조를 반석위에 올려놓은 치적면에서는 위대한 왕으로 부를 만하다. 그는 부모에게서 왕위를 물려받거나 또는 쿠데타 같은 방법으로 왕위를 찬탈하지 않고, 일종의 입양 또는 양위(讓位)를 통해 왕위에 오른 것으로 보인다.

필자는 브리꾸띠를 쫓아 암슈바르마왕과 리차비 왕조에까지 들어오면서 뭔가 겹쳐지는 뉘앙스 때문에 구글창에 'lichhavis'를 검색해보았다가, 놀라움을 금할 수 없었다. 네팔의 고대 왕조 리치비의 왕족들이 네팔 토종의 부족이 아니고 멀리 인도 바이샬리(Vaisalia)[13]에서 이주한 부족이라는 사실 때문이었다.

바이샬리는 필자에게는 아주 친근한 곳이다. 바로 리차비족의 고향으로 또한 자인(Jain)교의 교조 마하비라(Maha Vira)의 고향으로, 더구나 고따마 붓다가 가장 사랑하던 마을이었고,[14] 또한 애제자 아난다(Ananda)의 고향이기에 기념비적인 불교 유적지가 산재해 있는 곳이어서 대부분의 불교도의 발길이 끊이지 않는 곳이다.

---

12) Licchavi (also Lichchhavi, Lichavi) was an ancient kingdom in Nepal, which existed in the Kathmandu Valley from approximately 400 to 750 CE. The Licchavi clan originated from Vaishali in modern northern Bihar and conquered Kathmandu.

13) 바이샬리(Vaishali), 베살리(Vesali: 팔리어), 비사리(毗舍離)는 리차비족과 밧지 동맹의 수도였다. 고타마 붓다의 시대에는 매우 큰 부유하고 번영하며 사람들로 붐비며 음식이 풍요한 도시였다. 그곳에는 7,707가지의 놀이터와 그만큼의 연꽃 연못이 있었다. 고급 창부 암바팔리는 그녀의 미모로 유명하였고 도시를 부유하게 하는데 크게 도움을 주었다. 도시는 세 개의 벽이 있었는데 각각의 담에는 문들과 감시탑이 있었다. 붓다고사는 베살리가 넓었기 때문에 그렇게 불렸다고 한다.

14) 붓다는 특별히 이 나라에 대해서 애정을 표시하여 종종 제자들에게 "만일 교단이 여기 리차비족이 보여주는 예에 따라 운영된다면 바지안 연합처럼 오래 지속되고 번영할 것이다"라고 이야기했다고 경전은 전하고 있다. 바이샬리에서 마지막 하안거를 보내고 어느 날 탁발을 하고 돌아오는 언덕에서 붓다는 코끼리가 먼 곳을 쳐다보듯이 성을 한참이나 쳐다보다가 아난다에게 이렇게 말씀하셨다 한다.
"아난다야, 이제 내가 저 아름다운 바이샬리를 보는 것도 마지막이 될 것이다" 하시고 3달 뒤에 열반할 것을 예언하셨다 한다.

리차비 왕국의 중심지였던 고도 박따뿌르

　더구나 BC 6세기경 의회제도에 의한 공화정치를 폈던 바지안
(Vajian)연합이라는 인류 최초의 공화국이 있던 곳이어서 사회학 분
야 학자들의 관심도 많은 곳이다. 그런데 그들이 홀연히 사라졌다가
까트만두 분지에다가 다시 찬란한 문화를 이룩하였다니, 더구나 그
중 한 명이 우리의 여주인공인 브리꾸띠 공주였다니…. 당연히 놀람
이 클 수밖에 없었다.

　당시 중인도의 정세는 속칭 '고대 16국'이라는 병립체제가 무너지
면서 꼬살라(Kosalla)와 마가다(Maghda)라는 두 강대국으로 흡수
되어 가던 과도기였는데, 그때 바이샬리는 마가다국의 아쟈트사뚜

르(Ajatsatru)[15]왕에 의해 합병되고 말았다. 그런데 일부 부족민들이 고향을 떠나 까트만두로 이주하여 끼라띠스(Kiratis) 왕국을 무너뜨렸다. 어찌 보면 유랑민이었으나 자이데브(Jaydev I)대에 이르러 리차비식 법률을 제정하여 분지를 통치하기 시작하여 만나데바(Manadeva I, 464~505)왕 시절에 이르러서는 박따뿌르를 중심으로 실질적으로 봉건 왕조의 뿌리를 내렸다. 이 만나데바왕은 당시 기존의 역대 네팔 왕조 처음으로 북쪽으로는 히말라야에, 서쪽으로는 칼링간다키(Kaligandaki)강을 건너, 동쪽으로는 꼬시(Koshi)에 이르도록 영토를 확장하였다. 그리고는 차바힐(Chabahil), 보우더나트(Boudhnath), 스와얌부나트(Swayambhunath)에 몇 개의 사원과 스뚜빠와 기념비를 세웠는데, 464년 박따뿌르(Bhaktapur)에 세운 〈창구 나라얀 명문(Changu Narayan inscription)〉은 지금도 볼 수 있다.

그러나 그의 유업을 이를 아들인 시바데바 1세(Sivadeva I)는 별 치적을 남기지 못하고 왕위를 왕족인 리차비족인 아닌 암슈바르마(Amshuvarma: 鴛輸伐摩, 595~621)에게 넘겨주었다. 바로 브리꾸띠의 아버지로 알려진 그 인물이다.

(2)

사실 '브리꾸띠의 아버지가 누구인가?'는 최근에 불거진 논란거리이다. 기존의 '암슈바르마 설'에 문제가 많기 때문인데, 당나라 쪽 사

---

15) Ajatashatru(492~460 BCE) was a king of the Haryanka dynasty of Magadha in North India. He was the son of King Bimbisara and was a contemporary of both Mahavira and Gautama Buddha. He forcefully took over the kingdom of Magadha from his father and imprisoned him. He fought a war against Vajji, ruled by the Lichchhavis, and conquered the republic of Vaishali.

료에서는[16] "암슈바르마(鴦輸伐摩)는 네팔의 타꾸리 왕조(塔庫里王朝) 국왕으로, 의역하면 광주왕(光胄王, rays of the rising sun)이라 부른다. 그의 재위년도는 '606~621년이다."라고 언급하고 있다.

차우니박물관(Chhauni Museum)에 있는 암슈바르마(Amshuverma)왕의 동상

물론 현재 대부분의 자료들은 '브리꾸띠가 암슈바르마왕의 딸이라는 것을 기정사실로 인정하고 있다. 만약 그것이 사실이라면 토번 왕국의 송짼감뽀(Songtsän Gampo)왕과의 결혼은 624년경으로 계산되지만, 자료에 따라서는 공주의 나이가 편차가 심해서 다른 설이 제기되고 있는 것이다.[17] 이런 혼란은 위의 당나라 조에서 공주의 아버지의 이름을 "떠오르는 태양의 빛(rays of the rising sun in Sanskrit)"을 상징적 표현으로 해석하여 또 한 명의 아버지로 추정되는 우다야 데바(Udayadeva)의 "우다야=떠오르는 태양(the rise of the sun)"과 혼동한 데서부터 첫 단추가 잘못 끼워졌다고 보인다.

무엇보다도 브리꾸띠가 암슈바르마의 딸일 수가 없는 이유는 연보상으로 보면, 그녀가 암슈바르마의 딸이라면 토번 왕국의 송짼감뽀왕과의 결혼은 624년경으로 계산되지만, 만약 그것이 사실이라면 결혼하기에

---

16) 鴦輸伐摩(尼泊尔语: अंशवर्मा Amsuvarma, 595~621年), 義譯為光胄王, 泥婆罗国(今尼泊爾)塔庫里王朝國王。在藏文史料中, 他以沃色果恰(འོད་ཟེར་གོ་ཆ)、德瓦拉(ད་ཝ་ར)、尼节玛积学(ཉི་མ་འཇའ་ཤེལ)和积洛哈(འཇའ་ལོ་ཧ)的名字登场。學者認為他的在位年代約為公元606年至621年之間。

17) -Acharya Kirti Tulku Lobsang Tenzin, however, states that Songstän Gampo married Bhrkuti Devi, the daughter of king "Angsu Varma" or Amshuvarma (Tib: Waser Gocha) of Nepal in 632.

어렵게 구한 〈네팔고대사〉 문헌

는 나이가 너무 많다. 자료에 따라서는 10년 정도의 편차가 나기에, 그러므로 필자의 견해로는 우다야 데바의 딸이라는 설 쪽으로 무게를 두고 싶다. 그러니까 바로 621년 암슈바르마에게서 왕위를 계승한 사람이다. 그런데 위의 『A. 명문』 및 기타 자료에서 이 신왕과 암슈바르마의 관계를 설명하는 구절이 전혀 보이지 않는다. 만약 친생 아들이라면 브리꾸띠는 암슈바르마의 딸이 아니라 손녀가 되는 셈이다.

한편 티베트쪽 자료에서는 브리꾸띠의 아버지는 고차(Go Cha)라는 네팔의 왕이라고 언급하고 있는데, 이 '고차'라는 티베트 이름을 글자 뜻으로 네팔어로 반대로 번역해보면 실바인 레비(Sylvain Lévi) 또는 우다야바르만(Udayavarman)이 된다고 한다. 그리고 그의 딸이 브리꾸띠 또는 브리부툼(Bri-btumn)이라 부르고 있다.

티베트 자료에서 말하고 있는 우다야바르만(Udayavarman)은 우다야데바(Udayadeva)와 같은 왕으로 보이는데, 암슈바르마(Aṃshuvarmā)에게서 왕위를 이어받은 신왕을 말한다. 그렇다면 브리꾸띠는 암슈바르마왕의 딸이 아니라는 설이 무게를 더한다. 또한 우다야 바르마는 나렌드라데바(Narendradeva: Tib: Miwang-Lha)의 아버지로 여겨지는데, 만약 그렇다면 나렌드라왕과 브리꾸띠는 남매간이 되는 셈이다.

티베트의 일부 자료에서는 우다야데바가 티베트로 유랑을 갔고 그의 딸인 브리꾸띠가 송짼감뽀(Tsrong-tsang Gompo)에게 시집을 갔고 그녀의 오빠인 나렌드라 데바가 640년 네팔의 왕이 되었다고 전한다. 그리하여 브리꾸띠는 티베트에 불교를 전파하였고, 그녀는 후에 대승불교의 샥크띠(shakti)인 따라(Tara)보살로 승화되어 지금도 하릿 따라(Harit Tara)로 경배를 하고 있다.

3. 가자, 공땅라모를 넘어 라싸로…

(1)

이 히말라야를 넘는 고대 소통로에 대해 필자는 무려 30년 가까이 관심을 가지고 자료조사를 해 오면서 시절인연을 기다려 왔다. 물론 '그때'란 이 루트를 직접 답사해 볼 수 있는 기회를 말한다. 그동안 축적된 자료들을 바탕으로 장대한 '로드다큐'를 만들어 보고 싶었다. '당번고도(唐蕃古道)'를 발굴하여 〈KBS역사스페셜〉로 만든 필자로서는 그것은 자연스런 욕심이었다. 여기서 잠시 발길을 멈추고 그 이야기를 잠깐 해야겠다.

네팔쪽 라수와가디 국경선에
걸쳐 있는 다리에 서있는 필자

설산에 둘러싸여 있는, 고대 통상로 상의 요충지인, 저녁나절의 끼롱(Kirong)마을

  '당번고도'란 당나라의 장안성으로부터 티베트의 옛 이름인 투뵈
(吐蕃) 왕국의 수도였던 라싸까지의 약 3,000km의 옛길을 말한다.
일반적으로 이 길은 641년 문성공주(文成公主)가 토번 왕국으로 시
집간 이후 개통되었다고 알려져 있지만, 사실은 당과 토번이 흥성하
던 7세기서부터 9세기까지 2백년간 빈번했던 루트였다.[18]

  또한 이 길에는 위대한 구법승 혜초(慧超, 704~780?)보다 약 한
세기 전에 티베트를 거쳐 바로 중천국 인도를 들락거렸던 혜륜(慧

---

18) 그동안 공식적인 사신들이 142차례나 왕래하였을 정도로 중요한 교역로로써 군사,
    문화, 종교, 무역 등 다방면의 역할을 한 또 다른 '실크로드'의 하나였다. 또한 이 길
    은 라싸에서 머물지 않고 나아가 대설산 히말라야산맥을 넘어 인도, 즉 천축(天竺)
    그리고 서역으로까지 이어지는 국제적인 루트였다.

輪) 등 4명의 신라의 구법승들의 체취가 서려 있는 곳이기에 더욱 의미가 있다. 그들은 해로나 실크로드를 경유하는 기존의 행로를 이용하지 않았다.

필자는 2006년 10월 'KBS 역사기행의 〈2부작 당번고도를 가다〉란 프로의 자문역과 리포터를 겸해 이 루트를 답사하기 위해 촬영팀과 함께 전 구간을 주파하고 방송한 바 있었다.[19]

그렇기에 〈니번고도〉는 바로 〈당번고도〉의 후속편인 셈이었다. 그러니까 이 길은 실크로드의 또 다른 연장선이기에 역사, 문화, 종교적으로 매우 중요한 비중을 갖는다.

그런데 문제는 히말라야산맥을 넘는 이 루트가 티베트를 점령하고 있는 중국과 네팔 사이의 문제로 인해 수백 년 동안 굳게 닫혀 있었기에 한 개인의 능력으로는 이곳을 통과하여 그간 멈춰 있던 시간의 수레바퀴를 다시 돌릴 수가 없었다. 그래서 필자는 처음 글을 시작할 때 '있었다'라는 과거형으로 적었던 것이다.

(2)

그런데 어느 나라 역사 속에서도 존재감이 전혀 없었던 이곳이 요즘 갑자기 미디어에 자주 오르내리고 있다. 그 이유는 한동안 네팔과 티베트 사이의 출입구로 유일하게 열려 있던 '장무-코다리' 국경이 2015년 4월에 일어난 히말라야 대륙판에 일어난 지진으로 인하여

---

19) 우리는 문성공주의 행적을 좇는 것 이외에도 당번고도 상의 옛 전쟁터를 찾는 일에도 많은 부분을 할애하였는데, 주로 그곳은 청해초원에 몰려 있었다. 대개 옛 전쟁터에서는 묘한 허무감을 느낄 수 있지만, 그 중 석보성(石堡城)과 승풍령 그리고 대비천이 특히 인상적이었다. 전자는 수십만의 군사들이 피를 흘려가며 공방전을 벌렸던 치열함으로, 후자는 우리 역사와 관련된 인물이 등장함으로 그 의미를 찾을 수 있었던 곳이었다.

막혀버리자, 대신 그간 굳게 잠겨 있던 네팔의 라수와가디(Rasuwa Ghadhi)와 티베트의 끼롱(Kirong:吉隆)[20] 국경을 잇는 길을 2015년 12월 개통하면서부터였다. 그래서 필자는 까트만두에서 눈에 띠는 중국인들을 붙들고 정보를 수집했으나, 당시는 제3국인은 통행이 금지되어 있다는 대답만 돌아올 뿐이었다.

그러다가 마침내 2017년 8월 30일 두 나라는 외국인도 통행이 가능하도록 문호를 열도록 했으나 실질적으로는 2018년 봄이 되어서야 외국인의 통행이 자유로워졌다. 또 다른 새로운 〈니번고도〉의 개막이었다.

이에 필자는 너무 늦기는 했지만, 네팔공주가 정략결혼의 제물이 되어 고향을 떠나 멀고 춥고 험난한 히말라야 고개를 넘어가며 한 구비 넘을 때마다 고개 돌려 뒤돌아보고 한숨 쉬며 또 눈물을 닦았던 그 길을 더듬어가며 그녀의 한 많은 영혼을 위로하기 위한 헌사(獻辭)를 쓰기 위해 그 길을 따라 라싸 뽀딸라 궁전까지 답사를 하고자 길을 떠났다.

그러나 히말라야를 넘는 것보다 더 어려운 일을 우선 해결해야 했다. 바로 그것은 티베트로 들어가는 수속 절차였다. 중국비자 이외에도 따로 여행사를 통해서만 받을 수 있는 '티베트여행허가증'을 따로 받아야 하고, 차량과 가이드를 구해야 하기에 비용이 만만치 않게 들어갔다. 그러나 나에게 이 코스는 어떤 대가를 치르더라도 넘어야 할 당위성이 있었다.

드디어 이 루트가 2018년 봄부터 외국인에게도 허용된다는 정보를 입수하자마자 학교에 휴가를 신청하고 아는 여행사를 통해 수속에 들어갔다. 그렇게 해서 비용을 아끼기 위해 13명의 잡동사니 팀이

---

20) 끼롱은 티베트의 제2의 도시 시가체에서 540km 떨어져 있고 라수와 가디(Rasuwa Ghadhi) 마을은 까트만두에서 110km 떨어져 있다.

구절양장 히말라야를 넘는 〈니번고도〉의 길

모아져서 우리는 2018년 4월 21일 새벽에 3대의 지프차로 나눠 타고 국경으로 향했다. 길은 험하기로 이름난 우리 안나뿌르나 기슭의 길은 차라리 양반동네 길이었다. 왜 그동안 이 코스를 외국인에게 허용하지 않았는지 이해가 될 정도였다. 새벽 5시에 떠난 우리가 오전 11시 정도가 되어서야 까트만두에서 110km밖에 떨어져 있는 않는 라수와가디(Rasuwa Ghadhi)에 도착했지만, 검문검색이 장난이 아니었다. 자동검색기계가 없기 때문에 몇 번이나 풀고 다시 싸는 수작업 검사 끝에 네팔 쪽 수속을 끝내고 다리를 건너니 그곳에는 거대한 중국 측 세관과 국경 초소와 위압적인 경비병이 앞을 가로 막고 있었다.

그러나 끼룽 세관의 검문검색과 중국 관원들의 고압적인 태도와 불친절은 이미 각오를 했던지라 입국도장이 찍힌 여권을 받아들었을 때의 기분은 수십 년의 기다림을 보상해줄 만큼 흐뭇하였다.

한눈에도 네팔식 건축양식으로 지어진 팍바 사원의 전경

(3)

　세관 반대편에서는 이미 2대의 멋진 봉고차량과 영어를 유창하게 하는 티베트인 가이드가 기다리고 있었다. 지프차가 아닌 이유는 곧 알게 되었다. 네팔 쪽과 달리 티베트 쪽 길은 깨끗하게 포장이 되어 있었다. 지난 25년간 수십 차례 티베트 전역을 헤집고 다닌 경력이 있는 필자에게도 놀라울 정도의 변화된 모습이었다. 국경선에서 오늘의 숙박지인 끼룽마을까지의 길은 생각 이상으로 좋고 무엇보다 아름다웠다. 히말라야를 중심으로 북쪽은 광활한 고원지대이지

만, 네팔 쪽 남쪽 사면은 울창
한 삼림지대라는 것을 몇 번이
나 경험한 나로서도 놀랄 만치
아름다운 광경들이 차창 밖으
로 스쳐 지나갔다.

브리꾸띠 공주의 체취가 느껴지는, 팍바사원의 경내

이윽고 늦지도 않은 시간에
꿈에서도 그리워하던 끼룽마
을에 도착하여 일행은 각자 방
배정을 받고 저녁 식사 때까지
각자 휴식에 들어갔지만, 나야
입장이 달랐다. 우선 비문『대
당천축사출명(大唐天竺使出
銘)』에 대한 정보를 수집해야
했고 마을 어딘가에 있을 어떤
사원을 찾아야 했기 때문이었다.

하여 단출하게 우모 재킷만 걸치고 시내 구경에 나섰다. 사방으로
는 만년설에 덥힌 설산이 둘러싼 가운데 뉘엿뉘엿 지는 저녁 햇살 속
에 끼룽마을은 날리는 저녁연기에 속에 들어 있었다. 이 끼룽이란 이
름은 빠드마삼바바가 이곳을 지나가다가 그 경치에 반해 이상향 샹
그리라(Shangrila)[21]를 의미하는 '환락촌'이란 뜻의 키룽이라 불렀다
고 한다. 역시 이름값을 할 정도로 아름다운 마을이었다. 다행이 호
텔 바로 옆 광장에 인터넷에서 사진으로만 보아왔던 팍바곰빠가 자

---

21) '샹그리라'라는 이름이 세계에 알려져 인구에 화자 되기 시작한 것은 오히려 엉뚱하
게도 서구 사람에 의해서다. 그럼으로 현재 샴발라와 샹그리라의 관계를 설명하는
데, 가장 효율적인 방법은 "샹그리라는 샴발라의 영어식 발음이다"라고 정의를 내릴
수 있다는 것이다. 어찌 보면 본래의 뜻이 변질된 것이지만, 그런 현상은 소설『잃어
버린 지평선(Lost Horizon)』의 영향이 그만큼 컸었다는 것을 증명하는 셈이 된다.

팍바 사원의 경내. 돌무덤 초르텐이 몇 무더기 있고 높은 기둥에는 다르촉이 펄럭이고 있다

리 잡고 있었다.

　사원 정문 앞에선 나는 격한 감정을 누르며 잠시 두 손 모아 합장을 한 다음 바로 법당으로 들어가 분향하고 3배를 올렸다. 첫 번째는 법당 안의 제불보살님들에게, 둘째는 공주님에게, 그리고 세 번째는 수만 리 머나 먼 해동의 나라에서 진리를 찾고자 여기까지 온 혜륜법사 등의 여러 명의 해동의 구법승들을 위해 기도를 하고는 마지막으로 나의 이번 여정이 순탄하도록 보살펴 달라고도 기도를 올렸다. 그리고는 다시 밖으로 나와 법당을 세 바퀴를 돌고 주황색 안내판으로 다가갔다.

　팍바곰빠의 창건 년대는 미상이나 들려오는 전설에는 [토번 왕국의] 송짼감뽀왕이 네팔 왕국(尼泊爾)의 브리꾸띠 공주를 신부로 맞이할 때(가려짐. 운운) 건립한 사원 중의 하나로, 건물의 형태는 네팔 형식으로 지어졌다.

이 대목을 읽어내려 가면서 필자의 가슴에 형언할 수 없는 감동이 밀려들어왔다. 도대체 오늘을 위해 나는 얼마나 많은 세월의 수레바퀴를 돌리고 돌렸던 것일까?

끼룽에 남아 있는 공주의 체취는 그 외에도 더 있다. 이곳 마을 여인들이 손으로 북을 치며 춤을 추는데 바로 이 춤이 그 옛날 네팔공주가 이곳을 지나면서 백성들과 3일 밤낮 동안 춤을 추었다는데 그로부터 유래되었다고 한다. 현재도 끼룽마을의 여인들은 오른손으로는 네팔 형식의 작은 북을 잡고, 왼손으로는 상아로 만든 손 요령을 두드리면서 연주하는 음악을 '통쟈[同甲]'라고 부르고, 그 곡에 맞추어 추는 춤을 '통쟈춤'이라고 한다는 것이다.

이런 문화적 풍속은 당시 공주는 고향의 음악소리에, 또 한편으로는 부락민들의 열정적인 환대에 이끌려 그들과 함께 모닥불 주위에서 춤추고 노래하면서 향수를 달랬다는 데에서 비롯되었다 한다.

당시 공주 일행이 몇 명이나 되었고, 끼룽에서 얼마나 머물렀는지는 기록상으로 명확하게 알 수는 없지만, 아마도 빔쎈으로 상징되는 대상들까지 끼어 있었다면 상당한 규모였을 것으로 추정된다. 공주는 큰 코끼리 등 위 꽃가마에 앉아서 앞으로 나아갔다고 하는데, 그 코끼리 위에는 당시 공주의 부왕이 혼수품으로 하사한 석가상, 부동금강불상, 미륵법륜상, 불경, 염주 등의 진귀한 불교용품 이외에도 네팔의 정교한 예술품을 대량 얹어서 가져갔다고 한다. 특히 부동금강불상(不動金剛佛像: Akshobhya: Tib. Mikyöpal)[22]은 현재도 라싸 뽀딸라 궁전 인근의 라모체 사원에 안치되어 있어서 위의 기록의 근거로 삼을 수 있다.

---

22) one of the buddhas of the five vajra family, and is usually depicted as blue in colour and holding a vajra.

4. 『대당천축사출명(大唐天竺使出銘)』의 발견

(1)

어떤 역사적 가설을 공인된 역사 자체로 만드는 결정적 증거는 우선 공인된 역사적 기록이 있어야 하고, 그 다음으로는 고고학적 물증이 이를 뒷받침하여야 한다. 〈니번고도〉가 "히말라야의 공땅라모 고개를 넘어 끼룽마을을 경유하였다."라는 명제는 물론 현재까지는 가설의 범주에 머물러 있으나, 필자가 제시하는 증거를 보강하면 역사적 기정사실로 다음 세대들에게 전해주는 데 부족함이 없을 것이다.

단지 기록으로만 보면 〈니번고도〉를 기록한 역사적 사서는 없지만, 필자는 대신 확실하고 결정적인 고고학적 증거를 오늘 공개 제시하고자 한다. 그것은 바로 1990년 6월에 발견된 이른바 『대당천축사출명』이란 7세기에 새겨진 마애금석명문이다.

이 석각은 끼룽현에서 4km 거리에 있는 아와자잉산[阿瓦呷英山] 입구, 해발 4,130m 지점이다. 이 명문은 서북에서 동남향으로 벋어 있는 절벽 중간에 8m 정도의 자연적인 너럭바위에 새겨져 있는데 그 가운데에 양각전서체(陽刻篆書體)로 『대당천축사출명(大唐天竺使出銘)』이라 새겨 있고, 또한 그 아래 조금 작은 해서체(楷書體)로 24행이 음각으로 새겨져 있는데, 아쉽게도 상·하단의 일부는 현대에 이르러 수로공사로 인해 손괴되어 현재 311자가 판독 가능하다.

그 중에 의미심장한 구절이 보인다. 바로 필자가 그리고 애타게 찾던 바로 그 대목이 아닌가?

바로 "현경(玄京) 3년 6월 대당좌효위 장사 왕현책…(하결)"이다. 현경은 태종의 유지를 이어 백제와 고구려를 멸망시킨 그 당나라 제3대 황제인 고종(高宗)의 연호이고 연경 3년이면 658년인데, 왕현책의 3차 인도행의 연도와 맞아떨어지니 분명한 역사적 사실로 더욱 무게감이 실린다. 네팔 공주와 당나라 공주가 토번으로 시집 온 해(639년, 641년)와 송쩬감뽀의 사망(649년), 문성공주의 사망(679년), 고종의 사망(683년) 그리고 현장의 순례기간(629~645의 17년간) 등의 주변 연대기도 역시 이 명문에 무게를 실어주고 있다.[23]

이 구절들이 의미하는 것은 한 마디로 '끼룽을 통과하는 왕현책로(路)'가 이미 공인된 역사적 사실이라는 것이다. 그동안은 그[왕현책]의 생몰연대가 불확실하다고 해서 존재 자체마저 의문시되었지만, 이 명문의 발견으로 인해 왕현책이 복권을 되면서 이로써 네팔 브리꾸띠 공주의 신행길 루트도 확정된 것이다.

따라서 왕현책 사절단 일원인 현조법사(玄照法師)와 혜륜(慧輪)을 비롯한 여러 명의 해동의 순례승들이 기존의 실크로드가 아닌 티베트와 히말라야를 넘는 직행로를 통해 천축제국을 들락거렸다는 사실도 공인되고, 또한 인도 딴뜨라밀교를 티베트에 전파한 빠드마삼바바[蓮花生大師]의 수많은 전설도 생명력을 얻지 않겠는가?

종합적으로 정리를 해보자면, 이 비석은 중국 당국에 의해 오랜 고증과 연구[24] 끝에 당나라 사절 왕현책 등이 태종의 교지를 받들어 천축으로 왕래할 때 들락거렸던 〈니번고도〉상의 마지막 국경 마을에 국가 전략적 용도로 세운 기념비적인 석각명문으로 판명하여, 2001년에는 우리나라 국보에 해당되는 '전국중점문물보호 문화재'로 지정하였다. 이를 뒷받침할 기록이 하나 더 있는데, 왕현책 일행은 정관 19년(645) 1월 27일 중천축국 왕사성 기사굴산(耆闍崛山)에 올

---

23) 네팔공주와 당나라공주가 토번으로 시집온 해(639년, 641년)와 송쩬감뽀의 사망 (649년) 문성공주의 사망(679년) 그리고 현장의 순례기간(629~645의 17년간) 등 이다.

24)『大唐天竺使出銘』相关问题再探, 中国藏学 2001年 第1期, 霍 魏

라 비석을 세웠고, 동년 2월 11일에는 마하보리사(摩河菩提寺)에 비석을 세웠다고 하는 것을 보면, 이들은 가는 곳마다 그들의 행적을 기록하기 위한 비석을 세웠다고 여겨지는데, 그렇다면 끼룽비석도 그런 증거남기기 작업을 했을 것으로 보인다. 더구나 기사굴산이나 마하보리사는 불교에 관심이 조금이라도 있는 사람이라면 당연이 거쳐가는 성지이기에 가능성은 더 높아진다고 보인다.

(2)

역사상으로는 이 석비가 있는 끼룽마을은 티베트 중부의 중점도시인 시가쩨[日喀則]에서 490km 거리에 있는 국경마을로, 히말라야의 남쪽 변경에 위치하며 7세기 중반 송짼감뽀가 전국의 군사조직을 '오여(五茹)'25)로 개편할 때 '여랍(茹拉)'의 한 지부로 편입되었고 789년부터 티베트와 네팔의 교통과 통상의 교역로 역할을 하였다. 그 후 티베트를 공산화한 중국은 1961년 개방 절차를 밟았으나 장무-코다리 국경이 활발하게 이용된 것에 비해 키룽 국경은 거의 막혀 있었다가 1987년 국무원에서 러쒀공로[热索公路]란 이름으로 일급 개방구로 승격시켰지만 그동안은 거의 통행이 불가능한 국경선일 뿐이었다.

그러다가 앞부분에서 이야기한 것처럼, 작년 지진으로 인해 기존의 '중니공로'가 통행이 불가능해지자 대신 개통되면서 현재는 싸구려 중국산 물자를 가득 실은 트럭 대열이 거대한 중국 측 세관 앞에서 통관을 기다리며 늘어서 있는 풍경을 연출하고 있는 상황이다. 이곳을 지나 중국 네팔 간의 걸쳐 있는 다리만 건너면 티베트 아니 중국으로 넘어갈 수 있는 것이다.

---

25) 伍茹、约茹、叶茹、茹拉、孙波茹

끼룽 근처에는 8천m급 14
좌 중 마지막 봉인 시샤빵마
(8,012m: Goshaintan)가 솟
아 있고 신비한 전설이 서려
있는 뻬이꾸(Paiku)호수를 비
롯한 여러 개의 설산호수가 보
석처럼 박혀 있고 드넓은 원
시삼림지대가 퍼져 있다. 또
한 자연 상태의 온도가 무려
60~70도나 되는 노천온천이
10여 개 솟아 나오고 200m나
되는 거대한 폭포도 여러 개
떨어져 내리는 파라다이스 같
은 자연환경을 보존하고 있는,
휴양과 관광의 미답지이다. 티
베트불교의 소의경전인『시륜
경(時輪經: Kala Cakra)』[26]
에 나오는 신비의 왕국이며 이
상향인 '샴발라(Shambala)[27]'

공땅라모(4,520m)에서의 필자

26) 깔라짜끄라는 시간을 의미하는 '깔라'와 수레를 의미하는 '짜끄라'의 합성어이기에
전체적으로는 '시간의 수레바퀴' 또는 '시간의 순환'로 직역될 수 있다. 수레바퀴는
끊임없이 변하는 창조와 소멸의 영원한 회전을 주제한다. 수행자가 깔라짜끄라 딴
뜨라를 반복적으로 수련함으로서 그는 이 바퀴의 회전을 이해하게 되고 또한 마치
공간과 마찬가지로 시간도 텅 비어 있다는 사실을 깨닫게 되는 것이다.

27) 샴발라 왕국은 해석에 따라서 3곳으로 인식된다고 한다. 그 첫째는 히말라야산맥
어딘가에 있다는 숨겨진 공간적인 곳으로 우리가 찾아 떠나야 할 본 주제의 왕국이
고, 두 번째로는 초능력적 영혼들만이 사는 다차원의 우주 공간에 있다는 실체적
이지 않은 곳으로 주로 신지학(神智學)같은 오컬트(Occult)적 관점에서 보는 다소

의 무대로 여겨질 정도이다.

그래서 이 지방을 통과하여 라싸로 향하던 빠드마삼바바[28]는 그 경관에 탄복하여 마을 이름을 '환락촌'이란 뜻의 키롱이라 지어 불렀다고 전한다. 유명한 밀교 주술사였던 그가 어떻게 주위 사람들과 토착 귀신들을 굴복시키고 설역 최대의 쌈애 사원의 건설을 진행시켰는지에 대해서는 정사의 기록은 아니지만 지금도 설역에 수많은 설화가 생생히 살아 숨을 쉬고 있다.

그가 뵌뽀교 사제와 벌인 싸움은 거의 '마법의 시합'같이 보일 정도로 현란하게 묘사되고 있어서, 어찌 보면 그는 뵈 민족에게는 불교의 본존인 석가보다도 더 많이 알려져 있고 더 사랑받는 살아 있는 전설 그 자체라고 해도 과언이 아닐 정도이다. 불교사적으로도 그는 티베트 불교종파 중에서 고파(古派)에 속하는 '붉은 모자파', 즉 '닝마파'의 종조로 추앙받고 있다.

허황되게 보이는 왕국이고, 세 번째로는 인간 육체 속의 의식과 신경회로의 중심체인 짜끄라를 상징적으로 표현한 왕국이라고 한다. 뒤에서 반복적으로 나타날 이야기이지만 샴발라 왕국의 통치이념은 '깔라짜끄라 딴뜨라(Kalacakra Tantra)'이다. 어원적으로 보면 시간을 의미하는 '깔라'와 수레를 의미하는 '짜끄라' 그리고 수행법인 '딴뜨라'의 합성어이기에 전체적으로는 '시간의 수레바퀴의 수행법' 또는 '시간의 순환의 가르침'으로 직역될 수 있다. 좀 더 광의적인 해석으로는, 창조에서 소멸에 이르는 주체인 시간의 단위를 의미하거나 또한 수레바퀴가 한 바퀴 도는데 소요되는 시간만큼 물리학적 시간이 흐른다는 객관적 인식을 의미하기도 한다. 바로 그 점을 수행의 기본적 화두로 삼는다는 것이지만, 그러나 논리적으로는 비교적 간단하게 보이는 이론이지만, 수레바퀴가 한 바퀴 도는 정해진 시간에 수레바퀴 또한 공간적으로 이동하였기에 당연히 '시간의 흐름'에 '공간의 개념'을 접합시켜야 하기에 이 화두가 그리 간단하게 풀 수 있는 것이 아니라는 것은 어렵지 않게 짐작정도는 할 수 있을 것이다.

28) 우리에게는 『티베트 사자의 서』라는 매장경전(埋藏經典)의 저자로 널리 알려져 있다. 이미 여러 번 소개된 바 있어 생략하지만, 그가 시절 인연이 되었음을 깨닫고 히말라야를 넘어 설역고원으로 올라와 처음 치송쩬뽀를 대면하는 광경은 거창하다.

5. 천축으로의 직행로 〈왕현책로(王玄策路)〉

(1)

　토번 왕국을 반석으로 올려놓은 영웅 33대 임금 송짼감뽀 (581~649?)가 평생의 호적수인 당 태종을 따라가듯 승하하기 직전 해인 648년 인도, 네팔, 중국 그리고 티베트를 흔들어 놓는 큰 사건 이 하나 터졌다. 당나라의 사신 왕현책(王玄策)이 중천축국의 쿠데 타로 인해 감옥에 갇히는 사건이 생긴 것이었다.

　당시 국제 정세는 당나라 제2대 황제 태종 이세민의 적극적인 서역 경영 정책으로 인해 서역 제국들이 대부분 당과 국교를 수립하고 사 절단을 보내게 되는 시기였기에 북인도의 맹주 마가다국의 하르샤 실랴디타(Harsha Śīlāditya)왕도—현장법사의 『대당서역기』에 계일 왕(戒日王)[29]이라고 나오는—641년에는 당나라에 외교사절을 파견 하였다. 이에 태종은 답례로서 천축통 여행가인 왕현책을 전권대사 로 임명하여 사절단을 보냈다.

　여기까지는 인도나 서역 그리고 중국 등을 오고 갔던 그 수많은 사 절단과 같은 부류의 프롤로그이기에 필자가 여기서 특별히 이야기 할 거리를 느끼지 못한다. 그런데 왕현책의 행로는 상당히 파격적이 기에 우리의 관심을 끌기에 충분하다. 그는 기존의 타클라마칸 사 막을 건너고 파미르고원을 넘어 인도로 가는 전통적인 실크로드[30]

---

29) 이 계일왕은 바로 인도 중세사에 유명한 실라디탸로써 현장을 회견하고 '마하치나 (摩伽支那)', 즉 중국과 당시 국제정세에 대해 긴 토론을 하였다.

30) '실크로드(Silk Road/絲綢之路)'란 용어는 1877년 독일의 지리학자 리히트호펜 (F. v. Richthofen)이 동서양을 잇는 '고대의 국제교역로'를 '비단'이라는, 당시의 주 된 교역물품에 초점을 맞추어 명명한 '쟈이덴 슈트라세(Seiden strasse)'라는 학술

거대한 태종의 능묘, 소릉(昭陵)

대신에 새로운 직통로를 개척하여 인도를 들락거렸다. 바로 그 길이
〈왕현책로〉라는 가칭으로 필자가 부르는 길로 이미 앞에서 이야기한
〈니번고도〉와 공당라모 고개를 넘어 키룽을 경유하는 루트와 같은
궤적을 그리는 바로 그 길이다.

용어인데, 영어로 번역되어 폭 넓게 쓰이게 되면서 세계화되었다. 후에는 중원의 순
례승들이 이 길을 이용하여 인도를 드나들었기에 구법로(求法路)로서의 기능도 함
께 지니게 되어 문화사적으로도 큰 의미를 더하였다.

그럼 이렇게 중원과 인도대륙 그리고 네팔과 설역고원을 종횡으로 누비고 다녔던 풍운아 왕현책이 어떤 인물인지 궁금해지지 않을 수 없다. 그러나 정작 바람과 구름을 몰고 다녔던 왕현책이 지었다는 저서들은 제목만이 전하고 있기는 하나 정작 그의 생몰연대에 대한 역사적 기록이 너무 빈약하여 일설에는 실존인물이 아니라는 설까지 나올 정도이다.

아무튼 『신당서』·『구당서』를 비롯한 기록에서 밝혀진 것들을 정리하면 왕현책의 행적은 다음과 같이 정리할 수 있다. 고향은 하남성 낙양이고 정관 17년에서 용삭(龍朔) 원년(643~661) 사이에 3차례—일설에는 4차례—인도를 왕래한 외교가로 관직은 황수현령(融州黃水縣令)을 거쳐 도부사(衆副使) 좌검문장사(左監门长史), 우효위솔부장사(右衛率府長史)에 이르렀다.

당 태종 정관 15年(641년) 인도 마가다국(Magadha: 摩揭陀国)왕 하르샤 실랴디타는 현장법사를 만나고 나서 중국이란 나라에 관심을 가져 당나라에 국서를 보내는데 이를 운기위(云骑尉) 양환경(梁怀璥)이 황실에 보고를 했다. 이에 당나라에서도 정관 17년 3월 행위위사승(行卫尉寺丞) 이의표(李義表)를 정사로 하고 왕현책을 부사로 삼아 인도와 외교 관계를 수립하려고 장안을 떠나 천축으로 향했다. 그리하여 2년의 여행 끝에 정관 19년 정월 마갈타국의 왕사성(王舍城)—현 비하르주의 라즈기르(Rajgir: 拉杰吉尔)[31] 혹은 라자

---

31) 한역 경전에 왕사성(王舍城)으로 기록되는 곳으로, 불교의 '4대 성지'를 말할 때, 붓다의 탄생지 룸비니, 깨달음의 땅 보드가야, 처음으로 법이 굴러 간 사르나트, 그리고 입멸지 쿠쉬나가르를 꼽는 것이 일반적이나 혜초는 "녹야원과 구시나와 왕사성과 마하보디사의 4영탑(靈塔)이 마가다국 경계 안에 있다."면서 룸비니 대신에 왕사성을 들고 있다. 당시 왕사성 주변에는 유적이 즐비했었다는 증거이고 그것

브리꾸띠와 문성공주의 남편이며 토번제국을 반석 위에 올려놓은 송쩬감뽀왕의 소상

가하(Rajagrha)—에 도착하여 성공리에 임무를 완수하고 다음해 귀
국하였다.

그리고 다시 2년 뒤 정관 21년에는 왕현책이 정사가 되고 장사인
(蔣師仁)이 부사가 되어 새로운 임무를 띠고 인도로 출발하였다.
물론 그의 전용도로를 통해서였다. 그러나 그들이 인도에 도착하

은 지금도 역시 마찬가지이다. 5세기 초의 법현의 눈에 비쳤던 모습을 살펴보는 것
은 불교의 변천사를 의해하는데 큰 도움이 될 것이기에 『불국기』의 한 구절을 인
용한다. "왕사신성에 이르렀다. 이 성은 아사세왕이 세웠다. 성 안에는 두개의 가람
이 있다. 성의 서문을 나와 3백 보 되는 곳에 아사세왕이 부처님의 '8분 사리'를 분
양받아 세운 탑이 있는데, 높고 크고 아름답다. 성을 나와 남쪽으로 4리를 가면 남
쪽 골짜기로 다섯 산의 기슭에 이른다. 이 산들은 마치 성곽처럼 되어 있는데, 바로
평사왕(萍莎王)의 구성(舊城)으로, 동서로 5,6리, 남북으로 7, 8리 정도의 넓이다.
(그 안에 부처님 당시에 일화가 얽혀 있는 수많은 유적이 있지만) 현재는 비고 황폐
하여 사람이 살고 있지 않다."

토번제국의 33대 왕인
송쩬감뽀왕의 능묘

기 전에 하르샤 왕이 사망하고 비하르주 북부[32]의 맹주 아루나스바
(Arunasva: 阿罗那顺)가 권력을 쥐고는 당나라 사신들의 입국을 거
부하고는 왕현책 사절단 30여 명을 인질로 구금하였다. 이에 겨우 탈
출에 성공한 왕현책은 토번의 서쪽 경계 서강(西羌)까지 도망가서
여러 곳에 구원을 요청하기에 이르렀다.

이에 송쩬감뽀왕은 1,200여 명을 파병하면서 또한 왕현책이 도착
한 서강의 주둔군에게도 왕현책을 도우라고 지시하고 역시 첫 왕비
브리꾸띠의 친정 오라버니 나렌드라(Narendra-deva: 那陵提婆)[33]
왕에게도 파병을 요청하여 이들 3개국 연합군이 도착하자 왕현책과
부사 장사인(蒋师仁)은 이들을 지휘하여 중천축으로 달려가 다전화
라성(茶镈和罗城)을 포위하고 3일간 작전을 펼쳐 성을 함락시키고

---

32) 한역자료에는 蒂鲁特 또는 帝那伏帝라고 표기되어 있는데 현재 어느 곳인지는 확
   인 미상이다.

33) 那陵提婆(Narendra-deva;)兵七千骑及西羌之章求拔兵共助玄策.　　브리꾸띠의
   아버지인 암슈바르마왕의 뒤를 이은 우다야데바(Udayadeva)의 아들인 나렌드라
   데바도 당과 토번에 우호적이어서 한동안 세 나라는 평온한 시대를 맞이하였다.

3천여 명을 죽이고 1만여 명을 익사시키는 개가를 올렸다. 이 틈에 아르나스왕은 도주했다가 다시 패잔병을 수습하여 다시 공격을 했으나 부사 장사인이 그를 사로잡았다. 그러나 국왕을 따르는 처자식들이 건타위강(乾陀卫江)에서 저항을 계속하자 장사인이 이를 다시 궤멸시키고 왕비와 왕자 등 남녀 1만 2천 명을 포로로 잡고 각종 가축 3만 마리를 잡아오자 이에 580개 성읍이 항복을 해 왔다고 한다.

이에 동천축왕 시구마(尸鳩摩)가 굶주린 병사들을 위해 소와 말 3만 마리와 활과 칼 보석을 보내왔고, 가설로국(伽没路国)에서는 진기한 물건과 지도를 보내오면서 노자상(老子像)을 보내달라고 요청하기에 이르렀다. 이에 온 천축이 당나라를 두려워하였다.

(3)

그리하여 정관 21년 5월 왕현책은 사로잡은 아르나스왕과 왕비와 왕자 그리고 남녀 포로 1만 2천 명과 우마 2만 마리를 장안으로 압송하였다. 이에 당 태종은 크게 기뻐하여 왕현책을 조산대부(朝散大夫)로 봉했다.

정관 17년(643)에서 현경 2년(显庆, 657) 왕현책은 3차로 인도로 갔는데, 이때 마하보리사의 주지는 왕현책 일행을 위해 법회를 열고 일행 모두에게 담요 10단씩을 선물하고 진주 8상자, 상아불탑, 사리보탑, 불인 4과를 선물하였다고 한다.

다시 왕현책은 용삭(龙朔 2년, 662)에서 인덕(麟德 2년, 665) 간에 4차로 인도행을 했다고 하는데, 이 문제는 학자들 간에 아직 이견이 있다고 한다.

하여간 왕현책이 이렇게 10년간 3번(4번)씩이나 그 먼 천축을 왕복하면서 인도의 문물을 가져옴으로 해서 중국과 인도의 교류에 공헌을 하였는데, 그가 전래시킨 것 중에서 불교문물 이외에도 사탕

[sarkarā] 제조법은 지금껏 유효하다고 한다.[34]

　이렇듯 일세의 풍운아[35]로서 설역고원과 네팔 그리고 인도대륙을 누비고 다닌 왕현책은 『중천축행기(中天竺国行记)』 10권을 지었다고 하나, 현재 이 책은 제목과 목차만 남고 그 내용은 망실되었으나 『법원주림(法苑珠林)』 같은 문헌[36]에서 부분적인 기록들이 발췌되어 남아 있다. 또한 근년에는 키룽 명문의 연구결과와 낙양 용문석굴에서 그가 665년에 지은 불상조성기록[37]이 발견됨으로써 '왕현책이 실존인물이냐?'에 대한 논의는 완전히 종지부를 찍게 되었다.

---

34) 唐太宗派王玄策出使天竺。 王玄策在印度摩伽陀国取制糖法, 并且带回了制糖工匠, 唐太宗下诏扬州送上诸蔗, 用此法制作的糖, 其颜色味道品质远超过西域制的糖。唐高宗龙朔元年(公元661年), 王玄策奉唐朝皇帝的命令从印度带来10位制糖专家, 利用"竹甑法"制出了颜色较浅亮的精沙粒糖。这种印度沙粒糖的梵语名称是"sarkarā"

35) 일본에서는 그의 일대기가 『천축풍정록』이란 인기만화로 출판된 바 있다.

36) 『法苑珠林』·『诸经要集』·『释迦方志』 등에는 王玄策西國行傳/王玄策西國行/王玄策行傳/唐王玄策行傳/王玄策傳 등이 있다고 하나 모두 단편적이고 가장 중요한 『중천축행기(中天竺国行记)』 10권이 보이지 않아 유감이다.

37) 今见龙门石窟宾阳南洞之西壁, 有唐初使印大使王玄策的造像题记一品, 其文云: 王玄策□□□○○□□下及法界众生敬造弥勒像一铺. 麟德二年九月十五日, 考王玄策其人, 乃唐初四次经"泥婆罗道"通使印度的洛阳籍名宿, 通使期间的见闻, 王氏曾撰『中天竺国行记』以载之. … 2『大唐西域求法高僧传』卷上『玄照传』, 3 有关玄照等万佛洞造悍与武则天的玫治联系.

6. 해동의 구법승들의 천축로(天竺路)

(1)

앞에서 이야기한 바 있는 당 태종의 칙명에 의해 천축으로 떠나는 왕현책(王玄策)의 사절단에는 일단의 불교 승려들이 합류하여 천축을 들락거렸다. 이들의 천축행은 시기적으로 혜초보다도 반세기 앞서 있어서 매우 중요한 의미를 갖지만, 아쉽게도 기록을 남기지 않았기에 구체적 행적을 파악할 수 없다. 그러나 중국, 티베트의 적지 않은 기록에 의해 그 대략적인 행적은 그려볼 수 있다.

당나라 의정삼장(義淨三藏)[38]이 저술한 『대당서역구법고승전(大唐西域求法高僧傳)』「현조본전」에는 56명의 구법승들의 전기가 실려 있다.

이 책은 당 현장법사에서 의정 자신 대에 이르기까지 약 50년 동안 천축으로 구법여행을 떠났던 여러 명의 승려들의 행로와 주변 정황들을 승려들의 출신지를 강조하여 순서적으로 편집한 전기이다. 요새 말로 하자면, 의정이 '리포터'가 되어 직접 인터뷰했거나, 또는 간접적으로 전해들은 내용을 스스로 기록한 사실적인 리포트인데, 이 속에는 56명에 이르는 순례승들의 프로필이 담겨 있다. 그 중에 혜륜

---

38) 산동성 출생으로 어려서 출가하여 37세 때 인도 여행에 뜻을 두어 당 고종 2년(688년) 해로로 광저우[廣州]를 출발해 동천축으로 들어가 나란타 사원에서 수학하다가 688년 귀로에 팔렘방에서 2년을 머물다가 중국으로 향했지만, 파도로 하선하고 못하고 다시 팔렘방으로 돌아와 다시 6년을 머무르다가 694년 광저우로 돌아왔다. 그런 경험을 살려 『대당구법고승전』 2권과 『남해기귀내법전』 4권을 저술하여 7세기 후반의 인도·동남아시아 여러 나라의 불교 사정이라든가 사회를 알 수 있게 해주었다.

의정의 『대당서역구법고승전』에 실려 있는
현조법사 등의 기록 이미지본

의정의 『대당서역구법고승전』에 실려 있는
신라 혜륜, 혜업, 현조, 현태, 현락 조 이미지본

(慧輪)을 비롯한 무려 9명[39]에 달하는 해동의 순례승들도 포함되어
있다는 점은 의미가 매우 깊다고 하겠다.

그들은 대흥선사(大興善寺)[40]에서 현증(玄證) 스님을 모시고 범
어를 배운 이른바 천축국파들이었기에 정관 연간(627~649)에 칙서
를 받고 떠나는 현조(玄照)의 시자[通譯?]로 함께 중천축국으로 떠
나게 되었다. 만약 이들의 행선루트가 기존의 실크로드라면 오늘의
주인공은 되지 못하겠지만, 그들은 티베트고원을 가로 지르는 직행

---

39) 여러 가지 자료들을 합산하면 현재로써 해동의 천축구법승의 숫자는 총 17명으로
집계되고 있다. 우선 왕오천축국전이란 불휴의 여행기를 남긴 혜초를 비롯하여 아
리야발마, 혜업(慧業), 현태(玄太), 현락(玄恪), 혜륜(慧輪), 현유(玄遊) 그리고 아
명의 이름 없는 실명승 등 총 9명과 기타 자료—『해동고승전』, 『삼국유사』에 의하
면—최초의 구법승인 백제의 겸익(謙益)과 신라의 의신(義信) 그리고 후기의 원표
(元表), 무루(無漏), 지장(地藏), 오진(悟眞), 구본(求本) 등이 그들이다.

40) 대흥선사는 현재도 중국밀교의 본산으로, 서안시내 어디에서도 보이는 小雁塔이
있는 천복사에서 시내 반대편으로 두 불럭을 거리에 있다. 바로 혜초화상이 오래
주석하였던 곳이다. 이 사원 역시 근래 文化革命 때 큰 피해를 입었으나, 계속된 발
굴과 중건으로 옛 모양을 찾아가는 중이다. 대흥선사는 隋나라 때 국찰로서 건립
되어 '飜經院'이란 불경번역전문기관을 세워 천축불교의 중원화에 중추적 역할을
하였고 이어서 당나라에 들어와서도 이런 위치는 흔들리지 않았다.

로, 즉 〈니번고도〉였기에 이 자리의 주인공이 될 수 있다

　우선 새로운 루트에 대해 우선 부연설명을 한 다음에 해동의 구법승들의 궤적을 쫓아가 보자. 인도와 중국의 교통로는 사막을 건너 파미르고원을 넘는 일종의 우회로인—속칭 '실크로드'가 유명하지만, 다른 길이 전혀 없었던 것은 아니었다. 네팔 까트만두에서 북쪽으로 반나절을 가면 티베트와의 접경 지역에 이르는데 히말라야를 넘어 라싸를 경유하면 중원으로 갈 수 있다. 이 루트가 바로 직행로였다.

　당시 티베트고원에는 송쩬감뽀라는 불세출의 영웅이 출현하여 토번(吐蕃) 왕조를 이룩하며 그 국력을 전 중앙아시아에 과시하던 때였다. 토번의 요구에 의해 먼저 네팔이 639년 브리꾸띠공주를 송쩬감뽀에게 시집보냈다. 이 장에서 필자가 〈니번고도〉라고 부르는 바로 그 루트를 통해서였다.

　그리고 뒤를 이어 역시 당 태종도 641년 문성(文成)공주를 토번으로 출가시켰기에 바로 〈당번고도〉[41]를 통해서였다. 자연스럽게 이들 두 공주들을 통해 당과 네팔의 문화가 티베트고원에 전파되는 계기를 맞게 되었고, 나아가 장안에서 라싸와 네팔을 경유하는 인도로의 직통로가 잠시 열리게 되었다.

　여기서 '잠시'라는 표현은 문성공주의 사후(679년) 당과 토번이 국

---

41) 당나라의 도읍지였던 장안성에서 티베트 라싸(拉薩)까지의 약 8,000리(3,000km)의 옛길을 말한다. 일반적으로 '당번고도'는 641년 당 태종(唐太宗)의 딸인 문성공주(文成公主)가 토번 왕국으로 시집간 이후 개통되었다고 알려져 있지만, 사실은 당과 투뵈가 흥성하던 7세기에서부터 9세기까지 2백년간 빈번했던 루트였다. 그동안 공식적인 사신들이 142차례나 왕래하였을 정도로 중요한 교역로로써 군사, 문화, 종교, 무역 등 다방면의 역할을 한 또 다른'실크로드'의 하나였다. 또한 이 길은 라싸에서 머물지 않고 나아가 대설산 히말라야산맥을 넘어 인도, 즉 천축(天竺) 그리고 서역으로까지 이어지는 국제적인 루트였다.

　필자는 2006년 10월 'KBS 역사기행'의 〈2부작 당번고도를 가다〉란 프로의 자문역과 리포터를 겸해 이 루트를 답사하기 위해 촬영팀과 함께 시안(西安)에서 라싸에 이르는 길을 주파한 바 있다.

경선 문제로 인해 전쟁에 돌입했기에 이 소통로는 그만 1세기도 못 넘기고 폐쇄되었다는 듯이다. 이 시기는 현장법사의 순례기간과 거의 일치하고 있는데, 정확하게는 현장의 귀국 직전부터 열렸다가 혜초의 순례길 전에 다시 닫혔다.

위 기록들을 다시 한 번 정리하면 다음과 같다. 문성공주가 토번으로 시집을 간 때가 정관 15년(641)이고, 그가 세상을 떠난 때는 당나라 고종 의봉 4년(679)이며, 왕현책이 토번과 네팔 군사와 손을 잡고 중천축국을 격파한 때는 정관 2년(648)이다.

(2)

그러니까 현조, 혜륜 일행이 서행한 때는 응당 650년 전후 수십 년간이 된다는 결론에 도달한다. 위의 기록은 왕현책이 3차에 걸쳐 인도를 왕래했다는 것과, 3개국의 기록과 정황 등이 이를 뒷받침하고 있어 신빙성을 더해주고 있다.

이 문제는 위의 3개국의 당시의 국내 사정을 먼저 간단히 살펴보아야 할 필요가 있을 것 같다. 618년 중국을 잠시 통일한 수나라의 유업을 고스란히 인수한 당나라가 건국되면서 이어 야심만만한 제2대 태종(太宗)이 등극하자 그는 우선 내정을 확고히 하고 외치에 힘써 이민족들의 경영에 힘을 쏟았다. 예를 들면 토번에는 문성공주를 출가시켜 동맹우호관계를 맺고, 돌궐, 고구려 등은 무력평정정책을 폈다. 또한 '실크로드'의 부활에 힘을 쏟아 대제국의 기틀을 마련하였다. 그리고 수나라 때부터의 불교장려정책을 이어받아 천축으로 구법승을 대거 파견하기도 하였다.

한편 당시 인도대륙은 4세기에 빠트나(Patna)에 도읍한 통일 왕조 굽따(Gupta)가 무너지면서 중인도가 분열되기 시작하지만 북인도에서 일어난 꾸샨(Kushan) 왕조는 까니쉬까(Kanishika)왕의 장려정

2018년 5월 하순 〈니번고도〉를 주파하고 뽀달라궁 앞에서 기념촬영한 다국적 순례팀들

책으로 대승불교가 이론적 완성을 보았고, 간다라예술이 꽃을 피우게 되었다. 7세기 초가 되자 중인도의 깐나우지(Kanauj, 曲女城)의 하르사바르다나(Harsa bardana), 즉 계일왕(戒日王)이 인도를 재통일하는데, 그는 불교를 장려하였다.

현장과 곡녀성에서의 만남(633년)에 의해 '마하치나[大至那: China]'를 인식하게 된 계일왕은 당나라에 사신을 보내게 되었다. 이에 태종 역시 답례로 사절단을 파견하게 되는데, 이때 정사는 이의표(李義表)를, 부사는 왕현책을 임명하였다.

그리하여 그들은 온갖 어려움을 극복하고 천축에 도착하여 계일왕을 만나 외교관계를 수립하고 나서 정관 20년(646년) 무사히 귀국하였다.

　그러나 2년 뒤에 다시 왕현책이 정사가 되어 인도를 찾았을 때는 계일왕이 이미 죽고 국내는 혼란에 빠졌을 때였기에 사신들은 입국도 못하고 억류당하게 되었다. 이에 티베트와 네팔의 구원병이 중인도로 쳐들어가 승리를 얻은 다음 사신들을 구해서 648년 함께 귀국하게 된다. 그 후 왕현책은 658년에 3번째로 인도를 방문하였다고 사서는 기록하고 있다.

(3)

　자, 그러면 이제 이 장의 주제인 직통로를 통해 천축으로 드나들던 해동의 구법승들의 궤적을 살펴보기로 하자.

　혜륜(慧輪)의 범어 이름은 반야발마(般若跋摩)이고 신라인이다. 출가한 다음 부처의 땅을 그리워하여 당나라 초기에 배를 타고 광동지방에 도착하여 장안으로 입성하였다. 대흥선사(大興善寺)에서 현증(玄證)스님을 모시고 범문을 배운 후 정관 연간(627~649)에 칙서를 받고 떠나는 현조(玄照)법사의 시자(侍者: 通譯?)로 함께 천축으로 가게 되었다.

　「현조본전」에 의하면 그들은 사막을 건너서 철문(鐵門)을 거쳐 설산을 넘어 소그드와 도화라를 경유하여 멀리 오랑캐 땅을 지나 토번에 이르렀다. 거기서 문성공주(文成)의 도움으로 북천축국으로 갔다가 후에 도란타국을 경유하다가 4년 동안 머물면서 범경(梵經)을 익혔고 이어서 남쪽으로 가 보드가야의 마하보디사에서 4년 동안 머물고 다시 붓다의 유적을 두루 순례하면서 「구사론(俱舍論)」을 힘써 배우고 닦았다.

그런 다음 나란다에 입학하여 3년 머물며 현조법사는 칙서를 받들어, 왕현책을 따라 인덕(麟德, 664~665) 연간에 귀국하여 장안으로 돌아왔지만, 혜륜 등은 계속 신자사에 7년 동안 머물러 있었고, 후에는 동북방의 도화라사로 옮겨갔다. 의정삼장이 서행하여 그곳에 이르렀을 때 40세의 혜륜 스님을 만났는데 범어에 능란하였고 「구사론」에 정통하였다고 전하고 있다.

또 이어서 기타 신라승의 기록이 계속된다.

현낙(玄恪)법사는 신라인으로 역시 현조법사를 따라 서행하였는데 마가다국의 대각사에 이르러 예를 베풀고는 30여 세를 일기로 입적하였다. 또 혜업(慧業)법사도 신라인으로 중인도 나란타 사원에서 경전을 읽다가 그곳에서 60여 세를 일기로 입적하였다.

아리야발마(阿離耶跋摩)는 신라인이고 중국에 온 시기는 미상이다. 정관 연간에 장안에서 출발하여 중천국 나란타 사원에 머물렀다. 그는 그곳에서 경률론을 학습하였으며 여러 경전을 많이 열람하고 패엽(貝葉)[42]에다 베껴 쓰면서 고국으로 돌아가 불법을 널리 알리고자 하였지만 애석하게도 돌아갈 기일이 채 되지 않아 70여 세를 일기로 입적하였다.

현태법사(玄太)의 범어 이름은 살파신야제파인데 신라인이다. 그는 고종 영휘 연간(650~655)에 서행하여 토번, 네팔을 지나 중천축에 이르렀다. 그는 보리수에 예를 올리고 경률론을 번역하고 검열한 다음 동쪽으로 돌아오던 도중 토번영토인 토곡혼에 이르러 도희법사(道希)를 만나 다시 함께 천축으로 가서 대각사에 머물다가 후에 중국으로 돌아왔지만 어디서 입적하였는지는 알 수 없다.

또한 『대당서역구법고승전』의 방계적 자료로 여겨지는 광함(廣

---

42) 패엽경, 동물 가죽 대신 불전을 기록한 나뭇잎으로 지금도 남아 있는 분량이 상당히 많은데 상당히 고급스럽다.

函)[43]의『구법고승전』에는 다음과 같은 구절이[44] 보인다. 여기서는 아리아발마의 행장을 먼저 소개하고는 이어서 혜업, 현태, 구본, 현각, 혜륜, 현유와 다른 2명의 실명승을 거론하면서 "모두 자기 자신을 잊고 불법을 따라 관화(觀化)를 보기 위해서 중천축에 갔지만, 중도에서 일찍 입적하거나 혹은 살아남아서 그곳 사원에 머무는 이도 있었으나, 마침내는 다시 당나라와 계귀(雞貴), 즉 신라로 돌아오지 못하고 오직 현태법사만이 당나라에 돌아왔으나 역시 어디서 입적했는지는 알 수 없다".

또한 이 자료에는 천축 사람들이 신라를 부르기를 "구구타예설라"[45]라 하는 흥미로운 대목도 보인다. '닭이 귀하다'는 뜻인데 부연 설명을 하자면 '그 나라에서는 닭의 신을 받들어 섬기기 때문에 머리에 닭털 깃을 꽂아서 장식한다.'라고 풀이하고 있다. 다시 해석하자면 얼마나 많은 신라구법승들이 천축을 들락거렸는지를 알 수 있게 하는 대목이다.

고려시대 일연(一然) 또한『삼국유사』권4의〈의해(義解)〉조에 흥미로운 구절을 남겼다.『대당서역구법고승전』의 요약본인〈귀축제사(歸竺諸師)〉가 그것인데, 제목이 "천축으로 돌아간 스님들"이라는 뜻이니 이는 "마땅히 가야 할 곳으로 가는 것"을 의미하기 때문이다. 또한 찬(讚)[46]으로 율시를 한 수 읊었다.

---

43) 광함(廣函, 광자함(廣字函).『대장경』을『천자문(千字文)』의 글자 순서대로 정리했을 때, 광자 순서에 해당하는 함)의『구법고승전(求法高僧傳)』(당나라의 스님 의정(義淨)이 쓴 책. 중국 스님으로 인도에 가서 불법을 구했던 고승 56분의 전기를 담고 있다)을 보면 다음과 같은 이야기가 나온다.

44) 惠業, 玄泰, 求本, 玄恪, 惠輪, 玄遊, 復有二亡名法師等을 거론하면서 皆忘身順法 觀化中天竺國而或夭於中途 或生存住彼寺者 竟未有能復雞貴與唐室者 唯玄泰師克返歸唐亦莫知所終.

45) 矩矩吒䃜說羅

46) 天竺天遙萬疊山 可憐遊士力登攀 幾回月送孤帆去 未見雲隨一杖還

천축에의 길은 멀고멀어 만첩 산인데,

가련하구나, 힘들게 올라가는 나그네들이여!

외로운 배 달빛 타고 몇 십 번이나 떠나갔건만

이제껏 한 스님도 구름 따라 돌아오지 못했네.

그러니까 정리를 해보자면 혜륜, 현락, 혜업, 아리야발마, 현태 등 총 9명의 신라 승려가 천축행을 감행했지만, 마지막 현태법사만이 유일하게 중국으로 돌아온 것으로 확인되고 있다.

의정삼장의 『대당서역구법고승전』에 의하면 신라승들을 데리고 천축행을 감행한 현조법사(玄照法師)의 행장은 다음과 같이 기록되어 있다.

현조법사는 태주 선장(太州仙掌) 출신으로 어려서 출가하여 천축국을 순례하려는 뜻을 품고 태종 정관 년간(靜觀年間, 627~649)에 대흥성사에서 현증(玄證)에게 범어(梵語)를 배웠다. 그리고 타클라마칸 사막을 지나 총령[47]에 올라 토번에 이르러 문성공주(文成)의 전송을 받으며[48] 인도로 들어가서 마하보리 사원[49]에 이르러 경을

---

47) 원문인 총부(葱阜)는 바로 총령 또는 파미르고원을 말하며 현조(玄照)의 행로의 전문(前文)을 살펴보면 티베트의 서쪽 경계선인 서북 히말라야의 산계(山系)를 가리킨 것이 확실하다. 총령의 유래는 "돈황 서쪽 팔천 리 거리에 있는 높은 산인데, 산상에서 파(葱)가 나므로 옛날에 총령이라고 하였다고 한다."라고 한 것을 보면 파에 관련된 지명으로 현재까지도 파미르 고원의 설선(雪線) 이상의 암석 틈에서 야생파가 자라고 있다고 하니 이 유래가 신빙성이 있다고 하겠다.

48) 이 대목은 역시 의정의 혼동으로 보인다. 문성공주의 도움으로 토번을 통과하여 바로 네팔을 경유하여 중인도로 가는 길은 이른바 '토번로'로 현조법사가 후에 당나라의 사신 왕현책과 동행하여 귀국하였을 때만 사용한 길이기에, 현조법사 혼자 처음으로 인도로 내려 올 때의 루트인 타림분지-파미르고원-철문-소그드-토카라-자란다르-서북인도를 경유하는 정통 실크로드와는 상관이 없는 길인데, 토번에서 북인도로 바로 왔다는 것은 말이 안 되기 때문이다.

49) 현 비하르주의 보드가야의 마하보디사원의 대탑을 말한다. 석존께서 보리수 아래에서 위 없은 깨달음인 '아뇩다라삼먁삼보리'을 얻은 그곳으로 '불교의 4대성지' 중

배우며 4년의 하안거를 지냈고, 다시 나란타 사원에서 3년간 머물렀고 신자 사원[50] 등에서 3년을 지냈다.

　그즈음 황제는 현조의 학식과 덕망을 전해 듣고 칙서를 내려서 왕현책으로 하여금 현조를 찾아 당나라로 돌아오도록 하였다. [그래서 왕현책과 현조 일행이] 돌아오는 길에 네팔[51]에 들렀는데, 국왕은 사람을 동원하여 그들을 전송해주었다. 귀로에 토번국 들러 다시 문성공주를 만나게 되었는데, 깊이 예우를 다하고 많은 도움을 주어 당나라로 돌아갈 수 있게 하였다. [다음해] 정월에 낙양에 도착하였으니 다섯 달 동안에 걸어온 길이 일만 리나 되었다. 이때가 [고종(高宗)] 인덕 년간(麟德, 664~665)이었는데, 황제께서 낙양까지 행차하자 [현조는] 황제를 알현하였다. 그리고는 황제의 어명으로 다시 인도로 돌아가 다시 금강좌[52]에 이르렀다가 나란타사에 와서 소승[義淨三藏]과 만나게 되었다. 중국으로 돌아가려는 길이 대식국의 침입하여 인하여 통과하기 어려웠다. 이에 영취산과 죽림정사 등에서 머물렀으나 나이 60여 세에 중부 인도 암마라발국[53]에서 병을 얻어 세상을 떠나셨다. 그의 죽음을 슬퍼하며 읊는다.

　뛰어난 큰 뜻은 이 세상에서는 찾아볼 수 없고

에서 으뜸으로 치는 곳이다.

50) 암마라발국의 사찰이며 이곳에 유학한 당나라 승려는 적지 않았다.

51) N. B. Thapa, A Short history of Nepal(Katumendu, Nepal, pp. 21~23)에는 "네팔의 역사에 우다야데바(Udayadeva)의 아들 나렌드라데바(Narendradeva)는 당나라와 토번에 우호적이었고 647년에 왕현책이 이끄는 사절단이 네팔에 입국했다 하였다."라고 기록하고 있는 것을 보아도 왕현책과 현조법사 일행이 네팔을 경유한 것은 틀림없다고 비정되고 있다.

52) 싯다르타께서 깨달음을 증득하셨던 보드가야에 있는 보리수 아래의 보좌로 지금도 둥근 대석(臺石)이 상징적으로 놓여 있다.

53) 갠지스하 북쪽 바이샬리국(毘舍離國)에 세워진 암마라발국(菴摩羅跋國)을 말한다.

자주 가는 버드나무 여러 곳을 거쳐 몇 번이나
험한 기련산맥(祁連山脈) 아래를 거닐었는가!
상하(祥河: Nairanjana R.)에 몸을 씻고
죽림정사(竹林精舍)에 발자취를 남기고
뛰는 그 마음 깊이깊이 간직하고 있었던 것은
다만 오로지 불법을 널리 펼쳐보려는 소망뿐,
뜻은 한평생 보리심에 있도다.
아, 슬프도다, 그 뜻도 이루지 못하고
아, 마음 아프다. 소원도 이루지 못하고,
양하(兩河)에 유골을 뿌리고 팔수(八水)에 그 이름만 남겼노라.
장하도다, 목숨으로써 올바른 길 지키고
도리로써 사리를 밝혀 그 뜻 다하였도다.